沂南文化旅游发展集团有限公司统筹

沂南历史文化

YINAN LISHI WENHUA

古史撷英

李遵刚◎著

山东城市出版传媒集团·济南出版社

图书在版编目(CIP)数据

古史撷英 / 李遵刚著. -- 济南 : 济南出版社,
2022.12
（沂南历史文化）
ISBN 978-7-5488-3308-6

Ⅰ. ①古… Ⅱ. ①李… Ⅲ. ①沂南县 – 地方史 – 研究 –
古代 Ⅳ. ①K295.24

中国版本图书馆CIP数据核字（2022）第227574号

沂南历史文化：古史撷英

出 版 人　田俊林
责任编辑　张智慧
装帧设计　张　倩
出版发行　济南出版社
地　　址　山东省济南市二环南路 1 号（250002）
印　　刷　天津雅泽印刷有限公司
版　　次　2023 年 4 月第 1 版
印　　次　2024 年 1 月第 2 次印刷
成品尺寸　170 mm × 240 mm　16 开
总 印 张　62
总 字 数　990 千
总 定 价　328.00 元（全三册）

（济南版图书，如有印装错误，请与出版社联系调换。联系电话：0531-86131736）

总 序

2016年，我所著《沂南古史钩沉》由中国文联出版社出版，山东省政协副主席、山东师范大学齐鲁文化研究中心主任王志民为拙著作序并予以推介和鼓励。《沂南古史钩沉》分为上下两编，上编为《钟灵毓秀》，专写琅邪、阳都、诸葛亮及其家族；下编《流光溢彩》，主要写历史上沂南县境内的人文历史和望族名流。因为涉及面宽，又受文字数量的限制，有些内容没有收纳进去；因为时间紧迫和能力所限，有些有价值的史实没有来得及挖掘或没有整理收录进去。沂南虽然是一个新县，但沂南大地上先民的历史却十分久远。随着社会的发展和科技的进步，许多闻所未闻的历史文物逐渐被发掘出来。经过几年的努力，笔者又收集到了一些有关山川、人文等方面的历史资料，可以稍稍弥补当年的遗憾了，因此决定将《沂南古史钩沉》上编《钟灵毓秀》分离出来，增加一部分已发表的与阳都和诸葛家族有关的考论文章，单独成册，以《阳都诸葛》为书名付梓；对下编《流光溢彩》的章节进一步梳理，再增加一些新的历史资料，分为《古史撷英》和《古史究真》两册付梓。

《阳都诸葛》《古史撷英》和《古史究真》三本书合称为《沂南历史文化》。

历史是已经发生了的事情。把发生过的事情，通过恰当的文体有系统地记录、研究和诠释，后人可以对此有所了解，这就是史书。本书虽然写的都是历史内容，但仅是“言人未言，言之有据，言之成理”的历史资料集。即便如此，本套丛书在内容和形式上也是尽力按照信史来书写的。

读史，可以让我们知晓曾经发生过什么事情，知道古代沂南有这些应知的大事；可以让我们从中总结事物发展的规律，并更好地促进社会的发展与变革。这就是我挖掘、整理、出版此类著作的初衷。

对沂南县的古代历史，后人从不同的角度、以不同的体裁及不同的理解可以写出不同的文章，但历史是客观存在的，无论作者如何书写，历史都以自己的方式存在着，不可改变。本书挖掘收录的仅是沂南历史的冰山一角，大量的历史事实有待继续深入发掘；在对沂南历史的审视角度、表达方式和理解认知方面，因我自身的能力和特点，自知严谨尚可而文采不足，舛误之处也必定存在。我已忝列古稀，渐感力不从心。恳望有志者不懈努力，后来居上，并不吝指谬与匡正。

李遵刚

2021 年 10月于芥子书屋

目录

第一章　古都逸事

春秋留名第一泉　/ 3
史海钩沉说封爵　/ 9
汉末瑰宝将军坟　/ 13
深山密藏凤凰石　/ 29

第二章　流韵绵长

京福官路双墩堠　/ 45
映旗山阳孝悌里　/ 50
鲁公后裔常桑行　/ 58
屯田遗迹营、哨、屯　/ 63

第三章　昨日盛景

亦幻亦真花之寺　/ 77
后唐古寺夏猛院　/ 87
宋代遗迹法云寺　/ 95
洞阳观寺证古今　/ 104
亦释亦道清泉寺　/ 114
经久不衰历山母　/ 122

第四章　沂畔望族

沂畔沃土结硕果　/ 131
大明忠节高名衡　/ 136
牧斋诗赞高中丞　/ 164
青州王府两仪宾　/ 173

第五章　东流起航

落籍东流润根基　/ 185
异方启航刘恒泰　/ 188
青胜于蓝刘策先　/ 194
大放光明刘恩驻　/ 199
毁家纾难刘佛缘　/ 215

第六章　八楼刘氏

海州迁沂落芦阳　/ 225
声誉鹊起八楼刘　/ 227
得沐天恩刘芳龙　/ 229
宦海跌宕刘遵和　/ 232

第七章　团山袁家

袁氏慧眼瞩界湖　/ 247
长春富贵唱大风　/ 250
子承父业再辉煌　/ 253

第八章　美诗佳词

历代帝王赞武侯　/ 263
乡贤怀古咏诸葛　/ 272
雅士唱和花之寺　/ 277
诗人咏赞母亲河　/ 285

后　记　/ 293

第一章

古都逸事

阳都，因阳族在此立国而名“阳”，因曾为国都而称“都”。阳都，以城邑和行政县的形式曾存在了1400多年，以古城遗址的形式至今已存在了1700多年。在这上下3000多年的历史长河中，在这近2000平方公里的广袤土地上，发生的或惊天动地的事件，或饶有趣味的故事，大都已湮没在历史的尘埃中了。尽管如此，史籍中留下的一鳞半爪，也足以令后人欣赏品味。

春秋留名第一泉

沂南县双堠镇有个盆泉村，村前有一眼古泉。这眼古泉，不仅春秋时期（前770—前476）就已存在，而且因为见证了一场战争而在《春秋》中留下了名字——蚡泉。

蚡泉之战

莒鲁之战的肇事方是莒国。春秋时期，莒国参与齐、鲁、晋等大国会盟后，国力渐渐强盛，不断扩疆，乘楚国侵鲁之机，多次侵犯鲁国东部边境。公元前541年后，莒国国势衰落。公元前538年，莒国内乱，新国王上任后不知安抚百姓，引起国内上下不满。第二年夏，莒国大夫牟夷带着牟娄、防、兹三个私邑叛归鲁国。为此事，莒国派兵以讨伐牟夷为由攻打鲁国。鲁昭公五年（前537）农历七月十四日，鲁国派大将叔弓迎战，在蚡泉一带把莒国打得大败。

《春秋》对"莒鲁之战"的过程记载得很简略：

> （鲁昭公）五年……夏，莒牟夷以牟娄及防、兹来奔。秋七月，公至自晋。戊辰，叔弓帅师败莒师于蚡泉。

《春秋左传》《春秋谷梁传》和《春秋公羊传》对《春秋》记载的这场战争都做了详细的注释。其中《春秋左传》注释说：

> 夏，莒牟夷以牟娄及防、兹来奔。牟夷非卿而书，尊地也。莒人诉于晋。晋侯欲止公。范献子曰："不可。人朝而执之，诱也。讨不以师，而诱以成之，惰也。为盟主而犯此二者，无乃不可乎？请归之，间而以师讨焉。"乃归公。秋七月，公至自晋。莒人来讨，不设

备。戊辰，叔弓败诸蚡泉，莒未陈也。[①]

《春秋左传》注释的意思是：鲁昭公五年（前537）夏天，莒国的大夫牟夷带着牟娄和防、兹三个自己的城邑投奔了鲁国。牟夷虽然不是卿而《春秋》记载了他的名字，是因为重视土地的缘故。莒国人到晋国控告鲁国收留了牟夷，请求晋国惩罚鲁国。正巧鲁昭公也在晋国，晋平公准备扣留鲁昭公，不让他回国。晋国大夫范献子说："不行。人家来朝聘却扣留他，是引诱。讨伐不用军队，而用引诱的方式取得成功，这是怠慢。作为盟主而犯了这两条，恐怕不可以吧？请让他回去，找机会再用军队讨伐他。"于是，晋平公就放弃了扣留鲁昭公的做法。秋七月，昭公从晋国回到鲁国。莒国派兵攻打鲁国，十四日，莒国的军队到达蚡泉，还没有摆好阵势，就被鲁国的叔弓打败了。

蚡泉所在

蚡泉，《春秋公羊传》记作"濆泉"，《春秋谷梁传》记作"贲泉"。对此，今人杨伯峻《春秋左传注》解释说："分"与"贲"二字古代同音，所以古代从"分"声的字与从"贲"声的字可以通假。关于蚡泉的位置，杨伯峻认为，蚡泉是莒国与鲁国交界之处的地名。[②] 对于蚡泉的归属，西晋杜预《春秋左氏经传集解》认为是"鲁地"。今人李学勤著《春秋左传正义》也认为："蚡泉，鲁地。"蚡泉的具体位置，清人叶圭绶《续山东考古录》卷二十一《沂州府沿革下·沂水》考证说："蚡泉邑在（沂水）县西南。春秋昭公五年叔弓败莒师于蚡泉。县西南百二十里有盆泉。县志谓即蚡泉，从之。"[③]

李宗侗著《春秋公羊传今注今译》也引用了《续山东考古录》的考证，认定清代盆泉即春秋时蚡泉。[④]

道光七年（1827）版《沂水县志》记载："蚡泉，昭公五年叔弓败莒处。县西南有盆泉社，在青驼镇西北二十里。"并同时用水系标出了具体位置：

> 蒙山水，源出蒙山之阴，东流入沂境，至卢山西麓，界牌水入之，又东流，赵庄桥水入之，经丁旺庄东，卢山南面诸水入之。又东经垛庄西，卢山东南麓水入之，又泉子崖水注之。又东流，泉桥泉注

① 李学勤：《春秋左传正义》，北京大学出版社，1999年版。
② 杨伯峻：《春秋左传注》，中华书局，1995年版。
③《续山东考古录》卷二十一《沂州府沿革下·沂水》，咸丰元年镌刻本。
④ 李宗侗：《春秋公羊传今注今译》，中国台湾商务印书馆，1976年版。

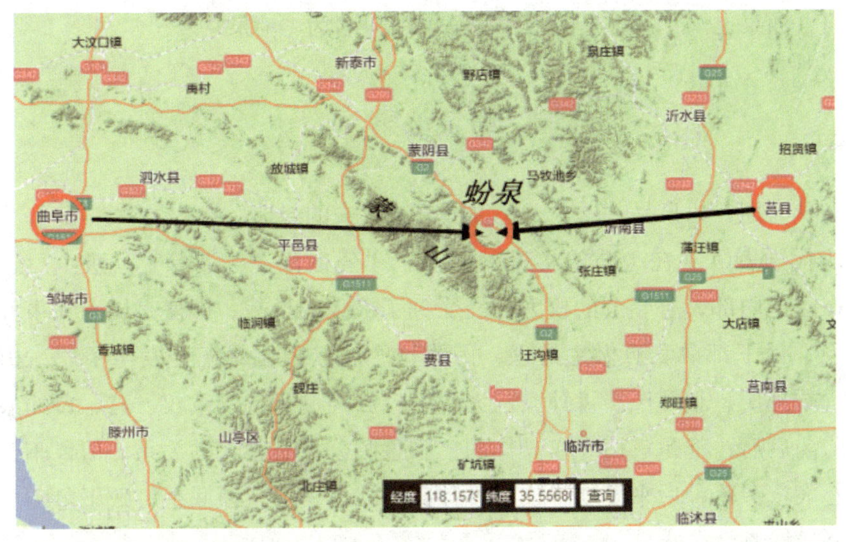

之。又东经师古庄抵韩家埠，卢山东麓水入之。又东经梭庄，盆泉水入之，地在盆泉社东北，县治西南百三十里。《春秋》："昭公五年，叔弓帅师败莒师于蚡泉。"《公羊》作"濆泉"，《谷梁》作"贲泉"，杜预注："鲁地即此。"至果庄南，南山水入之，抵双堠集、侍郎宅东，东流入兰山界，东南流抵青驼寺。

通过以上梳理可以确切地认定：莒、鲁蚡泉之战的地方，就是今天沂南县双堠镇盆泉村。

关于"濆泉"名称的含义，《春秋公羊传》说："濆泉者何，直泉也。直泉者何，涌泉也。”意思是因为泉水喷涌所以名为“濆泉”。

蚡泉沧桑

春秋时期，蚡泉是“邑”，是鲁国分给大夫的封地。

清代学者陈立在《公羊义疏》中说：“公在晋，臣下专受莒叛。”这说明，在鲁国内部，鲁昭公的权力已经受到了极大的挑战，即使是国家大事和国际关系，臣下都敢私自做主处理。因为这个时候鲁国早已经发生了“三桓专权”，季孙氏、叔孙氏、孟孙氏三大政治家族控制了鲁国政权。莒、鲁蚡泉之战的前前后后，都是三桓专权操作的，和鲁昭公没有多大的关系。但鲁昭公并不甘心大权旁落，后来发动了攻打季孙氏的战争，但三桓联手打败了鲁昭公，鲁昭公只能流亡在外。

《孟子·尽心下》曰：

> 春秋无义战。彼善于此，则有之矣。征者，上伐下也，敌国不相征也。

孟子说“春秋无义战”，是说春秋时代没有合乎“义”的战争。由于当时战争频仍，“礼崩乐坏”“礼乐征伐自诸侯出”，所以很多战争被指为非正义的。不管莒鲁之战谁是谁非，正义与否，由于这场战争发生在蚡泉一带，蚡泉见证了这场战争，所以蚡泉之名便永垂史册了。

因为蚡泉之战是一场规模不大、持续时间很短的战争，所以蚡泉之名随莒鲁之战载入《春秋》之后，尽管后人在诠释《春秋》时都提及蚡泉，明清以来的地理著作和地方史志也都对蚡泉的位置做了认真的考证和表述，但莒鲁蚡泉之战后这个地方再也没有发生过记入史册的大事情，蚡泉之名也就淹于史海了。而明清以来在地方志书中出现的“盆泉”二字，即是蚡泉的再生名称。

现存最早的全国地方志是公元813年唐代李吉甫编的《元和郡县图志》（后因图佚，改名《元和郡县志》）。南宋以后，地方志大量增加，尤以明清两代最多。今双堠镇境域，古属沂水县。现存最早的沂水县县志是清康熙《沂水县志》，清代以前的地名记为“蚡泉”还是“盆泉”就不知道了。由清康熙《沂水县志》可知的是，沂水县西南者曰乐城乡，领社二十有七，其中有盆泉社。

社，作为社会基层组织，始自元代。元初，北方经过多年战争，农业生产遭到极大的破坏，田地荒芜，人民饥馑流窜。针对这一情况，元政府在至元七年（1270）设置司农司，同时颁布农村立社法令。令文的主要内容是：以自然村为基础，原则上五十家立为一社，各种人户均须入社；社设社长，由社众推举年高、通晓农事、家有兼丁的人担任，免除本人杂役，专务督促农业生产。元代的社长，可能是中国古代农村基层行政组织最早的脱产干部了。到了明清时期，县以下设置乡、社二级基层行政组织，社的规模由几十户扩大为十几个村庄。明代，沂水县有五乡一百四十社。盆泉社是乐城乡二十九社之一。①清代，盆泉社仍隶属于乐城乡，是乐城乡二十七社之一。②

蚡泉邑是两千年以前的历史地名，盆泉社也是几百年前的社会基层组织名称，现在盆泉仅是隶属于双堠镇的一个村的名字了。但盆泉当年辉煌的痕迹依然存在，这就是泉西50余米处的关帝庙旧址。三国蜀汉大将关羽，生前被曹操表封为"汉寿亭侯"，死后被蜀汉皇帝刘禅追谥为"壮缪侯"，从宋代开始，先后曾有16位皇帝23次为关羽颁旨加封，而且封号一个比一个高，最终由臣而成为帝。儒、道、释三家也各自推崇他，儒家奉其为五文昌之一，尊为"文衡圣帝""关西夫子"；道教奉其为"协天大帝""翊汉天尊"；佛教奉其为护法神之一，称为"伽蓝菩萨"。清代中期，供奉关帝盛况空前，社社都有关帝庙。盆泉的关帝庙，最晚也是这一时期设置的。如今，盆泉社不存在了，关帝庙也已成为遗址（建筑基址尚存），但庙内树围3.8米的银杏却依然郁郁葱葱，继续见证着蚡泉的历史。

蚡泉未老

除了蚡泉，《春秋左传》还提到了华泉和逵泉。华泉见证了齐顷公之败，逵泉见证了叔牙之死。这两泉见证历史事件的时间虽都早于蚡泉，但都已有名无实，只有蚡泉依旧喷涌流淌，润泽子民。

有人说，济南的趵突泉是山东境内有史记载的最早且喷涌至今的泉，理由

---

① 嘉靖《青州府志》卷十一《乡社》。

② 见于道光七年版《沂水县志》。

是《春秋左传》记载：鲁桓公十八年“（鲁桓）公会齐侯于泺”，即公元前694年鲁桓公与齐襄公在泺水相会，并说“泺”即趵突泉。

何为泺？东汉许慎《说文》解释说：

> 泺，泺水，齐鲁间水也。从水，乐声。公会齐侯于泺。

北魏地理学家郦道元在《水经注》中写道：

> （泺）水出历城县故城西南，泉源上奋，水涌若轮。

郦道元所说的“泉”就是趵突泉。由此可知，《春秋左传》记载的是“泺水”，而非“泺源”。

至今，《春秋左传》记载的齐鲁境内的名泉，只有蚡泉依然静静溢出，滋润一方子民。该泉现被垒成约直径2米、深3米的水井样式。泉水恒温，冬不结冰，村民直接从水井中接管引入家中。泉水从水井出水口流进水池中，供村民淘菜、洗衣，后流入沟渠，灌溉农田。

《春秋左传》记载的名泉至今青春永驻的只有蚡泉了。蚡泉未老。从这一角度说，蚡泉是齐鲁大地上春秋留名第一泉是当之无愧的。

蚡泉

史海钩沉说封爵

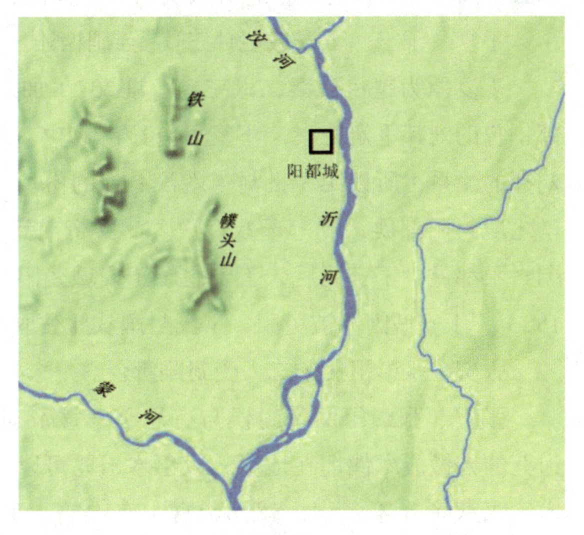

古阳都城，东临沂河，北去五里是汶河与沂河的交汇处，往南十里是蒙河入沂的河口。汉代，阳都城处于莒鲁通道上，水陆交通便捷，土肥水美，物产丰富，是一座远近闻名的城邑。

东汉皇帝刘庄曾巡幸阳都，并在这里召见了东平王刘苍。

《后汉书》记载：

> （帝）十五年春二月庚子，东巡狩。辛丑，幸偃师……征沛王辅会睢阳。进幸彭城。癸亥，帝耕于下邳。三月，征琅邪王京会良成，征东平王苍会阳都，又征广陵侯及其三弟会鲁……夏四月庚子，车驾还宫。

刘庄是光武帝刘秀和阴丽华皇后生的第一个儿子，中元二年（57）即皇帝位。刘苍是刘秀和阴丽华生的第二个儿子，建武十五年（39），受封为东平公，十七年（41）晋封为东平王，定都无盐（今山东东平），永平五年（62），正式就国。永平十五年（72）春，刘庄东行巡察，经偃师（今河南偃师）、睢阳（今河南商丘）、彭城（今江苏徐州）、下邳（今江苏睢宁），三月份巡幸至阳都，召东平王刘苍到阳都会面。阳都位置之重，可窥一斑。

两汉至魏晋南北朝时期，阳都既是县一级行政单位又是侯国，爵位封在阳都的计有十三人。

两汉时期——封侯食邑地

西汉初大封功臣，列侯[1]为异姓臣子的最高封爵。列侯封地范围为县，封地称侯国。侯国设置相一人，相当于县令或县长，受所在郡郡守节制。侯国政事由相管理，赋税归列侯所有。列侯食户多少，按照功劳大小确定，大者逾万户，小者不低于五百户。所谓食多少户，就是当地的多少户人家向他缴纳税赋和服劳役等。西汉时期，有五人受封为阳都侯。

丁复、丁宁、丁安城祖孙三代受封阳都侯。

丁复原为越将，秦二世三年（前207）加入刘邦集团吕泽（吕雉的哥哥）部，曾助刘邦平定三秦。丁复虽有显赫战功，但因为他是外戚系将领，而不是刘邦的嫡系，所以第一批封侯就没有他的份。刘邦即位第六年，丁复才以大司马之职封阳都侯，食七千八百户。汉文帝前元十年（前170），丁复之子丁宁嗣封阳都侯。丁宁死后，丁宁之子丁安城袭阳都侯爵位。汉景帝前元二年（前155），丁安城因罪被免职，丁氏封国从此被取消。

张贺、张彭祖父子二人受封阳都侯。

张贺、张彭祖两代封侯与有恩于孝宣帝刘询有关。汉代，人们认为将被诅咒的人做成木偶埋在地下，以巫术诅咒可以致人死亡，这种做法叫“巫蛊”术。汉武帝晚年多病，就怀疑宫中有人搞“巫蛊”术诅咒他。征和二年（前91），深受武帝宠信的江充因与太子刘据有仇隙，便向武帝诬告太子刘据宫中埋有木人。太子为了自保先下手捕杀了江充。武帝发兵追捕太子，太子领兵抗拒，兵败后自杀，其妻妾子女皆被害，唯有襁褓之中的太子之孙刘询幸免于死，被囚禁于掖庭（后宫嫔妃宫女的住处）。时任掖庭令的张贺，因曾经在太子府上当家吏，也受牵连被判处“腐刑”。但张贺颇重情谊，不仅悉心照料刘询的生活，悉心辅导刘询研修文学经术，又让养子张彭祖与刘询同席研书，以帮助刘询。刘询继承帝位时，张贺与他的亲生儿子都已过世，刘询为报答张贺之恩，诏封张贺的养子张彭祖为阳都侯，食邑一千六百户[2]；追赐张贺“阳都哀侯”，置守冢三十家。

东汉时期有三人受封为阳都侯：

伏湛，西汉末琅邪东武（今山东诸城）人，名儒伏理之子。年轻时传承

① 列侯，秦与汉初爵位名。秦汉以二十等爵赏异姓有功者，其最高级叫“彻侯”。后因避汉武帝刘彻讳，改为“通侯”，后又改为“列侯”，金印紫绶，有封邑，得食租税。

② 张彭祖封户数量《汉书》未载，此封户数见于《文献通考》卷二百六十七《封考八·西汉外戚恩泽侯》。

父业，开馆授徒数百人，成为经学名家。成帝刘骜时期，伏湛出仕做了博士弟子，经五次迁升，到王莽时官至绣衣执法，受命督察大奸，又迁升为后队属正[①]。光武帝刘秀登基后，知道伏湛是旧臣名儒，便征拜他为尚书，命他主持修复各项制度。当时，大司徒邓禹西征关中，光武帝任命伏湛为司直，代理大司徒事。建武三年（27），伏湛晋升为大司徒，封阳都侯。

刘番，东汉明帝刘庄的孙子、陈王刘羡的儿子。刘羡受封为陈王，他生有八个儿子，皆封爵，其中刘番封阳都乡侯[②]。

刘邈，东汉第六代琅邪王刘容的弟弟。献帝刘协初平元年（190），刘容派遣刘邈到长安向汉献帝进贡。在长安，刘邈赞誉东郡太守曹操忠诚，后来，曹操便奏请献帝以刘邈为九江太守，封阳都侯。

三国时期——食邑追封地

魏文帝黄初年间，定爵制为九等：王、公、侯、伯、子、男、县侯、乡侯（最初在乡侯之下还有亭侯，后省）、关内侯。王，为皇室宗亲独有；公、侯、伯、子、男五等，宗室、功臣都有，均有封地；县侯、乡侯、关内侯为功臣及子弟封爵，仅食租税，无封国。蜀、吴两国与魏类似。

三国时期，爵位封在阳都的有三人：

诸葛恪受封阳都侯。诸葛恪任丹杨太守时，以政绩显著升任威北将军，封都乡侯；建兴元年（252），因在东兴湖大败曹军，晋封阳都侯。三国时，吴国置有阳都县，诸葛恪食邑在吴国阳都县。

曹操的岳母周氏被追封阳都君。曹操的王后卞氏是琅邪开阳人，东汉桓帝延熹二年（159）十二月初三日[③]生于齐郡白亭一个倡优家庭。20岁前的卞氏以卖艺为生，后漂泊到了谯地（今安徽亳州）。这时候，曹操为避祸乱称病辞官返乡，正在家韬光养晦。卞氏20岁时，被时年25岁的曹操纳为第三房小妾。卞氏生有四子：曹丕、曹彰、曹植、曹熊，58岁时被正式册封为王后，于魏明帝太和四年（230）去世。明帝曹叡（曹丕之子）追封卞氏的祖父卞广为开阳恭侯，卞氏

① 新莽时期，对官名和郡县名进行改革。“河内郡”改名为“后队郡”，“都尉”改名为“属正”。武帝置有“绣衣御史”，新莽时“御史”改名为“执法”，故“绣衣御史”曰“绣衣执法”。

② 东汉将西汉的二十等列侯再分为县侯、乡侯、亭侯三种。县、乡、亭侯统称为“列侯”。

③《太平御览》卷一百三十八《皇亲部四·魏武宣卞皇后》记载：“《魏书》曰：后以汉延熹三年生齐郡白亭。”卷八百七十二《休征部一·气》又记载：“《魏书》曰：武宣卞皇后，琅邪开阳人，文帝母也。以汉延嘉二年十二月己巳生齐郡白亭。”查陈垣《二十史朔润表》得知，延熹三年十二月为辛卯朔，但该月无“己巳”日；而延熹二年十二月为丁卯朔，该月有“己巳”日。十二月己巳，即十二月初三。据此，曹操的“武宣卞皇后”当是生于延熹二年十二月初三，即公元159年12月30日。

的父亲卞远为开阳敬侯，卞氏的母亲周氏为阳都君，皆赠印绶。

曹竦封阳都乡公。曹竦是曹操与赵姬所生之子乐陵王曹茂的儿子，后来因为曹操与刘夫人生的次子曹铄早亡，过继给曹烁为嗣子。魏制，皇子封王，王之庶子封乡公，嗣王之庶子为乡侯。

晋朝——乱世封侯地

两晋时期，王爵非皇子不封，公（郡公、县公）、侯（郡侯、县侯）、伯、子、男五等爵专封宗室；功臣封爵为“开国”诸爵及乡侯、亭侯、关内侯、关外侯。乡侯至关外侯无封邑。

东晋，王腾封阳都公。东晋穆帝司马聃收编了被汉人冉闵和中原各路汉族义军赶得到处逃命的一些流窜武装，其中乌丸人王腾被委任为徐州刺史，以阳都城为治所，封阳都公。永和十二年（356），王腾举众投降了前燕皇帝慕容俊的弟弟慕容恪，慕容恪命王腾以故职还屯阳都。东晋徐州刺史荀羡进攻阳都，城破，王腾被斩。

南北朝——封爵食税地

南北朝时期，爵位封在阳都的只有一人。

北魏实行公、侯、伯、子、男五等爵制度。北朝魏文成帝拓跋濬（452—465在位）时，尚书左丞贾彝之子贾秀为太子中庶子（太子近臣），赐爵阳都男，正五品上阶。文成帝崩，贾秀还于旧第。拓跋弘（466—471在位）即皇位后，贾秀又晋爵为阳都子，正四品上阶，加振威将军。

南北朝以后，史籍中就没有爵位封在阳都的记载了。

汉末瑰宝将军坟

1954年5月20日，毛泽东视察陈列在故宫午门正殿的“全国基本建设出土文物汇报展览”。听了讲解员关于山东沂南出土画像石的介绍后，毛泽东立即笑着问：“怎么知道它是汉代的？”讲解员从服饰、制度等方面回答了提问。毛泽东满意地点点头，并指着画像石上的杂技图案，对周围的同志们说：“这就是我们汉代的杂技团呵！”①

“全国基本建设出土文物汇报展览”中展出的画像石是拓片，来自沂南汉画像石墓。

汉墓发掘始末

沂南汉画像石墓，在沂南县城西4公里处的北寨村。画像石墓西临汶河，东依团山，位于村前，当地人叫它“将军坟”。

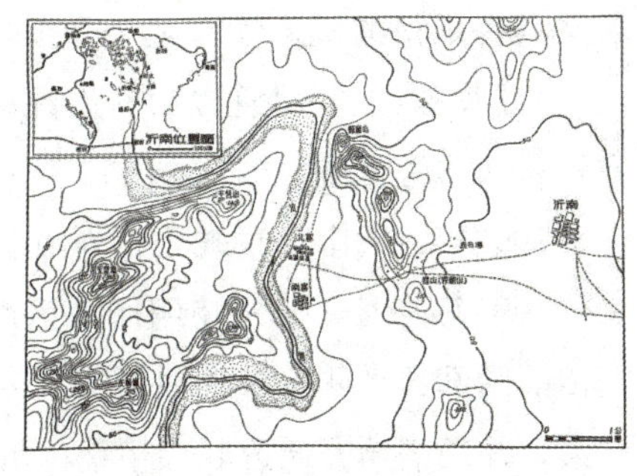

山东沂南北寨村附近地形图（1954）

据当地居民讲，墓冢原来封土很高，犹如土丘，顶上长着合抱粗的大树。由于村民习惯在此取土，所以封土逐年减少。1947年夏天，墓顶突然塌陷出一个洞口。当时解放区的人民政府怕文物散失，曾组织力量挖掘，仅得到灰色陶狗一件和五铢钱若干，于是用石板将洞口盖好又封上了土。

1953年，沂南中学教师周克把“将军坟”的情况反映到《文艺报》报社。当年5月份，山东省文物管理委员会派出专家进行了实地调查。

1954年春，华东文物工作队奉中央文化部社会文化事业局指示，与山东省

① 黄丽镛：《毛泽东读古书实录》，上海人民出版社，1994年版。

文管会合组力量进行了发掘清理。经过一个星期的清理，除得到一件灰陶质、内外涂朱的完整小盘，一支三角锥形铜矢镞，以及一些残砖块、碎陶片外，未发现其他随葬物品。但令文物工作者震惊的不是墓中的遗物，而是保存完整的墓室石刻画像。在挖掘期间，为庆祝“五一”劳动节，同时加强文物的宣传，考古队在沂南县文化馆将画像石的部分拓片展出。

未封土前汉墓图片

当年5月14日，全部发掘工作结束。为了妥善保存这一重要遗迹，在提取了详尽的考古资料后，考古发掘队又将墓葬原地封存了。

当年参加发掘工作的考古专家蒋英炬认为：“1954年对沂南画像石墓的发掘，正式拉开了对地下画像石遗存进行大规模考古发掘的序幕。而这次发掘收获又具有难得的机遇性，至今看来它不但站在一个标志性的起点上，而且又站在一个制高点上。尽管以后有许许多多的发掘，但像内容丰富而完整的沂南画像石墓却非常罕见。”①

1992年，沂南汉墓被公布为山东省级重点文物保护单位。

1993年10月，临沂市组团（沂南县李遵刚、丁勤明、孙元吉参加）由市委宣传部副部长带队，参加在浙江省兰溪市诸葛村召开的全国第7次诸葛亮学术研讨会，并向诸葛亮研究联会申请由沂南县承办全国第8次诸葛亮学术研讨会。申请成功后，沂南向全国有关研究机构和专家发出了与会邀请。有的专家在复函时询问，沂南县有一座享誉考古界的北寨汉墓，如能参观则不虚此行。正巧，山东省文物部门决定再次打开墓门，拓印几份拓片，留一份给沂南县，费用由省文物部门负担，拓印完后再次将古墓封存起来。

得到这两个消息后，县委、县政府研究决定，筹集资金，以再次开启的古墓为基础，修建一座博物馆，既为全国第8次诸葛亮学术研讨会增加一个参观

① 山东沂南汉墓博物馆：《山东沂南汉墓画像石》，齐鲁书社，2001年版。

点，又为沂南县留下一座永久的文化窗口。

1994年春开始，在山东省文物部门专家的指导下，沂南有关部门对曾发掘过的1号古墓进行了科学清理和保护，并发掘了邻近的2号汉墓。

2号墓系大型砖石结构多室墓，位于1号墓南偏东，两墓相距20米。墓葬布局与1号墓基本相同，也由墓道、墓门和前、中、后主室及东三侧室、西二侧室组成。除墓门和前、中室四壁及西二侧室的隔墙为石材外，均以青砖为材料。后室由一道砖墙分隔为东西两间，各室间有门相通，室顶为青砖起券。室外南北长9.10米，东西宽8.52米。整个墓室布置相当平衡，均在一中轴线上，墓室南北向，主轴线南偏西9度。发掘出土了完整和可复原的陶器、石器、铜器、银器等80余件，另有铁刀和漆器腐烂的痕迹。陶器以泥制灰陶为主，少量泥制红陶，器形有鼎、盘口壶、头颈壶、盆、盒、盘、碗、案、耳杯、灯座、井、勺、博山炉、猪厩、狗、鸡、鸭等；石器有“五龙戏铢”三足砚、滑石猪、黛板；铜器有女俑、泡钉、五铢钱、大泉五十钱、货泉钱以及耳环、铁刀等。2号墓出土的“五龙戏铢”三足砚和铜女俑弥足珍贵，“五龙戏铢”三足砚已定为国家一级文物。

“五龙戏铢”三足砚

2号汉墓出土。直径19.7厘米，通高7.4厘米。

砚为石灰石质、圆形、子母口，由砚身和砚盖组成，砚身圆底，饰三熊足；砚首线刻莲瓣纹和漩涡纹，其中部凿刻一椭圆形墨池；砚堂平滑，子口平直沿；砚外沿及子口上沿线刻莲瓣纹。砚盖呈圆形，中心突起成圆柱形，其上刻“五铢钱”纹；周围环绕五条身体线刻鳞纹透雕的龙，龙首紧贴五铢钱，组成一幅五龙戏珠的图案；砚盖周边线刻勾连云纹。

3号墓在2号墓的西面，相距12米，为群众修建房屋时发现。1994年，山东省文物考古研究所组织人试掘，未发掘。

4号墓在1号墓西南100米处，为小型砖石墓，1994年10月村民挖地窖时发现，经沂南县文物管理所抢救性发掘，出土文物50余件，清理后封土保护。

5号墓、6号墓分别位于2号墓南约25米、东30米处，山东省文物科技保护中心于1994年5月勘探时发现，未发掘。

根据地形地貌和勘探，山东省文物科技保护中心专家分析，除以上6座墓外，北寨村地下还分布有其他坟墓及唐宋时期的遗存。

按照山东省文物部门的规划设计，沂南县在原地修建了一座遗址型博物馆——沂南汉墓博物馆。

2001年，沂南汉墓博物馆被国务院公布为国家级重点文物保护单位。

富丽堂皇的地下府邸

1954年，《沂南古画像石墓发掘报告》正式发表，立即引起了轰动，并因此引发了一场有关墓葬与画像的学术大讨论，掀起了一股汉代文化艺术研究的高潮。今日，沂南汉墓又名晋国宝行列，再次引起了世人的关注。

地处僻壤且建筑规模不算大的沂南汉墓为何有如此魅力？

汉代是夏商周以后第一个稳定时间最长的时期。稳定富庶的生活环境，使商周时期厚葬的习俗在重演的基础上又有了新的发展。父母死了，子孙要“事死如事生”，要像生前一样，安排父辈的地宫，对死去的亲人做出精神的和物质的奉献。这种“事死如事生”的做法，不仅是个人的一种心灵上的需要，而且升华成一种社会的礼仪。

汉代，壁画盛行，是中国壁画艺术极其辉煌的时代。汉代宫殿大多有壁画，称之为“画室”或“画堂”。除京城皇帝的宫殿有彩色壁画外，各诸侯王国也竞相仿效。在“事死如事生”的观念指导下，生前居室有壁画，死后的墓室当然也不能没有。壁画由宫室延伸到了墓室，这就形成了墓室中的彩绘壁画和砖石刻画。因为墓室中雕刻着画像，后世就将这种用石料砌成而且刻有图像的坟墓称为画像石墓。这种画像石墓创始于西汉，到东汉时达到了鼎盛，随着汉末社会的动荡逐渐消亡了。沂南汉墓就是最有代表性的画像石墓之一。

沂南汉墓就其体量讲，没有惊人之处，但就其构建形式讲，又不愧是一座富丽堂皇的地下府邸。

墓室坐北朝南，由前室、中室、后室和东边三个侧室、西边两个侧室构成。墓室南北长8.7米，东西宽7.55米，高3.12米，全部用石条、石板组合砌筑。根据当时人们的想法，地下的墓室如同地上的庄园。

墓门寓意着墓主人府邸的大门，迎面两门，左右并列，一进一出。两门之间中有石柱间隔。门楣上有战争图浮雕。墓门东侧支柱，上部刻着伏羲、女娲

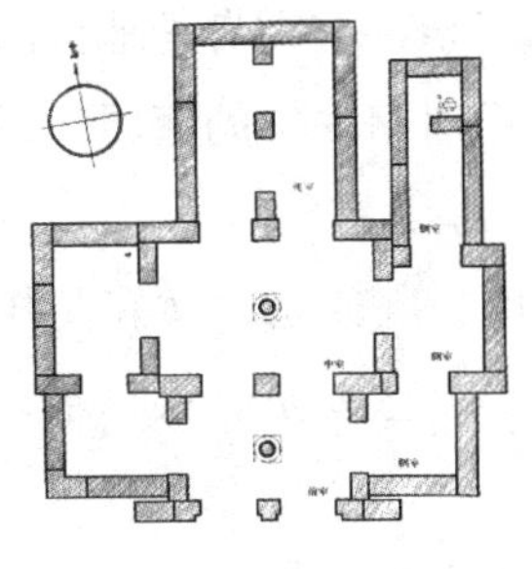

墓室平面图

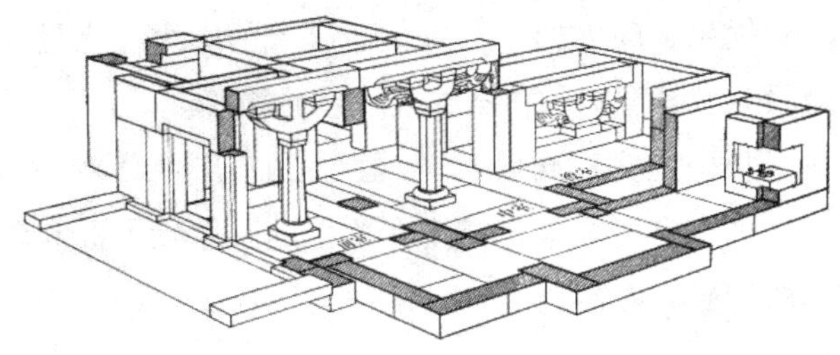

墓室透视图

像，皆人首蛇身；两人之间是一有胡须的大脸人，用他那两条强壮的臂紧抱着伏羲女娲；大脸人头部两侧有一规一矩；下部是东王公和两个捣药人。墓门西侧支柱，上刻一怪兽，下刻西王母和两个兔子头的羽人；西王母头戴胜杖，肩有两翼，坐在山字形中间的瓶儿上。墓门中间立柱的上部是一幅用脚蹬着弩机挂箭的“蹶张”形象，下面的一幅是一头带翼的猛虎；老虎下边一个长着翅膀的仙人，其右手举着打鬼的桃树枝；立柱最下边有一个须发怒张的虎头，这是古代常见的兽面饕餮。

门楣“胡汉战争”图

进门是庭院，中间是一根八角形立柱，将天空擎起。庭院左右两侧各有两个侧室，相当于东西厢房。墓室的中室相当于正房客厅，左右两个侧室一是贮藏室，一是厨房，东侧室后面还有一条小走廊与蹲坑式厕所相连。厕所的设立除了模仿现实生活以外，被安排在墓室的东北角还隐含着辟邪的意义。因为，当时人们普遍认为，人死后要向东北方向去，东北是鬼魂聚居和出没的地方，而鬼的一个特点是怕脏，肮脏的东西可以辟邪。所以，将厕所安排在鬼魂出入口，可以有效地防止鬼魂兴妖作祟。

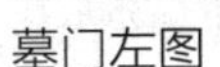

墓门左图　墓门中图　墓门右图

客厅画像中安排了很多生活气息浓郁的内容，诸如夸耀墓主人身份地位的歌舞娱乐、庞大的车马仪仗、高大的库房、充足的粮食、屠宰牛羊的庖厨，以及具有教育意味的古圣先贤人物画像等。

从中室客厅再往后，是主人的寝室。寝室左右两间各自独立，又有门相通，可以自由往来。安排在这里的画像除了辟邪题材以外，主要是有关墓主人起居生活的内容。

丰富绚丽的石刻画像

沂南汉墓用石材280块，其中42块刻有画像，共计73幅画像，画像面积达44.2平方米。画像面积之大，内容之丰富，刻画之精美，保存之完整，在同类汉墓中是罕见的。这些画像分别安置在墓门、前中后墓室内壁、中心立柱和隔梁等处。不同的画像内容是依据不同的建筑部位来具体布置的。

墓门

守护亡灵的辟邪事物图

古代“辟”与“避”相通，辟邪就是避开或驱除邪恶。墓室的辟邪之物有现实生活中的人物事件，更多的则是神灵之物。门楣上刻着的战争图，表现的虽然是胡人与汉人之间的战事，但箭射刀砍的形式显示的却是一种大场面的恐怖和威慑。将这样的内容安排在门楣处，也是用现实中的人物事件来辟邪。

门楣“战争图”局部

前厅东、西、北三面墙壁和中心立柱上刻有33幅纯粹辟邪的画像，其中既有和墓门立柱上一样的蹶张、怪神，也有能够辟邪的“青龙、白虎”等“四神”图像。这些都是很有威力的辟邪物。

励己警人的圣贤故事图

汉代开始以“儒术”治国，孔子的思想和学说影响了整个东汉王朝，反映到社会伦理方面，一个突出的表现就是对古圣先贤的顶礼膜拜。因此，汉代宫廷官署及政治性建筑物上的壁画，多是宣扬礼教、颂扬先贤、褒奖功臣的内容。现实生活的这一套，汉代墓室壁画几乎是完全照搬过来。沂南汉墓墓室中刻有仓颉造字、苏武牧羊、卫姬求情、尧舜禅让、周公辅成王、廉颇和蔺相如、孔子见老子、荆轲刺秦王等18幅画面，涉及37个历史和传说人物。将众多古圣先贤的故事搬进墓室，将有关教育鉴戒的画像主要安置在作为客厅的中室四壁，既显示了墓主人的时代意识，又有着警示后人的寓意。

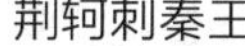

荆轲刺秦王

蔺相如完璧归赵

威风凛凛的车马出行图

除了辟邪、鉴戒等内容以外，中室画像最突出的是车马出行图。在中室南壁、西壁、北壁的横额上，是连缀成整幅的车马仪仗图。车队的导引车上竖着一杆带红缨的大斧子，汉代称作“斧车”，相当于现在的警车。后有随行的“缁车”，即物资供应车。车上既有趾高气扬高冠花翎的主人，也有双手捧笏鞠躬而立的下人。从其前导后护的仪仗，可以看出乘车人出行时的仪从之盛。

汉画像中的车马出行图大致可分两类，一类表现的是墓主人生前的仕途经历，另一类表现的是墓主人前往祠堂接受吊唁的情形，沂南汉墓中的车马出行图属于后一类。

车马仪仗图（局部）

场面宏大的歌舞欢乐图

墓室中的歌舞欢乐图内容十分丰富，从左至右可分为四部分。第一部分是杂技表演，杂技项目有“跳丸弄剑”“七盘舞”“戴竿之戏”等。第二部分是乐队演奏，在这支乐队中，金、石、丝、竹、匏、土、革、木八音，除缺木外，余皆齐备。第三部分是“刀山走索”和“鱼龙漫衍”之戏，由走索的、饰龙的、饰鱼的、饰豹的、饰大雀的、奏乐的六组组成。第四部分是“马戏”和“鼓车”表演，人在马上或倒立，或耍流星，人欢马跃，技巧高超，鼓车更是如闻“隆隆”之声。这些节目如手技、倒立、走索、顶竿、马上技艺、车上缘竿等，至今保存于中国杂技艺术表演中。其中的走索图，是迄今发现的最早的走索艺术图像。

歌舞欢乐图

戴竿

龙戏

飞剑跳丸

击建鼓

欢悦丰盛的丰收宴享图

画面分两组，左边一组是在准备把粮食收藏到仓库里，右边一组是在准备饭食。左侧一座五脊重层的房屋，上有天窗，说明是粮仓。仓前有一堆粮食，一群鸡正在争啄粮粒。下排向右两堆粮食周围，有斗、有升，一人张着口袋，一人捧斗装粮，一人握帚扫粮，另有一人持簸箕从后而来。上排有一幢高房，附近有一大树，树旁边有两个戴高冠的人，袖手坐于长席之上，席前几上摆着饮酒的器具。右侧是人们正在抬猪、椎牛、剥羊、剖鱼、切割、烹饪、蒸酒的场面。丰收喜事，一应俱全。

这幅画像的局部，曾以“豪强地主田庄的粮仓”为题编入初中《中国历史》教材里。

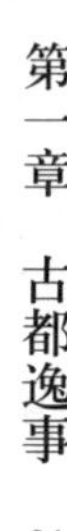

椎牛　　剥羊

隆重奢华的丧葬吊唁图

前室东西两壁刻有两组官员祭拜吊唁的场面：一组是进入庭院进行吊唁，14人分成6排，并携带着小祠堂模型鱼贯而入；一组是在祠堂前进行悼念活动，22人在丰盛的祭品前，或跪伏在地，或躬身施礼，听着主祭者对死者的悼念致辞。在祠堂周边，众多亲友或驾着车，或牵着羊，捎带着酒食和成袋的粮食，来到祠堂进行吊唁祭祀。祠堂两边大路上，人来人往，熙熙攘攘，沿途摆放着各种礼品。

由此可见，墓主的地位是何等显赫，从拜谒、出行到观赏歌舞，再到收获、烹调，一个完整的汉代小社会展现在我们面前，一些闻所未闻的民俗生活跃然“石”上。可以说，走进沂南汉墓，就仿佛走进了两千年前的汉代，走进了我们先人的生活世界。

吊唁图拓片局部

弥足珍贵的考古资料

沂南汉墓画像不仅内容丰富，画面雕刻精美，而且有些画面对史料有着佐证和直观显示的作用。

关于汉代乐舞，史书上有不少记载，但各种乐器的形制、演奏方法和舞蹈的形象，仅靠文献资料是很难弄清楚的。沂南汉墓中的乐舞百戏图，使我们不仅看到了汉代乐器的形制、演奏方法和乐队的组合，而且看到了乐舞百戏的实际情形。如，七盘舞又称“盘鼓舞”，是汉代最具代表性、最为流行的舞蹈。表演时在地上排列数个盘和鼓，舞者甩着长袖，在盘、鼓之上或盘、鼓之间旋转雀跃。盘、鼓的数量一般是7个，实际用多少，按表演者技艺高低而定。七盘舞的舞姿不知道打动了多少文人墨客，张衡、鲍照、陆机都曾为七盘舞写下热情洋溢的赞颂文字。但毕竟舞蹈是文字表述的弱项，七盘舞到底什么样，所有这些名人的描述，也仅是使人具有一个模糊的印象。沂南汉墓画像用简单流畅的线条，就刻画出了七盘舞优美动人的舞姿。《现代汉语大词典》词条“七盘舞”的插图，就是沂南汉墓的七盘舞画像。

绳技是中国古老杂技的一种，俗称“走索”。关于绳技的最早记载见于《晋书·乐志》：“后汉正旦，天子临德阳殿受朝贺，舍利从西方来，戏于殿前……以两大丝绳系两柱头，相去数丈，两倡女对舞，行于绳上，相逢切肩而不倾。”《晋书》记载的绳技，是西域人带来并表演的。在此之前，古老的中国有没有绳技暂且不论，绳技这一艺术形式，到汉末已普及到了民间，这是不争的事实。沂南汉墓画像中的走索，是迄今发现的最早表现走索的图像。

中室八角擎天柱顶端的阳面和阴面，以阴线刻画有两幅童子像，一幅童子

走索

像的手形类似观音的“施无畏印”，另一幅童子像的头部有圆形光圈，其形态与佛教中的“佛光”相似。

施无畏印

佛光

关于佛教传入中国的年代，一般认为《后汉书·光武十王列传》中楚王刘英奉佛的记载，是佛教传入中国最早而且最可靠的史料。但佛教传入中国初期，佛像形态如何？史籍没有记载。《沂南古画像石墓发掘报告·结束语》说：“最可注意的是我们在这里已经感觉到从印度传来的佛教艺术的最早的影响。这种佛教因素糅合于中土原有的图像之中，代表着佛教艺术在中国萌芽时期的一种特有的色彩。”现代佛教研究也比较一致地认为，沂南汉墓中类似观音的“施无畏印”和“项光童子像”，就是在佛教影响下产生的，是最早的佛像实物形态。

仓颉是传说中汉字的发明者。现存最早涉及仓颉其人的典籍是战国时期的《荀子》，其《解蔽》篇在论述“心于一道”时，援引仓颉作为例证：“好书者众矣，而仓颉独传者，一也。”意思是古代喜欢写字的人很多，但只有仓颉一个人的名声流传了下来，这是因为他用心专一。对仓颉“四目”形象的描述，最早见于汉代史籍，其中《春秋元命苞》说：“仓帝始皇氏名颉，姓侯冈，龙颜侈侈，四目灵光，实有睿德，生而能书。”何为“四目灵光”？全国现存的40多处仓颉庙、祠、陵墓等遗迹中都有图像或塑像，但现存最早的形象也仅是元代延祐年间（1314—1320）残碑上的仓颉半身四目像。而沂南汉墓中

室南壁东段仓颉造字的画像，不仅完整、细腻、清楚地刻画了仓颉的形象：四目、披发、长须、身着兽皮；而且描绘了一个场景：仓颉坐在一块兽皮上，右手持着有柄的、末端带柔软物的东西（大致表示笔），左手张开五指，正与对面一人交谈。这一幅四目仓颉像，无疑是现存最早的图画形态。

沂南汉墓画像石中，有一幅画刻画了几位官吏形象，其中一人双膝下跪，腰系小削（刀），两手捧举案牍，仿佛正在奏呈。而最引人注目的是，在这几位官吏的耳旁都斜插着一支笔。

沂南汉墓石刻图（线描转换）

《史记·滑稽列传》有“西门豹簪笔磬折”的记载，意思是西门豹头上插着簪笔，像磬一样弯着腰作揖。簪笔，就是有笔头的簪子，插在冠前，以备急需之用。而汉代臣子们，常常头插簪笔，以方便随时记录。簪笔后来演变为高级文官的象征性标志，成为朝冠上必备的饰物。

陕西师范大学周晓薇教授在《古代簪笔制度探微》一文中认为：“这便是最早的簪笔模式，也是目前所能见到的最明确和最原始的有关簪笔的直观史料。”[①]

---

① 周晓薇：《古代簪笔制度探微》，《中国典籍与文化》，2001 年第 03 期。

众多的未解之谜

刘洪印

铜质，龟纽。释文：刘洪

墓主人是谁？1956年出版的《沂南古画像石墓发掘报告》（以下简称《发掘报告》）没有给出答案，仅断定：这是一个家族墓葬群中的一座重要的墓室；墓室建设的年代下限是公元193年。《发掘报告》发表后，引起的争论也仅限于墓室的建设年代和画像内容的认定等方面。1994年重新发掘后，在一定范围内对墓主人是谁进行了争鸣。有些学者认为，墓主人是东汉第六代琅琊王刘容的弟弟，即任九江太守的阳都侯刘邈。山东考古专家吴文祺认为：北寨村下应当是一处东汉晚期至魏、晋时期的官僚地主家族的墓地。1994年在2号墓中发现的一枚刻有“刘洪”二字的铜制印章，又为“刘邈说”提供了一个有力的旁证。

汉画像石的本质是一种浓厚的祭祀文化，是研究汉代历史、政治、经济、民俗文化、社会百态的一幅生动风俗画。沂南汉墓中的车马出行图、吊唁图、丰收图、乐舞百戏图，形象直观地展现了东汉末期的民俗文化。除墓主人莫衷一是外，还有好多未解之谜。

为何“女左男右”？墓室中相通连的两间后室，从画像内容上明显地分出男起居室和女起居室。值得注意的是，两室摆列位置是女左男右，而且女室比男室宽1.5厘米。另外，男室画像中设计了两个男仆，而女主人则设计了四个侍女。这显然是墓主人造墓的时候刻意这么做的，绝不是疏忽。中国传统的摆列位置是左为上，即坐北朝南时东为上，并列面南时男在左女在右，即男东女西。沂南汉墓墓门左右立柱上的伏羲女娲画像和东王公西王母画像，临沂市罗庄区白庄、兰山区西张官庄汉墓和陕西绥德汉墓中的伏羲女娲画像，莫不如此。沂南汉墓中男女位置摆列何以异于传统？女墓室为什么大于男墓室？有人认为女室主人的身份并没有什么特殊之处，可能是墓主夫妇信奉道教，在道教的习俗中是右为上的。如果真是这样，那么这样的摆列位置也就无可非议了，但二室的宽窄不一、仆人数量的不同又说明了什么呢？对此，1996年12月，著名史学家胡绳实地考察时断言：女主人身份高于男主人，女主人可能与皇室有关。是否如此？也还有待于继续考证。

墓室启用与否？从画像画面考察，前室西壁和东壁上的祭祀图都有题榜面，但都未题字。历史故事画中36处题榜面，有24处没有题字。有题榜面而未题字的总共近50处，这显然不是疏忽。《发掘报告》称，1947年当地政府保护性发掘时，“只得到灰色陶狗1件，五铢钱若干”。1954年文物工作者系统发掘时，出土了陶器类16组28件，有突起花纹的残砖1块，三角形铜镞1件。陶器中绝大多数为“盘”“罐”一类容器，其中有完整的“小盘一件，灰陶制，内外涂朱，似为当时绘画的颜色盘”，其他有“涂朱残迹”的多达13件。

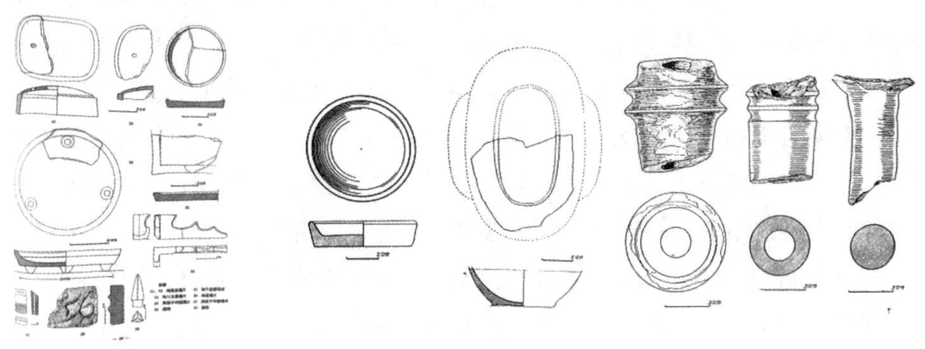

墓室遗物中未见邻近另一座墓中的陶质畜禽、猪舍、水井、灶、釜等类随葬物品。

据村内老人回忆，1947年县政府初次进行发掘时，就没有发现雕刻的墓门石，墓门是用一块未经雕刻的石料堵上的。所以，与其说出土文物是随葬品，倒不如说更像是装饰用器皿。墓室的藻井，现在还能看出用红色颜料绘饰过，容器上的“涂朱残迹”也正好说明此墓尚在装饰中。《发掘报告》认为：“鲁南画像石中亦常见这种情形，这似乎表现一种草草完工的迹象，是否与汉末的战乱有关，也是值得注意的。”更重要的是，《发掘报告》中没有提到尸骨及痕迹。墓冢顶上有盗洞，说明至少被盗过一次。但从一般常识可知，盗墓者是不会盗走尸骨的，如果无一点遗留地盗走尸骨，也只能是在“尸骨未寒”之时。如果是后来有人盗窃尸骨，也不至于没有一点遗留。这种草草完工的迹象和未有尸骨联系起来，正说明了这是一座没有启用的空墓。

刘洪是什么人？1994年，在位于画像石墓西南方向100米处发现了一个小型砖石墓，墓中出土了一枚铜质印章，印文为阳刻“刘洪”二字。经山东省文物管理部门鉴定为汉代遗物。铜质“刘洪”印玺的意义，不仅在于为“刘氏家族墓葬群”之说提供了一个有力的旁证，而且提出了一个新的研究课题，即此刘洪与“算圣”刘洪的关系。“密于用算”的刘洪是汉光武帝刘秀的侄子鲁王刘兴的后代。刘洪自幼聪慧好学，学识渊博，尤精于天文、历法。他在年轻时即踏入仕途，应太史令征召赴京城洛阳，被授予郎中。约公元184年，刘洪出任会稽郡（今浙江绍兴）东部都尉；约公元189年，为山阳郡（今山东金乡）太守；后迁任曲城（今山东招远）侯相，地位与郡太守相当。无论从刘洪所处的时代、身份、地位等方面，都与北寨汉墓一号墓主人极为吻合。刘洪印章的提纽为“龟”，其造型也与东汉后期龟首伸昂、背部隆起如弓、脚亦渐高的风格很吻合。“算圣”刘洪生活年代约在公元130—196年前后。沂南汉墓建设时间也是在东汉末年公元193年之前，与刘洪的生活年代十分吻合。汉代的太山郡蒙阴县与墓室所在地相距不过百里之遥，史籍中未见“算圣”刘洪之墓的记载，古太山郡蒙阴县境内也未发现刘洪之墓。仅仅是名字的巧合，还是有某种必然的联系？是否可能是刘洪的儿子为纪念父亲，生前收藏了父亲的印章，并在他死前嘱托后人将该印章与他随葬，以示与父亲永远相依相守？

另外，沂南县有个传说，汉代有孙祖、孙农和孙郭三兄弟，皆为将军，分别驻守在阳都县境内的三个地方，死后也分别埋葬在驻守之地。后来，三兄弟的名字逐渐衍化成了他们驻守之地的地名。乾隆二十五年（1760）《沂州府志》记载了孙祖、孙农、孙郭三个地名，三地都是隶属于沂水县西南部乐城乡所辖的三个社名。今天，地名“孙祖”依然存在，是镇政府驻地，而且附近有一座汉墓。地名“孙农”已讹化成了“孙隆”，位于依汶镇境汶河之阳，附近也有一座汉墓。地名“孙郭”已不存在，从乾隆年间与孙郭社并存而相邻的社名判断，孙郭社位于今北寨村附近无疑。巧合的是，北寨村也有一座著名的汉墓。如此说来，这也是考证北寨汉墓墓主人的一个不可忽视的线索。

北寨汉墓是一个汉墓群，在1号墓葬附近还有二十多座大型汉代墓葬，1号汉墓只是其中的一座，还有更多未知的秘密埋藏在这片土地之下等待被发现。

深山密藏凤凰石

沂南县铜井镇三山沟村东南方向，有一组向阳面仰倾的裸岩，裸岩上刻有一组凤凰图像，并有石刻文字。

这组凤凰画像题有“凤皇”“东安王钦元”等字样，藏于深山已有千年之久，直至清代才有人注意。沂南县之名始于抗日战争时期，真正确立版图是在新中国成立之后。裸岩凤凰石刻像所在的山系，明清时期称之为鲍宅山。因此，清代以来论及这组裸岩凤凰石刻像的专著或文章，大都称之为“鲍宅山凤凰画像”或“鲍宅山凤凰石刻”，当地人称之“凤凰石”。

凤凰石刻系临沂市级重点保护文物。

画像内容

现在，这组裸岩的其中两块石头上，以线条阴刻方式分别刻有一大一小两只凤凰。较小一石高约55厘米，宽约50厘米，刻画一鸟形图像，图像宽24厘米，高30厘米，高冠、大尾、长腿，两翅呈展开状，图像左上角刻“凤皇”二字。较大一石高约150厘米，宽约140厘米，亦刻一鸟形图像，图像仅宽12厘米，左侧分别刻“三月壬日凤”“东安王钦元”及“元□”等字样。从石刻画体量及形态判断，较大一图为雄性“凤”，较小一图为雌性“凰”。雕刻技法是在原生粗糙石面上施阴线刻，构图简单疏朗，显出古朴的原始趣味。

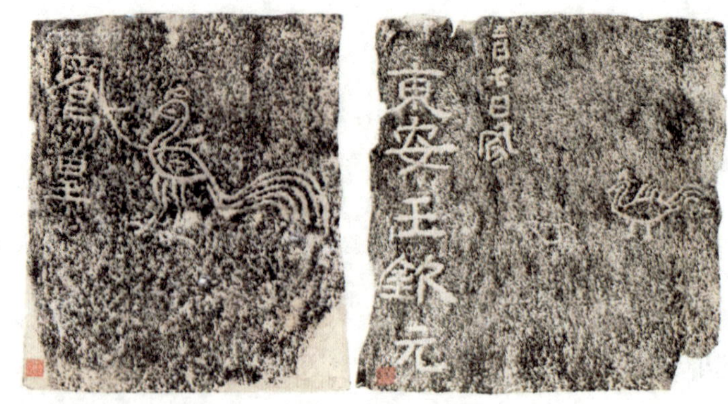

袁炼拓传

鲍宅山凤凰画像备受晚清、民国及当代学者的关注，近代美术史论者也多提及此刻石画像。鲍宅山凤凰画像是什么时候被发现并以拓片形式流传于世的，尚没有明确说法。但有资料证明最晚是在清道光二十四年（1844），由沂水县进士袁炼访得后拓赏而传播于世的。

袁炼，字冶池，清代沂水县袁家庄（今沂水县许家湖镇袁家庄）人。袁家是沂水县“高刘袁黄”四大望族之一，袁炼与其长子袁振瀛分别考取嘉庆十六年（1811）辛未科和道光九年（1829）己丑科进士，民间誉称父子进士。袁炼敕授文林郎，官历国子监助教、奉天府新民厅抚民同知。因袁家庄与鲍宅山凤凰刻石处直线距离不足18公里，故袁炼对鲍宅山当早有耳闻。道光八年（1828），沂水县南乡刘家店子（今沂南县大庄镇刘家店子村）23岁的刘像久应乡试未果，到袁家庄附馆，师从已中举待考进士的袁炼。袁炼从刘像久口中得知鲍宅山一带的文化故事也是有可能的。可以说，袁炼是发现并拓传鲍宅山凤凰画像的第一人。

许瀚收藏

许瀚，字印林，室名攀古小庐，山东省日照市虎山镇大河坞村人，生于清嘉庆二年（1797），卒于同治五年（1866）。道光十五年（1835）举人，选滕县训导，冷官闲署，交游者皆为笃学向进、不慕声华之士，是清代杰出的朴学家、校勘学家、金石学家、方志学家。龚自珍盛称其为人，其《己亥杂诗》之《别许印林孝廉瀚》云：“北方学者君第一，江左所闻君毕闻。土厚水深词气重，烦君他日定吾文。”龚自珍不轻易许人，对许瀚如此推崇备至，足见许瀚的学识非同一般。许瀚一生致力于学问，校勘古籍一丝不苟，搜辑金石碑版不遗余力。每得到一件金石文物，必在第一时间对这些藏品的真伪、铭文、器形等进行鉴赏考证，为其定名，并即兴写下收藏体会，写下考释结论，或者写一些批注题跋之类的文字。道光二十四年（1844），许瀚任教沂州府琅琊书院，暇时在境内访碑。在沂州两年，所获新碑拓本极多，均作跋语，有《沂州石刻题跋》三十种传世。

道光二十四年（1844）正月二十二日，许瀚赴琅琊书院任教，启程去沂州，同时准备参加当年大考。他正月二十六日抵达沂州府，二月初四日在琅琊书院举行了拜文昌、受生童拜、牌示等履职仪式。因为准备参加的是当年大考，所以履职仪式后，二月初七日他又启程赴京参加会试；三月十六日至十八日会考，二十七日“大挑”获二等，选地方学官，虚职候用[①]；四月二十八日起身返沂州，五月二十四日抵达琅琊书院。这时，许瀚已是成就卓然的校勘学和金石学家了。在琅琊书院期间，他经常外出寻访旧碑古碣，一般者现场辨认笔识，重要者拓印带回研究并题跋。由于友人多知许瀚执着的爱好和深湛的鉴别能力，时常以拓片奉赠，或请其鉴赏题跋，故他在沂州期间所获甚丰。这期间他获得的第一个拓件就是鲍宅山凤凰画像及题字。《许瀚日记》六月十四日记曰：

> 颜先生自沂来，捎刘宋凤凰及东安王钦元题字，乃沂水山上拓下者，上有“五日壬申”，“五”字以上断去，不可知其年号，为可惜也。[②]

许瀚所记“沂”即沂水县，“山”即鲍宅山，只是“刘宋”一说没有说明是作者认定，还是颜先生所告知。次年，许瀚又作《晋太康凤凰画像题字附东安备考》[③]文，对鲍宅山凤凰画像及题字的年代、题字者做了考论，认定为“晋太康”年之物。《许瀚日记》所记“刘宋”是指刘裕取代东晋建立的政权，年限是公元420年至479年。“太康”是西晋武帝司马炎的年号，年限是公元280年至289年。许瀚最终的认定为“太康”，应是慎重的。

许瀚返回琅琊书院正式履职后，袁炼即有书信相致。据《许瀚日记》记载，他七月初四日即收得袁炼所致书信，随后复回。后《许瀚日记》又记曰：“作书与冶池师，捎去太平碑一套，门砧二，北桥造像一、残石一，造桥正阴各

① 候职至咸丰元年（1851），许瀚才获任兖州府滕县训导，咸丰三年四月辞职归里。

② 转引自曹汉华：《增广许瀚年谱》，九州出版社，2011 年版。

③《攀古小庐杂著》卷十。

一，平陈造像碑阴一，共六种十二纸。”许瀚与袁炼的交往由来已久。道光五年（1825）五月，29岁的许瀚济南科试第一。山东学政何凌汉发现许瀚才堪深造，又因是年逢酉，遂选许瀚为拔贡，入国子监，以应朝考。次年，许瀚入国子监为生员。这时沂水县进士袁炼任国子监助教，许瀚遂与袁炼有了师生之分。袁炼对许瀚极为赏识，常耐心恳切教诲，许瀚亦尊之为师。道光六年（1826）六月，许瀚应朝考，落第。七年（1827），刑部主事李璋煜聘邀袁炼等人校勘桂馥《说文解字义证》，许瀚亦在聘邀之列。许瀚初为分校，后为通校。因此，许瀚与袁炼又有了同事之谊。因为有了师生之分和同事之谊，又兼同乡之情，二人情意笃深，多年后还经常有书信往来，切磋金石文化。袁炼病逝后，许瀚曾作《哭冶池师联》：“犹父恩深，缅善诱传经，频闻传礼过庭训；哲人望断，恨迟来负疚，不及逍遥曳杖歌。”[①]此足见师生情谊之深。有此深交与心交，许瀚获得鲍宅山凤凰画像及题字一事，一定会告知恩师袁炼的。

袁炼与许瀚同年寻得鲍宅山凤凰画像及题字，孰先孰后虽没有明确记载，但有线索可循。查《许瀚日记》可知，许瀚得到拓件后，当年只有十月二十五日作一书致袁炼。袁炼收到这封书信时一定是初冬了，于当年赶回家乡亲至鲍宅山搞拓片实是不可能的事。唯一的解释就是，袁炼觅得鲍宅山凤凰刻石并拓印在先，许瀚觅得在后。因为在许瀚得到拓件之前，袁炼有在时间上亲至鲍宅山的可能性，在时间上也有拓印操作的可行性。根据二人之间的情谊还可断定，袁炼觅得了凤凰画像及题字定会告知许瀚的。许瀚作书致袁炼时随复信捎去拓件“共六种十二纸”，唯独没有凤凰画像及题字，也可反推袁炼已有这件拓件了。

尽管袁先许后，但这时许瀚已是颇有成就的金石收藏和研究家了，又是刻意专访碑刻而得到凤凰画像及题字的，所以在传播鲍宅山凤凰画像及题字的贡献方面，许瀚功劳应该是更大些。

名家著录

记载鲍宅山凤凰画像的金石专辑，目前见到最早的是清人赵之谦《补寰宇访碑录》。赵之谦，初字益甫，号冷君，后改字㧑叔，清代著名的书画家、篆刻家。赵之谦所著《补寰宇访碑录》，成书于同治三年（1864），卷一收录了鲍宅山凤凰画像题字，列入晋代碑刻铭文第二十条，记曰：

---

① 袁行云：《许瀚年谱》，齐鲁书社，1983年版。

鲍宅山凤凰画像题名。八分书。凡三石。元康，三月七日。山东沂州。

值得注意的是，赵之谦补录的沂州府兰山县碑刻，多与许瀚有关。《补寰宇访碑录》卷二收入沂州境内北齐时期碑刻铭文共十六条，其中费县一条，兰山县十五条，赵之谦在《白衣庵度碑齐王□明主残造像二石》条后注曰："凡出沂州诸皆沂州许瀚近访得者。"由此可知，许瀚访得在前，赵之谦得知在后，《补寰宇访碑录》所录"鲍宅山凤凰画像题名"，来自许瀚任沂州府琅琊书院山长时的收集资料无疑。

张德容《金石聚》收录了鲍宅山凤凰画像题字。张德容，名谷，字德容，号松坪，衢州（今浙江衢州）人，清咸丰二年（1852）举人，两度出任岳州（今湖南岳阳）知府。张德容是晚清大藏家，收藏以金石碑帖为主，并以收藏宋拓《石门颂》为世人惊叹。随着藏品的积累和时机的成熟，1872年在岳州任上，他完成了《金石聚》十六卷。《金石聚》以碑碣为主，凡丰碑大碣以及残碑断碣无不著录，法帖等多由后人摹勒，若非古人真迹概不收入，至于有文字之画像、古泉、古镜、砖瓦、印章等类均有著录。每卷碑目之下，前人著录悉载其名，碑石存于何地及出土年月、何人访得，均有详载，伪造之物也加以考辨订正，考释极为详尽。鲍宅山凤凰画像题字也被收录其中，并认定为汉代遗存。

汪鋆《十二砚斋金石过眼录》详细地记述了鲍宅山凤凰画像内容、样式和尺幅。汪鋆，字研山，斋名十二砚斋，博雅好古，精于金石，工诗文，尤以书画知名。《十二砚斋金石过眼录》成书于清光绪元年（1875），汪鋆以《沂州府画像题字》为题目记曰：

三石高一尺七寸，广一尺五寸，下圆削仅七寸；次高与前石同，广一尺六寸；第三行高四寸，广三寸。右第一石画一凤形，八分书凤皇二字，径二寸余；第二石画一凤形较小，八分书两行，文曰："三月乇日凤"。凤疑是凤字；又一行刻"东安王钦元"五字，又一小石刻一"元"字，下不可辨。玩其书势与建初大吉买山券[①]同定位东汉初物无疑。道光丙午（1846）日照许孝廉瀚所获，今在沂州府。

据《许瀚日记》和《增广许瀚年谱》可知，《十二砚斋金石过眼录》

①《大吉买山券》又名《大吉买地券》，摩崖石刻碑，在浙江绍兴。清代著名金石学家阮元认为此刻石为东汉建初年间的买地券文。

所记许瀚在沂州府画像题字无误，但记为"道光丙午"有误，应为"道光甲辰"。

陆增祥《八琼室金石补正》也记载了鲍宅山凤凰刻石。陆增祥，道光三十年（1850）进士，少通六书，好学博览，精于金石学。《八琼室金石补正》是他积毕生之精力，一再增改而成的集金石学大成的巨著。书稿写成后未能刻印，直到1925年，才由刘氏希古楼雕版刊印。《补正》所收金石文字资料之丰富，大大超过前人和同时代人的著作，所收石刻和其他器物铭文多达3500多种，其卷二亦仅录西汉刻石数种，沂南《鲍宅山凤凰画像题字》即列其一。陆增祥记载：

> 鲍宅山凤凰画像题字拓本三纸，一高八寸八分，广四寸五分，二字字径一寸六七分；一高二尺三寸五分，广二尺。画麟凤各一。相向左上方题字一行五字，字径寸余，再左又题一行，亦五字，字径四寸许；一高二尺六寸，广二尺二寸。画一凤大倍于前。左方题二字，一径四寸，一径二寸，均分书，在兰山。右鲍宅山凤凰画像题字在兰山摩崖。工人省纸，分拓。高广位置均不得详。姑就所见录之。赵㧑叔《补访碑录》作元康。张松坪太守以为元狩。审视石本似"凤"字。三月七日下一字不可识，疑是"成"或即"凤"字。按：《汉书·昭帝纪》：始元三年冬十月，凤凰集东海，遣使者祠其处，七年八月改元"元凤"。应劭曰：三年中凤凰比下东海，海西乐郡于是以冠元焉。画像之作，其在斯时欤？

陆氏治学严谨，不但尽力搜辑、补充前人专著《萃编》之所缺，而且多以较好的拓本来校订《萃编》之误。书中凡例规定："必目验墨本，不敢据金石家及友人录寄之文。"陆增祥根据刻字所记日期，认定为西汉刻石。但陆增祥所记"鲍宅山凤凰画像题字在兰山摩崖"和"在兰山"，实是误将兰山与沂州等同，岂不知兰山县是沂州府附郭，兰山代表不了沂州府，更代表不了沂水县。

康有为《广艺舟双楫》卷二"分变第五"记载了凤凰画像题字：

> 《金石聚》有《凤凰画像题字》，体近隶书，《金石聚》以为元狩年作，江阴缪荃荪[①]谓当从《补访碑录》释为元康，则晋武帝时隶也。

① 缪荃荪，字炎之，又字筱珊，著名的藏书家、目录学家。他藏书20余万卷，自著200卷，收藏金石碑拓一万一千八百种左右，有"博通"之誉称。

鲁迅收藏

鲁迅曾收藏了鲍宅山凤凰画像拓片。鲁迅从1915年开始搜集并研究包括汉画像在内的金石拓片，直至他去世，时间长达20年。鲁迅对汉画像的搜集，可以分成两个阶段，前期侧重点为山东汉画像，后期侧重点为河南南阳汉画像。

1916年，鲁迅在辛亥革命后的临时政府教育部任佥事之职。这期间，他在书店、书摊上搜购了大量的金石拓片。7月16日，鲁迅寻觅到了两幅鲍宅山凤凰画像原拓。《鲁迅日记》记曰："十六日晴。星期休息。上午寄二弟信，附刘立青、林纾画各一枚（五十六）。甘润生来。午后往留黎厂买《大云寺石刻》拓本一分，大小十枚，又《淄州凤皇画象题字》二枚，共银二元。""淄州"，隋开皇十六年（596）置，后改为淄川县，即今山东省淄博市淄川区。淄川群山连绵，与鲍宅山同在沂山山系范围内。鲁迅记载的"淄州凤皇画象"即出自鲍宅山的凤凰画像，但不知什么原因记成了"淄州"。"留黎厂"即今北京和平门外的"琉璃厂"街。继而鲁迅又搜求到了题有"东安王钦元"的另一幅凤凰画像。后来，他在为凤凰画像写的说明中做了详细介绍及认定："凤凰画象摩崖刻计三处。一刻高一尺广一尺六寸，画一凤鸟，左方题'凤皇'二字，隶书。一刻高广各一尺八寸，作一凤，较小于前又一凤首，左上方题小字一行云'三月壬日凤'，右方大字一行云'东安王钦元夕'，均隶书。一刻高五寸广三寸，有'元□'二字可辨，隶书。在山东沂水西南七十里鲍宅山。"①在第一幅原拓上，鲁迅还钤上了"周树所藏"印章。

鲁迅对汉画像艺术进行了深入的研究，并有意将所藏汉画像的珍品出版，但在收到最后一批南阳汉画像拓片的两个月后，便与世长辞了，因而选印汉画像计划未能完成。1986年，上海人民美术出版社出版了由北京鲁迅博物馆和上海鲁迅纪念馆共同编辑的《鲁迅藏汉画像》。《鲁迅藏汉画像》中收录了这两幅画像，根据鲁迅原有记录，图190把有"东安王钦元"字样的一幅标为"沂水画像（鲍宅山）"，图192将有"凤皇"字样的一幅标为"临淄画像"。

新中国成立以来，傅惜华《汉代画像全集》、王伯敏《中国绘画史》、中央美术学院《中国美术简史》、安作璋《山东通史·秦汉卷》、荣宝斋出版社《梁启超题跋墨迹书法集》、何应辉主编《中国书法全集·秦汉刻石卷》、华

① 摘自《鲁迅研究月刊》1993年第2期。

人德主编《中国书法史·秦汉卷》、河南美术出版社《汉碑全集》等，或以目录形式或以原拓图片形式收录了鲍宅山凤凰画像及题字。

刻画原有三石

《许瀚日记》记载：“……东安王钦元题字……上有‘五日壬申’，‘五’字以上断去，不可知其年号，为可惜也。”

汪鋆《十二砚斋金石过眼录》也记载：“又一小石刻一‘元’字，下不可辨。”

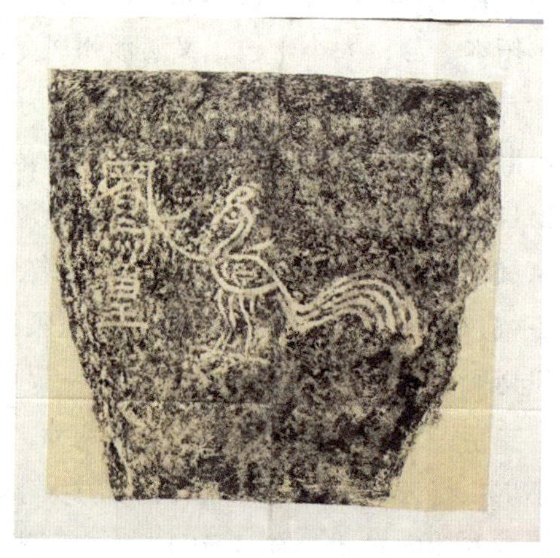

近代人张彦生《善本碑帖录》记载：“汉东安王钦元刻石题字（又名凤凰刻石）。隶书，分三纸拓。一粗刻凤凰画，左上刻凤皇二字，一刻二小凤凰，左上刻三月七日成，又大字东安王钦元，另附有一元字，下似康字之上首。道光廿四年袁冶池于沂水南七十里鲍宅山访得。按：元康年号，汉、晋皆有。由题字看，应为晋元康。”张彦生，1901年生于河北吴桥县，1915年到北京琉璃厂隶古斋碑帖店学徒。他在隶古斋学会了拓、裱及收售碑帖等业务，同时也有机会先后走访了京城著名的收藏鉴赏碑帖的专家，因而鉴别碑帖真伪本领大有长进。1931年，他脱离隶古斋，借用庆云堂字号的名义独立经营碑帖店。解放后他被聘请为中国历史博物馆顾问、国家文物事业管理局咨议委员会委员。他将一生所见善本碑帖加以整理编撰，定名《善本碑帖录》，于1984年由中华书局出版。他根据收藏到的装裱拓片认定刻字原有三石，其结论与许瀚、汪鋆的认定是一致的。

刻有“元康”二字的刻石为什么消失了？何年消失的？

碑帖拓片是一种具有历史文化内涵和高超拓印技术的艺术品。与版画艺术相同，拓片经过对石碑的拓印而成，拓片的拓印年代越早，与原作石碑的相似度就越高。其中，由于自然风化或人为的破坏，许多原作石碑早已损坏或者亡佚，那些属于珍品的早期初拓碑帖早已等同于真迹，再加上名人雅士的代代相传、流传有序，每张拓片、每本碑帖经过书法家以及藏家的珍藏，其背后更是融入了许多历史典故，更增加了这些拓片碑帖原有的艺术价值。因此，从拓片传递历史文化信息的角度来说，拓印越早的拓片越有文化价值，也越有经济价值。由于利益的驱动，有些拓印者在自己拓印后，就对原石字画的局部人为地造成一点损坏。从许瀚、汪鋆、张彦生的记载分析，最小的一块刻石也许就是被拓印者故意损毁或弄走了。“元康”二字刻石的丢失，或者“五日壬申”刻石的上半部被人损毁的时间，可以定在许瀚收藏之前。

洋人青睐

在杭州“平湖秋月”景区内，有一座不起眼的楼房，叫“哈同花园”。这是一处既不是国家文物保护单位，也不是省、市文物保护单位的清末楼房。现在这里是西泠书画院的院址，偶尔会举行一些书画展。这座清末楼房与鲍宅山凤凰画像有关。

哈同花园槅扇雕刻图案

哈同是犹太人，全名叫雪拉斯·阿隆·哈同，出生在巴格达，跟随其父经商到印度孟买后，入英国籍。1872年，哈同到了香港，第二年便登陆上海滩，到了上海滩，为迎合中国文化，自取别名“明智居士”。哈同发达后，在上海建起了占地200亩的花园别墅。光绪三十年（1904），哈同又从北洋政府购得了杭州孤山路附近一小块地皮，继而通过贿赂地方政府、侵占左右等方式扩大地盘，建设自己的花园别墅。此园于1909年竣工，建成后以妻罗氏（罗迦陵）命名为“罗苑”，杭州人则称其为“哈同花园”。

这是一座凝聚了中国历史文化的建筑，具有独特的文化表现形式，遗留的珍贵文物俯拾即是。哈同花园两幢建筑的窗棂槅扇雕刻图案，与我国传统的门窗木雕有明显的区别，它不是以传说故事、仕学孝悌为主，而是以珍贵的文物拓片为主题做装饰刻画。鲍宅山凤凰画像就是这座楼房的装饰刻画之一。他采用的鲍宅山凤凰画像是带有“东安王钦元”字样的小凤凰图，刻画的右侧以小楷题名为“汉王钦元凤凰题字一”。

这一幅珍贵的凤凰图及题字，在哈同花园的窗棂槅扇上，历经风云变幻和风雨洗礼，已经存在了一百多年。这幅窗棂槅扇刻画虽然已过期颐之年，但仍在默默诉说着当年名噪一时的辉煌。

年代认定

鲍宅山凤凰刻石的确切年代，尽管有当年的刻字内容和风格为证，但因为被发现时字迹已局部漫漶不清，因此给后人留下了考证的余地，也因此有了不同的结论。

近代的金石学家及专著对鲍宅山凤凰刻石的年代虽然认识不一，但不外乎汉代和晋代两个时期。

《金石聚》的作者张德容根据“元”字下模糊的字形，认定为西汉“元狩”年作。

《八琼室金石补正》的作者陆增祥认定是西汉刻石。

《十二砚斋金石过眼录》的作者汪鋆认为“定为东汉初物无疑”。

赵之谦《补寰宇访碑录》认定为晋“元康”年。

缪荃荪认为当从《补访碑录》释为元康，为晋武帝时隶书。

《善本碑帖录》的作者张彦生也认定“应为晋元康”。

清代及近代金石大家及著录者对鲍宅山凤凰画像的年代认定虽然不同，但共同点都是依据文字所表达的“年号”而定。

新中国成立初期，傅惜华著《汉代画像全集·叙录》对鲍宅山凤凰画像的说明是：元凤元年至六年（前80—前75），认定是“有纪年最早之画像”。著名汉画研究者李发林于20世纪60年代发表的《略谈汉画像石的雕刻技法及分期》一文也认为：鲍宅山凤凰画像是有纪年最早的画像刻石。画面上所刻之字，《中国书法大词典》著录为汉隶，评价书法淳古、质朴。其他专著对年代的认定也不外乎汉晋两说。

西泠印社原社长、金石考古学家、书法篆刻家马衡在所著《中国金石学概要》中则认为："沂水县鲍宅山摩崖刻凤凰画像，其题字有元□等字，前人或释元狩，或释元凤，以为西汉刻石。其实元□等字与三月等字不在一处，绝非年号。"马衡的观点，也许给单纯依据年号来确定画像所作年代的论证方式提了个醒，结合书法风格论证画像所作年代也许更为可信。汉画研究者李发林的研究思路就是很好的借鉴。

近年来，有的专著认定鲍宅山凤凰画像为晋朝以后之作。如李超等人著《中国古代绘画简史·秦汉绘画》[①]就说："过去一般将'鲍宅山凤凰画像'当作有纪年的汉画像石最早例证，因其有'元凤'二字而著录为西汉昭帝元凤年间（前80—前75）。经实地考证，此石应为宋元以后之物，后经碑帖商人故弄玄虚炮制而出。实则从考古所见，汉画像石最早出现年代可追溯至汉武帝时期（前140—前87）。"不知作者们是否"实地考证"过，也不知作者们是否对最早发现者袁炼和最早觅得拓片者许瀚二人的身世、学养及人品有所了解，更不知作者们根据什么证据论证，就如此简单地下结论是"碑帖商人故弄玄虚炮制而出"的"宋元以后之物"。结合近几年文化领域的浮躁之风分析，这一结论本身是否也有"故弄玄虚"之嫌呢？

拍卖价位

鲍宅山凤凰画像的文化价值自不待言，作为文物形式之一的旧拓，其市场价值也是不菲的。现在见到西泠印社的拍卖资料有二。

2014年12月13日，西泠印社拍卖有限公司古籍善本专场拍卖了沂水刘惺父赠予蔡守的一轴纸本装裱件。

蔡守，字哲夫，广东顺德人，生于光绪五年（1879），近代广东著名的金石学家、文献学家和书画家。蔡守在这幅装裱立轴的左侧题签曰："汉凤凰画像。旧拓本沂水刘惺父寄赠，癸丑四月装池，哲夫识。"刘惺父与蔡守过从甚密，不仅有文化交流往来，而且还专为蔡守喜得贵子遥寄珍贵的"秦量诏版"予以祝贺。蔡守在1912年阴历七月十八日寄黄宾虹的信中就曾提到这件事："沂水刘惺父以秦量诏版寄为弟得儿贺，其色泽固无论，而文字亦精湛罕匹，

① 李超：《中国古代绘画简史·秦汉绘画》，中华书局，2010年版。

汉鲍宅山凤凰画像刻石

图录号: 2401
估价RMB: 50,000 - 60,000
成交价RMB: 92,000(含佣金)

（朱）灵素（朱）褚礼堂（白）秦斋壬子以后所得（白）梁鼎芬观（白）蔡哲夫所得两汉刻石（白）哲夫贞石（白）刘三字三（白）尹桑鉴定（白）梁鼎芬印（白）顺德蔡守寒琼鉴甄商周秦汉吉金贞石刻辞（朱）邓尔疋读碑记（白）黄叶楼读碑记（朱）尹桑私印（白）

提要：鲍宅山凤凰画像刻石是我国已知有纪年的最早的汉代画像石刻，备受晚清、民国及当代学者的关注。近人美术史论著多提及此刻，然出土时地诸家意见不一，汪鋆《十二砚斋金石过眼录》云"光丙午日照许孝廉瀚所获，今在沂州府"。张彦生《善本碑帖录》云"道光廿四年袁冶城于沂水南十里鲍宅山访得，按元康年号汉、晋皆有，由题字看，应为晋元康。"

此本经梁鼎芬、褚德彝、风雨楼邓氏、刘三、李尹桑、邓尔疋等鉴藏，此拓本为沂水刘惺父赠予蔡守、有李尹桑题诗堂及题跋，蔡守题签。李尹桑从书法风格及文献记载两方面考证认为此刻石应为西晋时所刻，然关于此刻石发现情况，亦执两说，无法确证。

《汉鲍宅山凤凰画像刻石》拓片装裱件拍卖介绍

今拓呈法鉴，以为如何？"[①]古时帝王下诏书，将诏书内容刻在金属版上称为诏版，以求存垂久远。秦量诏版又简称秦诏版，青铜刻，是学习秦篆的珍贵资料。刘惺父能觅到并收藏秦量诏版，可见也是颇具眼光的收藏家、鉴赏家。刘惺父将鲍宅山"汉凤凰画像"寄赠蔡守后，蔡守遂将此拓件于癸丑（1913）装裱题签，又请李尹桑（字壶父）题跋。李尹桑，一字壶父，原籍江苏吴县，寄居广州，以精刻小钵名于时。李尹桑在上款题写了"汉凤皇画像题字"并署"哲夫社兄属题，乙卯二月壶父"，在下款题写了长篇跋文。这帧本来就很珍贵的拓件上，还有当时著名鉴赏家如梁鼎芬、褚德彝、风雨楼邓氏、刘三、李尹桑、邓尔疋等人的鉴藏印，因而愈加珍贵。这帧高96.5厘米、宽46厘米的装裱拓件，在西泠印社拍卖有限公司2014年12月13日古籍善本专场拍卖会上，以5万—6万元人民币的参考价挂牌拍卖，最终以9.2万元成交。

2017年西泠印社春季拍卖会，拍卖庄缙度、端方（托忒克·端方）递藏《元凤凤凰刻石》清淡墨精拓本。该册封面费念慈题签，内收"凤皇"、大凤、小凤、"三月七日成""东安王""钦元""元康"拓片七枚，装裱成册，庄缙度手书四篇跋文，记述此拓来历，并对"东安王钦元"五字进行提疑考证。

① 陈伟安：《黄宾虹与广东国画研究会的艺事考》，《美术学报》，2010年第03期。

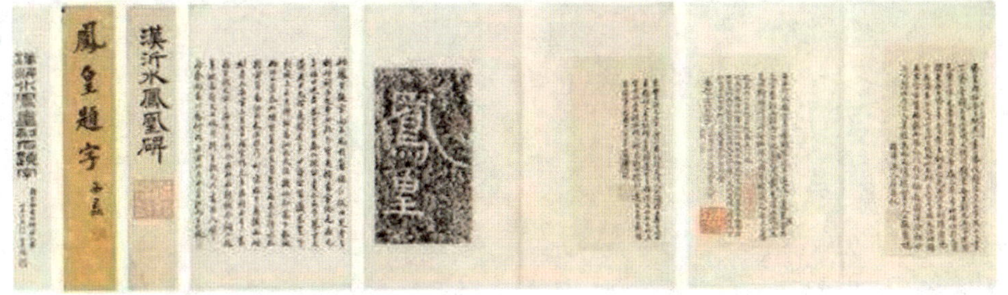

拍卖件原为庄缙度旧藏，后归端方，收张之洞、王仁俊、杨守敬、吴广霈、张祖翼、李葆恂、褚德彝观跋及诸家论断，有张祖翼鉴定印。起拍价人民币51.75万元，以起拍价成交。

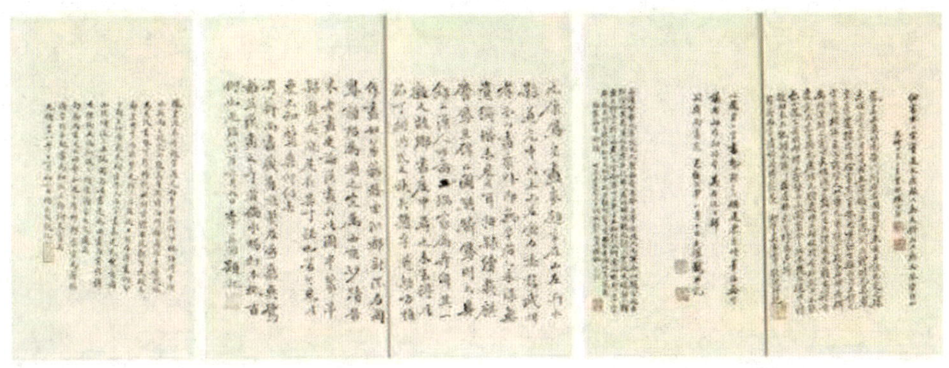

第二章 流韵绵长

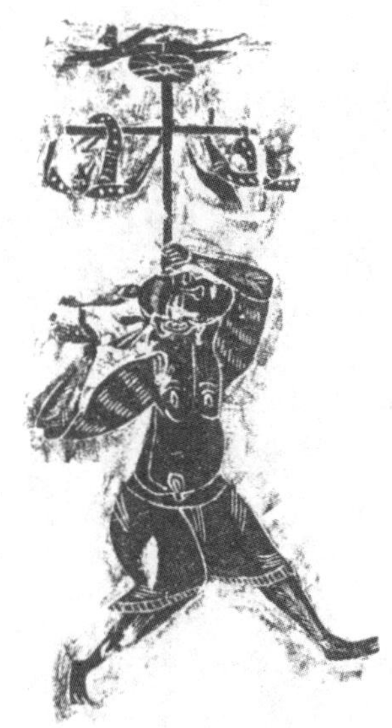

西晋废省了阳都县，阳都县并入何县尚不清楚，但阳都作为郡望之名却一直存在到南北朝。南北朝之后，史籍都不再将这块土地称作阳都，但在这块文化底蕴丰厚的土地上，继续绽放着灿烂的文化之花，乐章永续，古韵绵长。拂去历史的尘埃，一幕幕历史的画卷，光彩依然，耐人品读。

京福官路双墩堠

京福高速公路沂南县段经过的双堠镇，其镇的名字源于双堠村，村的名字源于村边的两个土墩——“堠”。据王氏墓碑记载，明崇祯年间王氏来此定居，因村西和村东各有一个土堆，是古代侦察敌情传递信号的“堠”的遗迹，故命村名为双堠。

何为堠?《辞源》解释说：堠是“记里程的土堆”，“古代瞭望敌情的土堡”。

这就是说，堠不仅是古代官道旁用来标记里程的人工夯制土堆，还是具有军事功能的土堡。

堠的起源及演变

堠的起源，按宋代高承《事物纪原·州郡方域·里路》记载：“黄帝游幸天下，而车以记里，疑道路之纪以里堠，起轩辕时也。”但一个“疑”字，说明了不可尽信。东晋王嘉《拾遗录》云：“禹治水所穿凿处，皆青泥封记，使玄龟印其上。今人聚土为界，乃遗事也。此封堠之始也。”《拾遗录》是神话志怪小说集，其说也未必可信。

目前，堠的最早记载，见于《尹湾汉墓简牍》。1993年，江苏省连云港市东海县温泉镇尹湾村西南尹湾汉墓群出土了大量文物，其中有木牍24方和竹简134支（其中1支属于无字的素面简）。一号木牍正面第1行记载：“县、邑、侯国卅八：县十八，侯国十八，邑二。其廿四有堠。都官二。”此后，“堠”字屡见于史籍。

关于路边设置堠的规定，唐朝令狐德棻主编《周书·韦孝宽传》记载：“一里置一土堠。”《周书》虽以周题名，实际上是记述从534年东、西魏分裂到581年杨坚代周为止48年的西魏、北周史。唐无名氏《大唐传载》云：“郑公审，开元中为殿中侍御史，充馆驿使，令每传舍立辰堠，自公始也。”“开元”是唐朝皇帝唐玄宗李隆基的年号，自713年始至741年止，共计29年。

这两则记载说明，路边置堠是在北周至唐初期间兴起的。

后来，人们认为堠用土堆成，经过刮风下雨，常常会遭到损坏，于是就用植树来代替堠。唐朝李延寿在《北史·韦孝宽传》中记载：

> 先是，路侧一里置一土堠，经雨颓毁，每须修之。自孝宽临州，乃勒部内，当堠处植槐树代之。既免修复，行旅又得庇荫。周文后见，怪问知之，曰：“岂得一州独尔，当令天下同之。”于是令诸州夹道一里种一树，十里种三树，百里种五树焉。

尽管杨坚“令诸州夹道一里种一树，十里种三树，百里种五树焉”，但用植树来代替里堠的做法并不普遍。到唐宋时期，最普遍的还是以堠记里。

日本僧人圆仁《入唐求法巡礼行记》载：

> 唐国行五里立一堠子，行十里立二堠子，筑土堆，四角上狭下阔，高四尺或五尺不定，曰唤之为里隔柱。

十里双堠的现象也屡见于诗句。韩愈《路傍堠》曰：

> 堆堆路傍堠，一双复一只。
> 迎我出秦关，送我入楚泽。

元稹《西归绝句十二首》曰：

> 双堠频频减去程，渐知身得近京城。

宋欧阳修撰《新五代史·四夷附录二》：“自幽州，此无里堠，其所向不知为南北。”宋陈师道《后山诗话》：“吴僧《钱塘白塔院诗》曰：‘到江吴地尽，隔岸越山多。’余谓分界堠子语也。”

元脱脱等人所撰《辽史·地理志三》：“自此入山，诘曲登陟，无复里堠，但以马行记日，约其里数。”

明张自烈《正字通》：“堠，封土为台，以记里也。”

堠，最初的功用是标记距离，但最晚到唐朝，堠又有了军事用途。唐代史学家杜佑《通典·兵五》记载：

> 却敌上建堠楼，以版跳出为橹，与四外烽戍昼夜瞻视。

明王玉峰《焚香记·传笺》：

忽闻胡骑透重关，千里纷腾起堠烟。

清昭梿《啸亭杂录·古长城》：

蜿蜒数千里，屯戍墩堠，犹有存者。

双堠之堠的历史

要考证双堠之堠的历史，首先要考证经过双堠道路的历史。

经过双堠的道路，作为官道始于何时已无从考证，但明朝就是省道是有记载的。如，康熙十一年（1672）《蒙阴县志》记载：

（蒙阴邑）居蒙山之阴，山径也，原无驿路，即明朝旧编内有里甲夫马十二匹，止以供上司巡历，亦非为驿设也。

旧《新泰县志·驿站》记载：

邑在元明时，僻处山径，非孔道也，原无驿路。

“山径也，原无驿路”“非孔道也”说明仅是山路，还不是国家驿道。“上司巡历”说明虽然不是驿道，但也是官道。既然明代是官道，可能这条路上就有标记距离的“堠”了。另外，据王氏墓碑记载，明崇祯年间王氏来此定居。因村西和村东各有一个“堠”，村就取名双堠了。这也可佐证明代这条官道上就有“堠”了。

双堠之堠的功能

京福驿道泰安至沂州段开通后，在这条路上重新设置了规范的“堠”是必然的，初设时的功能为标记里程也是自然的。

清康熙七年（1668），“堠”又具有了兵防的功能。

据《清史稿》记载，清初于各省边境扼要处设立墩台营房，有警则守兵举烟为号。寇至百人者，挂一席，鸣一炮；至三百人者，挂二席，鸣二炮；至五百人者，挂三席，鸣三炮；至千人者，挂五席，鸣五炮；至万人者，挂七席，连炮传递。康熙七年（1668），清廷诏谕各省将领，凡水陆孔道之旁，均设墩台营房，驻宿兵丁，传报紧急军机，稽查匪类，护卫行人。乾隆三年（1738）兵部议定，汛兵缺少处按地方卫僻情形酌量拨补器械，务令整备，随时查验。有离汛误防者革责，官吏严惩之。

京福驿道山东段是陆路孔道，因此设置了具有兵防功能的墩台。据道光七年（1827）《沂水县志》记载，京福驿道沂水县路段的墩台有双堠墩、埠口墩、泉桥墩、丁旺庄墩、柳三桥墩、界牌墩。界牌墩往西北是蒙阴县路段的三家店墩。双堠墩往东南是兰山县路段的艾于湖墩、磨石沟墩。从这些墩台相距的里程看，都是以原有里堠为基础设置的。这时的"堠"就不仅是里程的标志了，还具有了兵防的意义。

随着岁月的流逝和时代的变迁，堠墩大多已不复存在。京福驿道今沂南县路段的墩台只有埠口和崖子两墩尚在，但也仅是比较明显的土堆了。现在，京福驿道临沂市境内路段，与堠有关的村名还有蒙阴县界牌镇的曹家堠、苏家堠。

古诗中的双堠

京福驿道泰沂路段是繁忙的。旧《新泰县志》记载："顺治十年，以东南全闽、两浙、吴会、淮扬诸路至京，由泰沂为捷。""凡辎轩之使，以及文檄饷课，轮蹄络绎，咸取道焉。""轮蹄往来，刻无暇晷。"南来北往的官员或文人肯定留下了不少有关里堠的诗篇。遗憾的是，随着时间的推移，这些诗篇大都已湮没于历史的尘埃之中了，唯一见到的是朱筠的两篇诗文。

朱筠，字竹君，号笥河。乾隆十九年（1754）进士，选庶吉士，授编修，由赞善大夫擢侍读学士，典福建乡试，督安徽学政，《四库全书》编纂官。乾隆四十四年（1779）51岁时改福建学政，第二年其弟朱珪接任，朱筠卸任回京。乾隆四十六年（1781）初春，朱筠自南而北途经双堠之地，留下了诗作《双堠道中》。

双堠道中

昔晦今昭雾共烟，高崖深谷陌乃阡。
一轮直落蒙尖外，几段斜飞鹭影边。
游迹略夸江海邈，客心难定雨晴先。
双双堠子看人过，漫说辛年三去半①。

崖子新月

今宵倍觉影形亲，雨去还来月照身。
春柳稀疏自名士，夜山约略称幽人。
何能履道占贞吉，频欲移居结素邻。
旧隐西山应好在，七松隙处此中真。

作为官道里程标记的"双堠"和兵防分汛的"墩台"，早已完成了它的历史使命，也因此退出了历史舞台。但由京福驿道演变成的205国道继续延续着双堠的历史，新开辟的穿境而过的京沪（福）高速公路，又将古地双堠带入了一个新时代。

① 辛年：乾隆四十六年是辛丑年。三去半：三月过了一半。

映旗山阳孝悌里

沂南县砖埠镇常桑行村，位于蒙河之北，九顶莲花山之怀，村民多数为颜姓。村前有一墓地，俗称颜林。颜林中有一通保存完整的清康熙十二年（1673）《万代流芳碑》。碑文记载：“夫沂州之北七十里，名曰孝感乡，为汉之诸葛、晋之王祥、唐之颜真卿故里。”

清代，常桑行村隶属孝感乡，在沂州府北七十里。村后清泉寺明代碑刻记载此地名孝悌里。

颜姓之源

圣人孔子有七十二高徒，其中颜回是孔子最得意的弟子。《论语·雍也》记载，颜回为人谦逊好学，“不迁怒，不贰过”，他异常尊重老师，以德行著称，孔子称赞他“一箪食，一瓢饮，在陋巷，人不堪其忧，回也不改其乐。贤哉，回也”。自汉代起，颜回被列为七十二贤之首，有时祭孔时独以颜回配享。此后，历代帝王不断追加谥号：唐太宗尊之为“先师”，唐玄宗尊之为“兖公”，宋真宗加封为“兖国公”，元文宗又尊为“兖国复圣公”，明嘉靖时罢封爵，改称“复圣”。

颜氏以颜回为一世祖。但第一个以“颜”为姓的人并不是颜回，而是比颜回更早的小邾国的“友”。

早在商朝之前，黄帝的后裔就建立了邾娄部落。周武王灭商后，采取了分封制，邾娄被封为诸侯国，称为邾国，国都在峄山（在今山东邹城市境）之阳。周公旦摄政时期，为了削弱诸侯国的势力采取分而治之的办法，以邾国夷父“颜”有功于周室，将其次子“友”分封到郳地，叫作郳国，因从邾国分出，故又名小邾国。邾国本来是曹姓，“友”被封后已是另一支派，所以“友”封到郳国之后，就根据当时的惯例，以父亲夷父颜的“颜”字为姓，小邾国遂为颜姓国，因此颜氏族谱中称“友”为“颜友”，并被尊崇为颜姓的始祖。

颜姓之流

春秋时期，颜氏人丁繁盛，为鲁国望族。颜氏自二世颜歆至七世颜岵均为鲁国大夫。在明代《陋巷志》的记载中，战国至东汉末七百余年间，从颜回至二十二代孙颜亮均记为单传。二十二代单传显然是不可思议的，这只是记了一条血亲传承脉络罢了。《陋巷志》对二十三代以后的颜氏族人记得十分详细。二十三世颜敫生二子颜裴、颜盛。颜裴官至京兆尹，居于鲁（今山东曲阜），生二子，长子颜鲁、次子颜欢，都无男性后代，颜裴一支绝后。颜盛字叔台，又字叔震，汉末时任尚书郎，灵帝中平年间（184—189）出任青州刺史，赐爵关内侯，携眷属侨居青州治所临淄。三国魏文帝黄初年间（220—226），改任徐州刺史，又携眷属徙居琅邪，从此在琅邪定居繁衍生息，因此有“琅邪颜氏”之称。

根据历史线索可知，颜盛之后的衍生关系是：颜盛生有四子，长子颜钦随父居；颜钦生有七子，长子颜默，曾任汝阴太守，封护国将军；颜默生有三子，长子次子皆无后嗣，三子颜含承宗。颜含39岁时出仕为官，西晋末随琅邪王司马睿过江，成为东晋中兴重臣，为侨居江南的颜氏始祖。颜含传九世至颜之推，颜之推入隋仕于长安，又成为关中颜氏始祖。

孝悌之名

颜含少时，以孝悌闻名乡里。《晋书·颜含传》记载：颜含长兄颜畿有病，死于医家，家里人送丧，在回来的路上忽然招魂旗缠树不开，领丧人跌倒在地，口称：“我命不该死，只是服药太多，伤害了五脏，还能复活，千万别埋葬我呀！”家里人都想打开棺材看看，颜默不许。当时颜含还很小，慨然对父母说：“不寻常的事，古来有之，开与不开棺材，痛苦一样大，为什么不打开看看？”父母见他说得有道理，令人开棺，颜畿果真有气息微存。颜畿长期卧床不能言语，家人侍养都生倦色，颜含却绝弃一切事务，辛勤侍护，数年如一日。江南富豪石崇听说了，非常敬佩，特赠“甘旨”以表敬意。颜畿死后，颜含的二嫂樊氏患病失明，为治疗嫂子的眼病，颜含费尽心思，备受煎熬，终于治愈。古代，称还报父母之爱为“孝”，友爱兄弟姊妹为“悌”。颜含为了侍养父母兄嫂，十几年足不出户，孝悌闻名于世。本州推举他当官，他因为侍奉父母而拒绝出仕。父母、两兄全部去世后，他才出仕为官。颜氏家族因代传孝恭，故号其居为孝悌里。

顏含

顏含字弘都，琅邪莘人也。〔八〕祖欽，

兄畿，咸寧中得疾，就醫自療，遂死於醫家

畿言曰：「我壽命未死，但服藥太多，傷我

爾有命復生，豈非骨肉所願！今但欲還家

復生，可急開棺。」婦頗說之。其夕，母及

然曰：「非常之事，古則有之，今靈異至此，

列傳第五十八　孝友

《晋书·颜含传》截图

《颜氏家庙碑》局部

莘人之谬

《晋书·颜含传》记载："颜含字弘都，琅邪莘人也。"[1]而唐代大书法家颜真卿，在为父亲颜惟贞撰书的《颜氏家庙碑》中，将其先人来历和祖籍明确写为："魏有裴、盛。盛字叔台，青、徐二州刺史、关内侯，始自鲁居于琅邪临沂孝悌里。"

《晋书》是唐太宗李世民下诏撰修的官修纪传体正史，应是可信的。颜真卿对祖籍的记述，也是严肃的，更不会有错。正史记为"琅邪莘人"，家史记为"琅邪临沂人"，孰是孰非？

琅邪自古无"莘"这一地名，将颜含记为"莘人"显然有误。但《晋书》刊行后，世人对"莘"字不仅熟视无睹，不予考究，反且以讹传讹，延续了一千多年。清朝乾隆五十一年（1786），赵曦明为《颜氏家训》中"混因素对，靖侯成规"句作注时，就引《晋书》文注"靖侯"曰："孝友含字弘都，琅邪莘人也。"近代国学大师王利器《颜氏家训集解》又原封不动地将赵曦明的注收录其中。[2]只有清代乾隆嘉庆年间学者洪亮吉在《晓读书斋四录》中明确指出：

> 晋书孝友传颜含，即协七世祖，传云："琅邪莘人。""莘"盖又"华"字之误也。

但中华书局1974年版《晋书·颜含传》又沿用"琅邪莘人"之说，在其后的"校文"中也仅指出："含，临沂人，李阐《颜含碑》及《颜真卿家庙碑》可证。"并没有对"莘"字做出解释或校正。语文大词典出版社《二十四史全译》之《晋书·颜含传》原文，则既不书"莘"字，又不书"华"字，干脆改

颜含

颜含字弘都，琅邪臨沂人也。祖欽，給事中。父默，汝陰太守。含少有操行，以孝聞。兄畿，咸寧中得疾，就醫自療，遂死於醫家。家人迎喪，旐每繞樹而不可解，引喪者顛仆，稱畿言曰："我壽命未死，但服藥太多，傷我五藏耳。今當復活，慎無葬也。"其父祝之曰："若爾有命復

颜含字弘都，是琅邪臨沂人。祖顔欽，是給事中。父顔默，是汝陰太守。顔含自幼有操行，以孝順聞名。兄顔畿，在咸寧年間患病，找醫生治病，於是死在醫生家裏。家人迎遺體，引魂幡總是纏在樹上解不開，引喪的人跌倒，嘴裏說着顔畿的話道："我壽命沒死，衹是服藥太多，傷了我的五臟。我將要復活，千萬不要埋葬。"他父親祝禱說："如果你有命復活，豈不是親人

①《晋书·颜含传》。
②《新编诸子集成·颜氏家训集解（增补本）》，中华书局，1993年版。

成了“颜含字弘都，琅邪临沂人也”。

本来《晋书》原意是“颜含字弘都，琅邪華人也”。由于原版《晋书》将繁体“華”字误刻成了“莘”字，后人再版时无人发现这一谬误，便一误千载，谬误流传至今。

诸满孝悌里

古华县城遗址在今费县方城镇古城里村。华县当时隶属于泰山郡，南北朝刘宋时省华县，原华县地一部分划归临沂，一部分并入费县。颜氏祖居地划归哪一县呢?

唐代，颜氏家族自认是临沂人。

大历七年（772）重立晋朝李阐为颜含撰写的《颜含碑》，碑文载：“颜含，字弘都，琅邪临沂人。”大历十四年（779），颜真卿为其曾祖颜勤礼立《颜勤礼碑》，碑文中载：“君讳勤礼，字敬，琅邪临沂人。”建中元年（780），颜真卿为其父颜惟贞撰《颜氏家庙碑》，碑文载：“魏有裴、盛。盛字叔台，青、徐二州刺史、关内侯，始自鲁居于琅邪临沂孝悌里。”

由以上资料可知，华县废置后，其地分属临沂、费县，孝悌里在临沂县辖区内，到唐代孝悌里还在临沂县境内。因此，后来颜氏后裔不论迁居何地，均自称是“琅邪临沂人”。

清代，方志中始有“孝悌里”的记载，但在何县境内表述不一。

乾隆二十四年（1759）《沂州府志》记载：“孝悌里，县东五十里朱（诸）满村，传为颜鲁公居处。”这里的“县”指的是费县。光绪二十二年（1896）《费县志》记载：华县“汉置县，属泰山郡。后汉永平后省，延熹前复置，仍属泰山郡。魏因之。入晋，与费同属琅琊郡。按：华地西接费，东接临沂，或者割属两县。故华未省前，含为华人，华即费后，含后裔为临沂人”，“临沂之孝悌里即今之诸满村”。

成书于1916年的《临沂县志》却记载：“孝悌里，费志已载，《古迹》未录。然考宋曹辅鲁公庙碑，孝悌里在费之说不确。”

之所以出现孝悌里在临沂和在费县两种说法，又出现了“在费之说不确”的存疑，究其原因，是孝悌里所在地处于临沂和费县两县的边缘地带，唐代以后孝悌里的誉称没有间断，而所在地的归属时有变迁，故有不同表述和存疑之说。2011年1月，古孝悌里所在的诸满村由费县划归临沂市兰山区，而颜氏祖茔所在的颜林村，虽距诸满村仅三里之遥，但仍属费县管辖。但不论是唐代的“临沂孝悌里”，还是明清的“费县孝悌里”，或者今日的“兰山区孝悌里”，所指的都是“诸满村孝悌里”。

常桑行孝悌里

今临沂市境内不仅有诸满孝悌里，还有个常桑行孝悌里，这使得本就难以说清的问题更加扑朔迷离。

沂南县常桑行村村后有一座古庙宇遗址。据《修建碑记》记载，此处原为佛教之地，名“清泉院”。明嘉靖四十年（1561），曾有道人将废弃的寺院重修并改为道观，后来时佛时道，庙宇被佛道交替使用，最后为道观。1916年《临沂县志·宗教》记载：“据最近之调查，庙宇三百一处，道众七八百人，其著名道观神祠列后……清泉观，县北七十里（常）桑行，明嘉靖年建。”当时观庙三百余处，清泉观为仅有被记载的四处道观之一，可见规模及影响之大。

遗址现存近百方残碑，有许多碑文涉及孝悌里。除本文开头所引清康熙《万代流芳碑》外，明正德十五年（1520）“正方体石碣碑”还有“沂州郡北坎宫之清泉寺，丧贤公和尚。今有孝悌里建□塔”，“敬俊空阳门孝悌里之”等文字。石碣是“塔”体之石，记载贤公和尚事迹时，涉及了当地的地名叫“孝悌里”。

“诸满孝悌里”之说最早见于清乾隆二十四年（1759）《沂州府志》，“常桑行孝悌里”之说最早见于明正德十五年（1520）“正方体石碣碑”。两相比较，常桑行碑碣的记载比方志记载还要早240年。

孝悌里辨析

“孝悌里”的字面意思是“以孝悌而闻名的村庄”。“孝悌”也作“孝弟”，出自《论语·学而》：“其为人也孝弟。”朱熹注释说：“善事父母为孝，善事兄长为悌。”“里”的本义是里弄、街巷。《说文解字》说：“里，居也。”《尔雅》说：“里，邑也。”

颜氏以孝悌享誉天下。两个孝悌里都是颜氏聚居地，各有所据，都客观存在，显然不能简单地“非此即彼”，否定其一。

孝悌里在诸满村是可信的。

证据之一是《颜氏族谱》的记载。清嘉庆二十一年（1816）兰山县《颜氏族谱》记载：颜真卿遇害后，葬于同州（今陕西大荔），其子颜宏式在同州守墓三十年，卒后亦葬于同州。颜宏式之子颜君杰葬父后，遵父遗命回临沂定居。颜宏式后人五十一代颜安上，迁居临沂之西，“持家以俭，不尚浮华，乡邻化之，渐积朴素，因号其居为演朴村，即盛公所居之孝悌里也”。由此可知，颜盛卜居在前，颜安上迁到祖居地在后；颜盛卜居后，因代传孝恭，卜居地始有“孝悌里”之名；颜安上迁到祖居地后，“渐积朴素，因号其居为演朴村”。

二是史书旁证。《宋史·礼志八》载：“元祐六年（1091），诏相州商王河亶甲冢、沂州费县颜真卿墓并载祀典。”明万历《陋巷志》也记载，颜盛葬临沂县西七里，宋元祐七年（1092）诏禁樵采。

三是颜林是颜氏公祭地。颜氏家族自颜含至颜真卿，已历十四代，经两次大迁徙，在今山东临沂、江苏南京、陕西西安均有祖茔地及后裔。唐中宗景龙三年（709），颜真卿生于京兆（今陕西西安）万年，殉国后，“归葬于万年县之旧原”（在今陕西省西安市东南三兆村）。[①]族裔为祭祀方便，各在本地筑坟设祠。费县诸满村颜真卿墓建于何时不可详考，但从宋元祐六年（1091）诏沂州费县颜真卿墓载入祀典一事看，至晚宋元祐六年就存在了。曲阜颜翰博府历代在颜林征收祭粮，并主持春秋大祭，直至民国，每逢清明佳节，曲阜、常桑行等四面八方的颜氏后人前来扎台唱戏，隆重祭奠。既然颜氏祖林在费县，孝悌里在费县也是可信的。

沂南县常桑行村曾有孝悌里之名也是事实，直接的证据就是明代碑碣文字。从村后古刹碑碣存文可知，明正德十五年（1520）前，该村就有“孝悌里”的誉名。

综上所言，沂南县常桑行村也是名正言顺的“孝悌里”，并且“孝悌里”之称见于文字记载的时间比费县诸满村还要早。

两个孝悌里是并列存在还是有先后之别？

孝悌里名称的由来，《曲阜颜氏总谱》说得很清楚：颜盛“始自鲁国徙居琅琊临沂，代传孝恭，号其居为孝悌里”。这段表述文字，至少传达出以下两条信息：

一是始称孝悌里源于颜盛或颜含。古人以恭敬长辈为“孝”，友善同辈为

---

① 颜真卿死后葬在哪里，新旧《唐书》本传都没有说明。颜真卿亲戚兼幕僚殷亮《颜鲁公行状》、令狐峘《神道碑铭》都称葬在万年县凤栖原。本文从之。

“悌”。自颜盛起，“代传孝恭”，至曾孙颜含更以善事父母、敬爱兄嫂闻名于世，显然最早的孝悌里之名是在颜盛、颜含居住时期。

二是“号其居为孝悌里”，可以理解为原地名改名为孝悌里，也可理解为原地名存在，同时自称或他人称之为孝悌里，孝悌里只是个别称。清嘉庆二十一年（1816）兰山《颜氏族谱》记载：“五十代安上，字辅公，居临沂之西村，持家以简，不尚浮华，乡邻化之，渐积朴素，因号其居为演朴村，即盛公所居之孝悌里。”这说明，孝悌里还有另一个誉称叫演朴村。显然，不论自称还是他称，孝悌里只是这个地方的别称，而非实有地名。

从孝悌里誉称的由来和两地历史背景分析，可以认定：费县诸满村是颜氏祖居地，是最早誉称“孝悌里”之地，乃“孝悌里”的本源地；沂南常桑行村是颜氏徙居地，因有颜氏族人聚居，也誉称“孝悌里”，是“孝悌里”的衍生地。历史上之所以出现临沂或费县两地不同的表述和争议，实际上是因为刘宋时华县省并到临沂和费县两地所致。事实上，不唯独古琅邪地有两处孝悌里。北宋庆历年间，因为“铁面御史”赵忭为继母守墓三年，知县过勖将赵忭所在的村庄“陈庄保”改名为“孝悌里”，并赠以亲笔书写的新村名匾额，“孝悌里”之名一直沿用到清朝末年。今江西省婺源县浙源乡还有村名孝悌里。由此可知，凡因孝悌名世者其故里都可称作“孝悌里”，以孝悌载入史册的颜氏家族徙居后，新居也称孝悌里是正常的。

鲁公后裔常桑行

常桑行村在沂南县砖埠镇西部，距离阳都故城不足五公里。村子东西北三面山岭围绕，村西北山岭下原有一眼清泉，可供饮用，可资灌溉，居住在这里的人们祖祖辈辈植桑养蚕，久而久之便有了常桑行这个村名。现在，村内有一百多户颜姓人家，三百多口人。常桑行村不仅是名副其实的孝悌里，而且还是颜真卿的后裔居住地。

现在，常桑行村颜氏族人在颜林前建起了牌坊，颜林周边修起了院墙，建起了大门，复圣颜子第七十九世嫡长孙颜秉刚题写了“颜林”二字匾额，本文作者撰文，书法家王士新题写了楹联：“自郳国始，从郰邑兴，由瑯邪盛，乃江南望族，关中隆第，代有良哲光复圣；因孝悌闻，赖儒学振，以仕宦名，更翰墨宗师，忠烈楷模，世遗文明启贤孙。”

鲁公其人

颜真卿，字清臣，唐开元二十二年（734）进士，曾四次被任命为监察御史，迁殿中侍御史。因受到当时的权臣杨国忠排斥，被贬黜到平原郡（今属山东）任太守，人称颜平原。天宝十四年（755），安禄山发动叛乱，颜真卿联络从兄颜杲卿起兵抵抗，附近十七郡响应，公推颜真卿为盟主，合兵二十万，使安禄山不敢急攻潼关，为唐军主力赢得了回击叛军的时间，挽救了李唐王朝。颜真卿因在平原郡太守任上毅然抗贼而受朝廷重用，历任吏部尚书、刑部尚书等要职，封鲁郡开国公，世称“颜鲁公”。兴元元年（784），淮西节度使李希烈叛乱，奸相卢杞欲趁机借李希烈之手除掉颜真卿，便派他前往劝谕。颜真卿以社稷为重，亲赴敌营，晓以大义，凛然说贼，终被李希烈缢杀。颜真卿不仅是忠烈楷模，更是翰墨宗师，是继王羲之后成就最高、影响最大的书法家。他转益多师，一变成法，创造出方严正大、朴拙雄浑、大气磅礴的楷书书法审美范式，他的行草也传递出沉着痛快、豪迈洒脱的大师气象。

颜氏存文

常桑行颜氏祖林中，有一通清乾隆三十三年（1768）的《颜氏谱碑》。谱碑高1.8米，宽0.9米，厚0.3米。碑文自右而左，右为序言，中间部分是自颜子24代孙颜盛至71代孙颜怀仁的家族成员排列顺序，左侧为立碑时间。

谱碑序言记载：

> 我颜氏二十四代祖叔台公，始自鲁迁居琅琊临沂，由汉魏迄隋唐，忠孝节义，功业文章，代不乏人，后先辉映，举萃于斯。厥后，子孙虽繁盛，或以仕宦流止四方，继遭饥馑丧乱，辄转徙流离者多矣。唯六十四代嗣惠兄弟，实为清臣祖鲁公嫡裔，恪守祠宇，不敢离去。今传至六十八代，有绍汉设建谱碑，昭后昆，冀不没其本源云。

颜氏谱碑透露出一个信息：常桑行村颜嗣惠兄弟是颜氏第六十四代，是颜真卿的嫡传后裔，他的玄孙颜绍汉创立了颜氏谱碑。

透露出常桑行颜氏是颜真卿后裔信息的，还有常桑行村后清泉寺的残碑。残碑是清康熙十二年（1673）《创修雹泉殿碑记》，落款有“山主□后裔颜鲁公嫡派奉祀生员颜伯”字样。由此可知，碑记的作者颜伯不仅是奉祀生员，而且还是颜真卿的嫡裔。

清臣源流

要说清常桑行颜真卿后裔的来源，还得从颜氏的迁徙说起。

颜氏二十四代传人颜盛，汉末时任尚书郎，灵帝中平年间改任青州刺史，携眷属侨居青州治所临淄。三国魏文帝黄初年间（220—226），改任徐州刺史，携眷属徙居太山郡华县定居，在此繁衍生息。颜盛长子颜钦、长孙颜默皆出仕为官。颜默三个儿子，长子、次子无传，三子颜含子孙繁盛，成为颜氏大宗。颜含少时，以孝悌闻名乡里，父母、两兄全部去世后才出来做官。晋室南渡时，颜含率家族随司马睿南迁，在东晋屡任要职。在江南，颜氏家族共历九世，成为江南世家望族。北周建德六年（577），颜含八世孙颜之推应周武帝征召，举家随驾入关，迁至雍州万年（今陕西西安）。颜氏家族在此共历六世，约150年，成为京兆（今陕西西安）名门大族。景龙三年（709），颜真卿出生，是颜氏的第四十代子孙。

据清嘉庆二十一年（1816）兰山县《颜氏族谱》记载，颜真卿生二子：颜頵、颜硕。颜頵，广德二年（764）进士，贞元六年（790）官历右率仓曹、栎阳尉、河东士曹，封沂水县男；颜硕为秘书正字、泾阳尉、殿中侍御史，封新泰县男。颜硕生三子，长子颜琮，任陕西韩城令，被安禄山叛军后裔杀害，葬于同州（今陕西大荔）。颜琮生三子：颜宏式、颜仲式、颜法式。颜宏式闻父被害，痛心不已，愿殉父难。当时从堂叔工部尚书颜赞、从堂侄金乡县丞颜君佐二人规劝说："颜氏被禄山所害者多，今公又被贼裔所害，尔其应以苟活者承先人之嗣续耳。"颜宏式听从劝说，在同州守墓三十年，命其子颜君杰："倘余既殁之后，尔其归临沂，祭扫先人之灵墓乎。"唐末，颜君杰（颜真卿玄孙）遵父遗命自同州迁到临沂定居。颜君杰生二子：颜逊志、颜文德。颜文德后人五十二代颜景哲，授迪功郎（县簿、尉，俱从九品，授迪功郎），宋靖康元年（1126）徙居凤阳府灵璧县。颜景哲后人五十九代颜聪，于永乐二年（1404）承袭父职，自灵璧县钦调沂州卫左所正千户，历升指挥使，宣德二年（1427）征交趾（越南）阵亡，葬临沂城南金雀山。[1]

综上资料可知，颜真卿后裔中的一支，于唐朝末年回迁到临沂县定居，成为颜真卿后裔在临沂的始祖。

---

① 以上脉络根据颜氏族谱资料梳理。

权威认定

常桑行村颜氏族人至今存有一份珍贵资料：清道光十四年（1834）四月，曲阜颜翰博府委任常桑行颜怀津为“户头”（即族长），负责管理颜氏祭祖、续谱等族务，并发给盖有“颜氏世袭翰林院五经博士之钤记”的“信牌”。《委任颜怀津为户头札》曰：

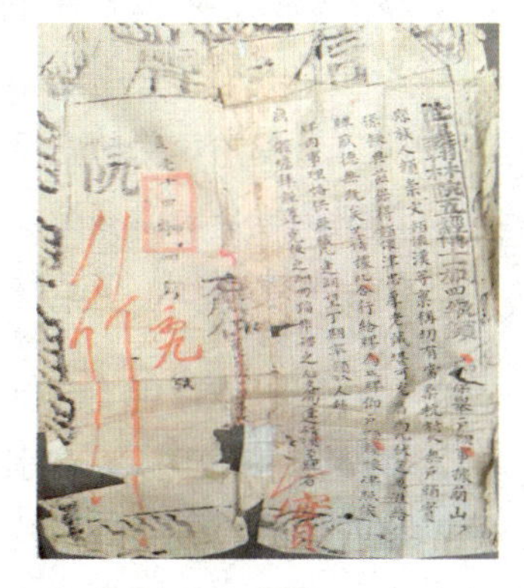

> 据兰山县族人颜崇文颜怀汉等禀称，切有常桑行村久无户头，实系缺典，兹保得颜怀津忠厚老诚，堪可充膺，为此，伏乞恩准给牌，感德无既矣等情。据此合行给牌，为□牌仰户头颜怀津照依牌内事宜，恪供厥职，凡逢朔望丁期，率领族人赴庙一体瞻拜，谨遵克复之训，勿蹈非礼之心，各勿违错，须至牌者。
>
> 道光十四年四月发（钤印）

颜翰博府“世袭翰林院五经博士加四级颜”责成常桑行户头颜怀津认真办好族务的札中写道：

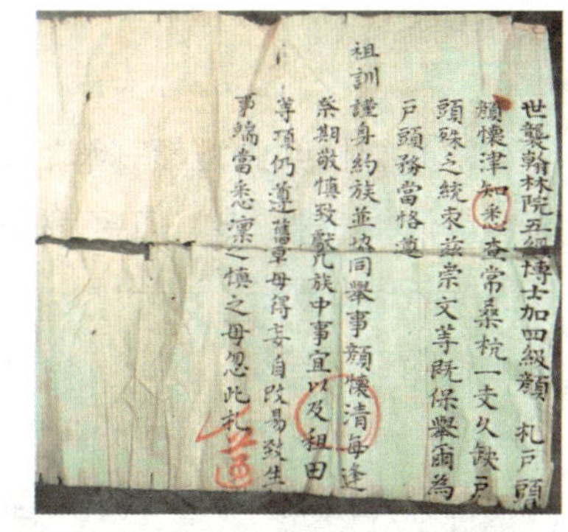

世襲翰林院五經博士加四級顏 札戶頭
顏懷津知悉查常桑杭一支久缺戶
頭殊乏統束茲崇文等既保舉爾為
戶頭務當恪遵
祖訓謹身約族並協同舉事顏懷清每逢
祭期敬慎致獻凡族中事宜以及租田
等項仍遵舊章毋得妄自改易致生
事端當悉凛之慎之毋忽此札

> 户头颜怀津知悉：查常桑行一支久缺户头，殊乏统束。兹崇文等既保举尔为户头，务当恪遵祖训，谨身约族，并协同举事颜怀清，每逢祭期，敬慎致献。凡族中事宜以及租田等项，仍遵旧章，毋得妄自改易，致生事端。当悉。凛之，慎之，毋忽此札。

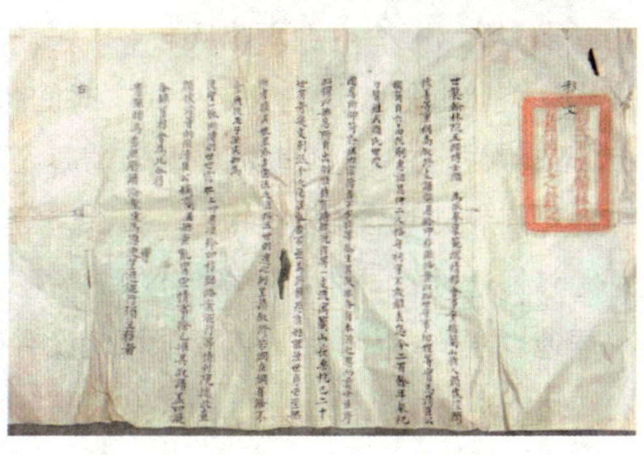

同治四年（1865），颜翰博府正式认定常桑行颜氏是颜真卿的后裔。颜翰博府就恩准常桑行颜氏一

族续修族谱一事，给沂州府兰山县正堂备案的移文中说：

> 据兰山县族人颜怀泾、颜怀善等禀称为叙修支谱，恳恩钤印，移县备案，以照世守事。且族等实为清臣公嫡裔，自六十四代嗣惠祖昆仲二人恪守祠宇，不敢离去，迄今二百余年，奉祀勿替。……据此，查颜怀泾等的系清臣公嫡裔，并无紊乱冒宗情事。除已准其叙谱盖印，拟合录禀移会。为此，合移贵县，烦为查照验谱备案，实为德便。望速施行，须至移者。

“移文”是行于不相统属的官署间的公文。常桑行村在行政上隶属于兰山县，常桑行村颜氏族人在宗族管理上隶属于颜翰博府，兰山县正堂与颜翰博府是不相统属的两个管理机构。常桑行村颜氏族人续修族谱一事必须先禀报兰山县正堂，由兰山县正堂审查钤印后再转报颜翰博府。颜翰博府审核批准后再转给兰山县正堂，通过兰山县正堂送达申请人。颜翰博府是颜氏家族公认的掌管颜氏族谱和认定颜氏源流的唯一权威机构，认可常桑行的世系源流，并十分明确地认定“颜怀泾等的系清臣公嫡裔，并无紊乱冒宗情事”，其态度是严肃郑重的，整个程序是严格缜密的，因而认定结果自然是可信的。

脉络推论

常桑行村颜氏是颜真卿后裔毋庸置疑，但始迁入者是颜真卿后裔的哪一支？是何年迁来？这一切还都是个谜。虽难确考，但根据历史资料提供的信息还能推断出大概来。

乾隆三十三年（1768）《颜氏谱碑》记载的族谱世系，由颜氏二十四代颜盛至七十一代颜怀仁。同治四年（1865）曲阜颜翰博府发给沂州府兰山县正堂的《移文》说：“族等一支流寓兰山长桑杭已二十世有奇矣。”“二十世有奇”意为二十多代，是个约数。若从七十一代颜怀仁上推二十代，始迁入者约是颜氏的五十一代。一般规律三十年一代，时间跨度越大，越接近这个约数。由同治八年（1869）上推，这个时间与北宋靖康元年（1126）五十一代颜安上之子颜景哲徙居凤阳府灵璧县的时间相近。那么，常桑行颜怀泾等一支，极有可能是颜景哲远距离外迁时，同时由祖居地迁出的另一支颜真卿后裔。因为不是远距离外迁，徙居地也在本县内，所以族谱上也就没有记载了。颜真卿后裔之所以迁到常桑行村，可能是卜居新地，更可能这里早就有颜氏族人居住的缘故。

屯田遗迹营、哨、屯

沂南县东北部乡镇许多村庄的名称都带有“哨”“营”“屯”等字，如：沂河东岸湖头镇有李家哨、邹家哨、郭家哨、杜家哨、刘家哨、王家哨、陆家哨、肖家哨、宋家哨、白家哨，蒲汪镇有张家营、田家营、翁家营，苏村镇有姚家营、曹家营，辛集镇有郑家营，沂河西岸有今属于界湖街道办事处管理的李家营、时家营、马家营等。这些以哨、营为名的村庄比较集中，乃至有了“一溜十八哨”之说。

关于营、哨、屯的来历，传说很多，但真正有关系的是明朝初年的屯田，最关键的人物是都指挥使张胜。

明初屯田

元朝末年，经过长期的战争，农业生产遭到严重破坏。战争的需要以及朱元璋个人的经历，使他逐渐形成了兵农兼资、耕战结合的思想和政策。元朝至正十六年（1356），朱元璋称吴国公不久，便命令各地建立民兵万户府。其令文说：

> 古者寓兵于农，有事则战，无事则耕，暇则讲武。今兵争之际，当因时制宜。所定郡县民间，岂无勇武之材，宜精加简拔，编辑为伍，立民兵万户府领之。俾农时则耕，闲则练习，有事则用之。如此则兵无坐食之弊，国无不练之兵，以战则胜，以守则固，庶几寓兵于农之意也。[①]

朱元璋在没有统一中原、尚未占领元大都以前，军队的主要任务是行军打仗，军屯生产只是在战斗的间隙进行。建立明王朝以后，朱元璋即把屯田积

①《明太祖实录》。

粟以备战固边作为长治久安的国策。在九边[①]卫所官兵屯田自给的基础上，洪武二十一年（1388），朱元璋又申令五军都督府："令天下卫所，督兵屯种，庶几兵农兼务，国用以舒……其藩镇诸将务在程督，使之尽力于耕作，以足军储。"[②]随着军队卫所编制的建立与完善，军屯得到相当大的发展，形成从内地到边疆军队卫所广泛屯田的高潮。

山东境内的屯田，主要是卫所屯田。明初，为防止倭寇窜扰，在沿海各军事要地设置很多卫、所，安东卫（位于今日照城南四十公里处）就是明初十九卫之一的防海卫。卫所的主要任务是防倭，除作战外，也承命修河、防汛、建筑等。在无战争和其他突击性任务时，卫所军则进行军事训练和军事屯田。据清康熙十二年（1673）《安东卫志》记载，安东卫屯田集中在诸城、日照两县。在诸城县境有十二屯，分别是：大埠屯、张家屯、孟家屯、监家屯、毛庄屯、稍坡屯、福盛屯、曹化屯、梁山屯、吴家屯、蔡家屯、于家屯。日照县境有五屯，分别是：斗沟屯、白石屯、赵家屯、朱曹屯、竖旗屯。诸城日照两县屯地共1665顷。

张胜其人

关于张胜的事迹，《明史》在记载徐达北征元大都一事时涉及张胜：

> 太祖幸汴梁，召达诣行在所，置酒劳之，且谋北伐……达顿首受命。遂与副将军会师河阴，遣裨将分道徇河北地，连下卫辉、彰德、广平。师次临清，使傅友德开陆道通步骑，顾时浚河通舟师，遂引而北。遇春已克德州，合兵取长芦，扼直沽，作浮桥以济师。水陆并进，大败元军于河西务，进克通州。顺帝帅后妃太子北去。逾日，达陈兵齐化门，填濠登城。监国淮王帖木儿不花，左丞相庆童，平章迭儿必失、朴赛因不花，右丞张康伯，御史中丞满川等不降，斩之，其余不戮一人。封府库，籍图书宝物，令指挥张胜以兵千人守宫殿门，使宦者护视诸宫人、妃、主，禁士卒毋所侵暴。吏民安居，市不易肆。

---

① 在明朝建立后，退居漠北的蒙元残余势力不断袭扰中原地区。为了巩固边防，抵御蒙元残余势力南侵，拱卫京师安全，明王朝专门设立了辽东、宣府、大同、山西、延绥、宁夏、甘肃、蓟州和固原9个军事重镇，史称"九边"或"九镇"。

②《明史》卷七十七。

蒲汪镇张家营村《张氏族谱》所载万历四十二年（1614）“序”记载了始祖张胜：

> 盖所谓张氏者，先世顺天宛平棋盘街其里也。会圣驾出征，偶尔奉旨防倭，以是遣戍莒所，遂坐落于斯，今地名为小营云，始于洪武二十五年，迄今二百四十二年所矣。三代而上，谱遗莫考，厥祖讳胜，生男讳强，强生宠，字君爱，号兑溪，为人崇尚淡朴，乐善好施，乡闾咸雅重之。

《张氏族谱》署名为王阳明撰，其中的《张凯亭公传》没有记载张胜的籍贯，但对张胜的身世和事迹记载得很详细：张胜，字凯亭，先世顺天宛平人。元末，群雄蜂起，旷视中原。张胜年20岁从明太祖朱元璋军，朱元璋一见大悦，叹为国士无双，擢授指挥使。张胜带兵，申明约束，严格纪律，文能附众，武能威敌。徐达奉命北征，选拔张胜为裨将。张胜“分道徇河北地，连下卫辉、彰德、广平。次临清，使傅友德以轻车先进，开陆路，通步骑。顾时浚河通舟，师会常遇春，陷德州，合兵陷长芦，扼直沽，作浮桥，水陆并进，遂陷通州。元都戒严，顺帝登城望，訾为神兵自天降。夜半，开健德门北遁”。徐达陈兵齐化门，将士填壕，张胜以先锋登城墙入城。朱元璋闻捷，诏以元都为北平府，任张胜为正留守、都指挥使。朱元璋登基改元，驰谕嘉奖张胜，初授骠骑将军，升授金吾将军，加龙虎将军。

《张氏族谱》载《张凯亭公传》还记载了张胜对卫所屯田的贡献。

一是上书建言。洪武二年（1369）春，倭人侵犯山东，诏遣张胜统大军征之。洪武七年（1374），遣总兵官吴祯巡海防倭。二十年（1387），遣汤和筑海城防倭。但倭寇潜伏于海外，飘忽无定，时常骚扰，倭患频仍。为此，张胜上书建言，令驻卫所军队，择地屯田，让将士作战之余从事耕作，构建家室。“虽谪戍边塞之远，依然桑麻田园之趣，父子家人之乐。如此，则邑里相救助，蹈海不避死，非以德上也，欲全亲戚而利其财也。彼来则战，彼归则耕，不烦老师糜饷，而众志成城。”如果猝然边境有急，即可数十百万之众一朝集合四出御敌。太祖朱元璋遂于洪武二十一年（1388）敕令天下卫所军屯田。

二是率军屯田。洪武二十一年（1388），太祖朱元璋任张胜为管军万户府，加都督司，率军屯田。张胜在屯田之地，立五屯，分四所，置十八哨，画地而耕。宅中立营，即今张家营。按照明制，万人为营，分而三，设都督统焉。每所约军一千一百二十人，置千户一，指挥一。每屯约五百人，置屯官一。每哨约一百二十人，设百户一，总旗二名，皆统于大营。张胜在此地开府治事，指挥屯田。

关于张胜的结局，《张凯亭公传》记载：明成祖朱棣第二子汉王朱高煦谋反，山东卫所军官因为附逆被诛者达数百人。而张胜得知消息后及时告知朝廷，因此受到朝廷旌表。英宗正统四年（1439），张胜去世，寿享99岁，赠都督佥事正留守都指挥使，升授金吾将军，特进光禄大夫，置守冢二，祭田百亩，世守其祀。张胜之子张强，袭封都指挥使，授昭勇将军，后以功授龙虎将军。张强的子、孙、曾孙，代代世袭武职。

《张氏族谱》中记载，张胜是顺天宛平棋盘街其里人，上三代已不可考。张胜经常随圣驾出征，偶尔奉旨防倭，后来遣戍莒所，才在这个地方安营扎寨的，到万历年间就有了“小营”这个地名。这一记载是客观的、可信的。《张氏族谱》所载《张凯亭公传》成文于万历年之后，主人公的身世及事迹也不乏附会痕迹（考论见附文），但所记张胜率军屯田一事是以万历四十二年（1614）“序”为依据的，不会有大的出入。“序”和《张凯亭公传》的记载，是证实沂南县东北部地区村名营、哨、屯来历的重要史料。

屯田遗迹

明代，今湖头镇、蒲汪镇的全境及苏村镇的杨家官庄、姚家官庄，库沟乡的蔡家洼，辛集乡的高家屯、李家屯，葛沟乡的黄家屯，皆属莒州。洪武二十一年（1388），张胜率领军队来到莒州浮来山以西安营扎寨，在沂河东岸的广袤土地上，即今沂南县东北部的蒲汪镇、湖头镇、辛集镇、苏村镇一带率兵屯田。此事，《张氏族谱》“序”记载：“盖所谓张氏者，先世顺天宛（完）平棋盘街其里也。会圣驾出征，偶尔奉旨防倭，以是遣戍莒所，遂坐落于斯，今地名为小营云，始于洪武二十五年，迄今二百四十二年所矣。”

据《明太祖洪武实录》记载，在卫所屯田的同时，明太祖还直接调拨大量军士往某地屯田。如洪武二十一年（1388）十月丙辰，诏令长兴侯耿炳文率陕西军士三万三千人往云南屯田；洪武二十八年（1395）正月辛亥，敕周王朱橚发河南都指挥使司属卫马步官军三万四千余人，又敕晋王朱棡发山西都指挥使司属卫马步官军二万六千六百人，往塞北筑城屯田。由此可知，张胜屯田不属于安东卫屯田的范畴，是京师军队直接到莒州屯田。因此，张胜被任命为“管军万户府，加都督司”。据《明太祖洪武实录》可知，“各万户府：正万户正四品，副万户从四品”。

明朝的屯田分为商屯、民屯、军屯、谪屯四大类。张胜的屯田属于军屯。张胜在莒州屯田之初，立五屯，分四所，置十八哨，画地而耕。每屯约五百人，置屯官一人。每所约军一千一百二十人，置千户一人，指挥一名。每哨约一百二十人，设百户一人，总旗二名。屯、所、哨皆统于大营。张胜在大营开府治事，指挥屯田。到明代宗景泰二年（1451），屯田区设立五团营，后又增兵为五围营。到民国初年，尚有五屯之名。

民国十三年（1924），张胜十四世孙张廷桂考证，作为都督大营的张家营居于屯田区中心。张家营之东有沙沟坡山角沟屯（位于今蒲汪村以南5公里处），西有高李二屯（今辛集镇高家屯、李家屯），西南有黄家屯（今葛沟镇黄家屯），北有田家营、翁家营（今蒲汪镇田家营、翁家营），东北有潘家屯（今莒县城阳镇潘家屯）。莒州城西北有马福屯，城南有毛家屯（今莒县刘官庄镇毛家屯）、陈家屯（今莒县刘官庄镇陈家屯）、石家屯（今莒县夏庄镇石家屯），皆当年军屯之所。十八哨，从张家营向东，经莒州城西，向东至安东卫石臼所。张家营西北有涌泉庄、张家泉，高李二屯之间有莲花池，周围约有赋地四百亩，有池沟通沂河，传为饮马池练水操处。有路直通圣母冢，名莲池路，是当年的行军道。沂河西军家湖，三十六顷地，四至有界碑，是牧马场。旁有小屯，井、碾俱在。路经苗家曲有后马道，西南出河阳镇，亦有后马道，庙山前和黄家屯东有牧马场。至民国十三年（1924），处于沂水境内的西三屯，尚有“不食官盐”的规矩，这可能是当年军屯人员享受价格比较便宜的莒州“私盐”，以至于几百年以后的后裔还以军人自居，以“不食官盐”以示有别于“民”的缘故。

附文：

《张凯亭公传》考论

《张氏族谱》载《张凯亭公传》如下：

张公讳胜，字凯亭，号谋斋。先世顺天宛平人也。自上世常显于兴朝，宋元以上不可记矣。明祖龙兴，张昶为左司都事，张昺为北平布政使，张信掌北平都司事，以及张德胜为开国元勋。生祠公臣庙并配太庙，一门蔚起，诚为望族。虽兵燹之余，载籍缺如，亦唯是昭穆，难辨谱牒莫次而已。胜为将门之后，可稽族而知也。胜为人慷慨，任侠好谋，喜读《春秋》，慕关夫子之为人。年二十岁从军，抱有长天倚剑、挂弓扶桑之慨。天厌元德，群雄蜂起，旷视中原。惟明太祖龙行虎步，为天所启。仗剑从之，太祖一见太悦，叹为国士无双，擢授指挥使，将兵，申约束，严纪律，文能附众，武能威敌。会徐达奉诏北征，奇胜能，拔为裨将，发开封。分道徇河北地，连下卫辉、彰德、广平。次临清。使傅友德以轻车先进，开陆路，通步骑。顾时浚河通舟，师会常遇春，陷德州，合兵陷长芦，扼直沽，作浮桥，水陆并进，遂陷通州。元都戒严，顺帝登城望，謦为神兵自天降。夜半，开健德门北遁。达陈兵齐化门，将士填壕，登城入。张胜盖先锋焉，于是封府库及图籍宝物。胜以兵千人守宫殿门，令宦官护视宫人妃主，禁士卒，毋侵暴。吏民安堵，市肆不移。遣傅友德等分兵守古北诸隘，以胜为正留守都指挥使。是岁元亡，明太祖亦于是岁改元，是为洪武元年也。太祖驰谕嘉奖，初授骠骑将军，升授金吾将军，加龙虎将军。元都自开平命大将库库特穆尔复大都，虽徐达袭击之功，实张胜婴城之力也。终顺帝之殂，元兵不敢窥北平云。传曰："惟圣人能外内无患。自非圣人，内宁必有外忧。"燕都肃清，而倭患启矣。洪武二年春，倭寇山东，诏遣胜统大军征之，具奏：请敕江浙各海口断其归路，秘令山东各路兵马严守城池，臣间道进兵，陆用轻骑，昼夜兼程，再以水师由海运长驱破之，必矣。诏假便宜节制。于是，沿海袭击，斩首万级，夺战舰数十艘，获辎重无算。倭寇大挫，乘风夜遁。惟是国家新造，胜朝遗老不无思旧之图，上方锐意北伐，重兵悉集于西北。倭奴虽挫，犹不时乘间而窃发。太祖七年，遣总兵官吴祯巡海备倭，二十年，遣汤和筑海城防倭。盖倭寇之潜伏海外，飘忽无定极矣。寻以倭患频仍，诏百官言事，实封达御前。胜上书言："倭人衣食之业，不着于土，其势易于扰动边境，世为波臣，性同水族，随潮上下，时去时来，非有意于攻城夺池，其志欲盖飘而来，掳掠子女玉帛财宝而去。彼以投间抵隙，遂使我疲于奔命以死也。今使倭人数登岸掳掠，于海上，或当安东卫，或当石臼所，北至成山、劳山，南当崇明、海门，以候防海之卒。卒少则入，陛下不救，则边民绝望而有降敌之心；救之，少发则不足，多发悬远，才至，则倭已又去。聚而不罢为费甚大，罢之则复入。如此连年，则中国贫苦而民不安矣。陛下幸忧海曲，遣将吏，发士卒，以屯田，使常居，室家田作且以备之，人情非久安不思远计，其驻海边之兵，禄利不厚不可使久居危难之地。设使老师宿将驻卫所者，择地屯田，通耕作，筑室家，虽谪戍边塞之远，依然桑麻田园之趣，父子家人之乐。如此，则邑里相救助，蹈海不避死，非以德上也，欲全亲戚而利其财也。彼来则战，彼归则耕，不烦老师糜饷，而众志成城。此与猝然边境有急，数十百万之众一朝而四出，征募者，大兵未至而贼已饱扬，功相万也。”太祖然之。遂于二十一年，敕天下卫所军屯田，以胜为管军万户府，加都督，司于是，立五屯，分四所，置十八哨，画地而耕，达之海表。宅中立营，即今张家营云。按明制，万人为营，分而三，设都督统焉。每所约军一千一百二十人，置千户一，指挥一。每屯约五百人，置屯官一。每哨约一百二十人，百户一，总旗二名。盖皆统于大营。胜以是开府此地云。后宣宗十年，汉王高煦反，山东卫所军官以附逆诛者数百人，而胜以守义告变，得旌以英宗。正统四年，卒于府，寿享九十九岁。赠都督佥事正留守都指挥使，升授金吾将军，特进光禄大夫。终有明之世，倭不敢屡寇山东者，皆张胜屯田军之力是赖。丧闻诏以将军礼葬之，置守冢二，祭田百亩，世守其祀。子一，名强，字律乾，号星源，袭封都指挥使，授昭勇将军。英宗北狩，诏山东军入卫以勤王，功授龙虎将军。孙宠，字君爱，号兑溪，世袭武职，复其家。

明嘉靖十三年签（佥）都御史王阳明拜撰

《张凯亭公传》有明显的硬伤，主人公的身世及事迹也不乏附会痕迹。

一、开列先祖之名不存在昭穆关系

《张凯亭公传》中所开列先祖张昶、张昺、张信、张德胜等名讳，《明史》中皆有记载，但不是同一宗亲，不存在“昭穆”即家族的辈分关系。

关于张昶。《明史·太祖本纪》记载：“（至正二十一年）冬十二月，元遣尚书张昶航海至庆元，授太祖江西行省平章政事，不受。”《明史·张昶传》记载：“张昶仕明，累官中书省参知政事，有才辨，明习故事，裁决如流，甚见信任。自以故元臣，心尝恋恋。会太祖纵降人北还，昶附私书访其子存亡。杨宪得书稿以闻，下吏按问。昶大书牍背曰：‘身在江南，心思塞北’，太祖乃杀之。”《明太祖实录》卷十四（上）记载：甲辰春正月朱元璋“为吴王……建百司官属……张昶为左司都事”。综合以上史籍记载可知：张昶本来是元朝顺帝时的户部尚书，作为元朝使者到庆元招降朱元璋时，被朱元璋扣留。朱元璋为吴王时，张昶出任左司都事，官至中书省参知政事。当明太祖朱元璋允许以前招降的人北还时，张昶写信托降人寻自己的儿子。杨宪得到该书后派人调查，张昶在书牍背面大写“身在江南，心思塞北”，朱元璋于是把他诛杀了。

关于张昺。《明史·张昺传》记载：“张昺，泽州人。洪武中，以人材累官工部右侍郎。谢贵者，不知所自起，历官河南卫指挥佥事。建文初，廷臣议削燕，更置守臣。乃以昺为北平布政使，贵为都指挥使，并受密命。时燕王称疾久不出，二人知其必有变，乃部署在城七卫及屯田军士，列九门防守，将执王。昺库吏李友直预知其谋，密以告王，王遂得为备。建文元年七月六日，朝廷遣人逮燕府官校。王伪缚官校置廷中，将付使者。绐昺、贵入，至端礼门，为伏兵所执，俱不屈死……初，昺被杀，丧得还。靖难后，出昺尸焚之，家人及近戚皆死。”由此可知，张昺是山西泽州人，明代初期累任工部右侍郎、刑部侍郎、北平布政使等职。“靖难之变”中，他奉建文帝命监视、牵制藩王即后来的明成祖朱棣，因属下告密被朱棣拘捕并诛杀。明仁宗朱高炽继皇位后为其平反，后又数次敕封。张昺墓，现位于河南省焦作市中站区北朱村张氏祖茔中。2000年，张昺墓被河南省人民政府公布为省级重点文物保护单位。

关于张信。《明史·张信传》记载：“张信，临淮人。父兴，永宁卫指挥佥事。信嗣官……积功进都指挥佥事。惠帝初即位，大臣荐信谋勇，调北平都司。受密诏，令与张昺、谢贵谋燕王。信忧惧不知所为。母怪问之，信以告。母大惊曰：‘不可。汝父每言王气在燕。汝无妄举，灭家族。’成祖称病，信三造燕邸，辞不见。信固请，入拜床下。密以情输成祖，成祖戄然起立，召诸将定计，起兵，夺九门。成祖入京师，论功比诸战将，进都督佥事。封隆平侯，禄千石，与世伯券。成祖德信甚，呼为‘恩张’……凡察籓王动静诸密事，皆命信。”后他因怙宠颇骄，永乐八年冬，被都御史陈瑛弹劾，朱棣“以旧勋不问”。“仁宗即位，加少师，并支二俸，与世侯券……正统七年五月卒于南京。赠郧国公，谥恭僖。”“子镛，自立功为指挥佥事，先卒。子淳嗣，传爵至明亡。”由此可知，张信是临淮人，嗣袭父职为永宁卫指挥佥事。建文帝即位，他受密诏与张昺、谢贵监督燕王朱棣。后因告发张昺，以功晋升都督佥事，封隆平侯，深受朱棣信赖；朱高炽继皇位后，加少师，享受双俸，赐世袭封侯；卒于正统七年（1442），荣赠郧国公爵号。张信之孙张淳，嗣爵位，传爵至明亡。

关于张德胜。《明史·张德胜传》记载："张德胜，字仁辅，合肥人。才略雄迈。与俞通海等以舟师自巢来归。从渡江，克采石、太平。陈埜先来攻，与汤和等破擒之。授太平兴国翼总管。破蛮子海牙水寨，擒陈兆先。下集庆，克镇江，授秦淮翼元帅。取常州，擢枢密院判。克宁国，收长枪兵。下太湖，略马迹山。攻宜兴，取马驮沙及石牌寨。进佥枢密院事。赵普胜陷池州，德胜往援，弗及，还，从徐达拔宜兴。普胜复掠青阳、石埭。德胜与战栅江口，破走之。已，复同通海击败其众，遂复池州。引兵自无为趋浮山，走普胜将胡总管，追，败之青山，逐北至潜山。陈友谅将郭泰逆战沙河，破斩之，遂克潜山。友谅犯龙江，德胜总舟师迎战，杀伤相当。德胜大呼，麾诸将奋击。友谅军披靡，遂大败。与诸将追及之慈湖，纵火焚其舟。至采石，大战，没于阵。追封蔡国公，谥忠毅，肖像功臣庙，侑享太庙。子宣幼。养子兴祖嗣职。"由此可知，张德胜是安徽合肥人。在鄱阳湖大战中，张德胜率领所部水军大败陈友谅于大胜港，陈友谅换舟而逃，张德胜、朱虎、廖永安等击毁了陈友谅的舟船，并上岸直追，直抵采石。不料陈友谅得援军之助，回马来战，一马当先的张德胜乃陷敌阵，终致受重伤而殁于军中。朱元璋追封其为蔡国公，谥忠毅，肖像功臣庙。因其子张宣年尚幼，故以养子张兴祖嗣袭其职。

由史籍对以上四人的记载可以认定：张昶、张昺、张信、张德胜不是一个地方的人，也不是同一张姓近系宗亲；张胜可能与以上四人中的某一人有世系关系，但四人定然不都是张胜的先人；张信卒于正统七年（1442），张德胜卒于正统四年（1439），显然不具备血亲关系；张信与张昺同受建文帝密令，监督燕王朱棣，而正是张信向燕王朱棣告发了张昺，二人有血亲关系的可能性不大。因此可以说，《张凯亭公传》所认定"一门蔚起，诚为望族。虽兵燹之余，载籍缺如，亦唯是昭穆，难辨谱牒莫次而已。胜为将门之后，可稽族而知也"，难为可信资料。

二、张胜上书建言择地屯田之事经不住考证

据罗梅因·戴乐《卫所制度在元代的起源》和黄仁宇《明代的税收与财政》考证，卫所制是元末户部尚书张昶最早提出的。《明史·刘基传》记载，明朝设立卫所是刘基提议的："太祖即皇帝位，基奏立军卫法。"《明史·太祖本纪》记载："二十五年……诏天下卫所军以十之七屯田。"显然，《张凯亭公传》言称张胜上书建言令驻卫所军队择地屯田一事，是以“二十五年……诏天下卫所军以十之七屯田”为史实基础的具体描述，这里面既有元朝户部尚书张昶的影子，也有刘基建言设立卫所的影子。令天下卫所屯田是一项重大的国策，由于《明史》中没有记载张胜上书建言之事，因此是否有此事就值得考证了。

三、《张凯亭公传》作者难以认定

《张凯亭公传》的署名和时间是“明嘉靖十三年签都御史 王阳明”。这一署名和时间，存在六个可推敲之处：

1.明朝无有“签都御史”这一官职。“签”显然是“佥”字之误。

2.王阳明的在世时间与《张凯亭公传》所署时间相悖。《张凯亭公传》作者署名“签都御史王阳明拜撰”，张胜之子《张律乾公传》作者署名“签都御史王守仁拜撰”。《明史》记载，王守仁号阳明，正德十一年（1516）被擢任右佥都御史。由此看来两传的作者似乎是同一个人，即曾任右佥都御史的王守仁。然而《明史》记载，王守仁卒故时间是嘉靖七年（1528），与《张凯亭公传》撰写时间“明嘉靖十三年（1534）”相矛盾。

3.王守仁不会不了解张昶、张昺、张信、张德胜四人的籍贯及相互关系。王守仁在世时间是明成化八年（1472）至嘉靖七年（1528），是明代前期著名的思想家、文学家、哲学家和军事家，对张昶、张昺、张信、张德胜四人的籍贯、事迹和相互关系肯定十分清楚，不会把他们四人附会到一个宗亲家族内。

4.《张凯亭公传》的署名不合乎惯例。王守仁字伯安，自号“阳明山人”，世人尊称“王阳明”或“阳明先生”。传世的王守仁书法墨迹，都是署“王守仁”或“阳明山人”或“阳明山人王守仁”，从未有自署“王阳明”的事例。《张凯亭公传》署名“签都御史王阳明拜撰”，显然有违传统。

5.《张凯亭公传》的语句与《明史》有关段落近似。《张凯亭公传》记载：“会徐达奉诏北征，奇胜能，拔为裨将，发开封。分道徇河北地，连下卫辉、彰德、广平。次临清。使傅友德以轻车先进，开陆路，通步骑。顾时浚河通舟，师会常遇春，陷德州，合兵陷长芦，扼直沽，作浮桥，水陆并进，遂陷通州。”《明史·徐达传》记载：“达顿首受命。遂与副将军会师河阴，遣裨将分道徇河北地，连下卫辉、彰德、广平。师次临清，使傅友德开陆道通步骑，顾时浚河通舟师，遂引而北。遇春已克德州，合兵取长芦，扼直沽，作浮桥以济师。水陆并进，大败元军于河西务，进克通州。”两相比较，表述语句近乎相同。《明史》是清代官修的一部史书，成书于乾隆年间。《明史》绝对不可能借鉴了《张氏族谱》中《张凯亭公传》的语句，唯一可解释的是《张凯亭公传》套用了《明史》的记述语句。

6.王守仁绝不会有“终有明之世”这种表述。王守仁的从政生涯处于明朝的中期，本人是朝廷重臣，大明王朝尚如日中天，他断然不会有也不敢有“终有明之世”的言论。

《张氏族谱》载万历四十二年（1614）邑庠生满东湖撰《张氏神道碑铭》记载：“盖所谓张氏者，先世顺天完（宛）平棋盘街其里也。会圣驾出征，偶尔奉旨防倭，以是遣戍莒所，遂坐落于斯，今地名为小营云，始于洪武二十五年，迄今二百四十二年所矣。三代而上，谱遗莫考，厥祖讳胜，生男讳强。”《张氏族谱》所载《张氏神道碑铭》是可信的，其中对张胜先世的表述为“三代而上，谱遗莫考”是客观的，亦是可信的。如果嘉靖十三年（1534）大名鼎鼎的王守仁为张胜作《传》并记载了张胜的先世，而此后《张氏神道碑铭》说“三代而上，谱遗莫考”就难以理解了。由《张氏神道碑铭》和《明史》记载可证，《张凯亭公传》出自清代地方文人之手无疑，撰文时间一定是在《明史》刊行之后。

第三章

昨日盛景

僧人修行场所曰“寺”，道人修行场所称“观”，敬奉神仙的场所叫“庙”。佛教和道教是沂南县古代民间最有影响的两大宗教，境内寺、观众多，仅载入道光七年（1827）《沂水县志》的寺观和神庙就有：法云寺、洪观寺、龙泉寺、花之寺、交梁寺、黄石寺、大善寺、金仙寺、白佛寺、塔院寺、云停观、常德观、黎山庙等。民国五年（1916）《临沂县志》记载的今属沂南县境的寺观也有尚庵寺和清泉院。这些曾经寄托着芸芸众生心灵希望的寺观和神庙，都已成为历史遗迹了。庆幸的是，有些寺、观修建或修葺的记事碑，虽历经风雨但还顽强地站立着，述说着曾经辉煌的历史；有些记事碑虽已经残缺不全，但综合这些零散不全的信息，还可以还原出当年辉煌身影的基本轮廓；有的庙宇当年的盛景被文人雅士的生花之笔，或写入诗词，或记入文章，成为可读、可品、可回味的珍贵史料。

亦幻亦真花之寺

近代京派女作家凌叔华的小说《花之寺》写道：幽泉收到了一封署名梦倩的不相识女子的信，当他读到“我定于明日朝阳遍暖大地时，飞到西郊花之寺的碧桃树下”时，情不自禁地赞叹：“好美丽的地方！”《花之寺》写的是燕倩发现丈夫对家庭生活淡漠，假名陌生女子写信给丈夫，希望挽救婚姻的故事。小说中的花之寺，随着凌叔华的美文而蜚声中外。

凌叔华

小说集《花之寺》

凌叔华小说中的花之寺在京城，本是个偏于一隅的敬奉民间神灵的小庙，因为好事者一个善意的谐谑之举，才有了这一雅名。

追根溯源，京城花之寺的根在今山东省沂南县。

传名独爱花之寺

沂南县张庄镇与青驼镇、孙祖镇交界处的鼻子山，海拔216米，山崖下有一古刹，当地人叫花山寺，史籍方志都记作花之寺。

康熙十一年（1672）《沂水县志·寺观》记载：“花之寺在县西南一百里。”雍正《山东通志》卷二十一《秩祀志》记载：“沂水县……花之寺，在县西南一百里。”道光七年（1827）《沂水县志》记载：“王坡鼻山，县南百三十里，上有花之寺。”王坡鼻山，旧《临沂县志》记作“王幅鼻山”，因为从东往西看，山体呈现出南高北低的形状，南端最高处突然出现悬崖陡壁，整个山体像个横放的鼻子，所以不论文字记载是“王坡鼻山”还是“王幅鼻山”，当地老百姓都叫它“鼻子山”。花之寺就在鼻子山南段悬崖之下。寺院背倚悬崖，西部南部青山环绕，东面山体略微遮挡，向阳幽静，当年肯定是晨钟暮鼓、梵音缭绕的香火胜地。

据寺内碑文记载，花之寺初建于隋唐，原在鼻子山东坡，寺内老和尚行为不端，被程咬金等人铲除了，将庙迁到了山前向阳处，改名为花之寺。到了明代，花之寺已不仅是沂水县境内的古寺名刹，也是沂水县之胜境了。从清代《沂水县志》载录的明代地方文人咏赞花之寺的诗作，就可以想象当年的风光是多么旖旎迷人。从清康熙年间开始，它的名字开始传到州县之外，在朝野文人中广为流传，从而演绎出了一段艺林佳话。

花之寺名声大振，周亮工有着发轫之功。周亮工字栎园，崇祯十三年（1640）进士，初为山东潍县县令，继授浙江道监察御史，明亡，避居南京。清军下江南时被招抚，历任两淮盐运使、福建按察使、布政使、户部右侍郎等职。周亮工入清后，官位虽显，但饱经宦海沉浮，曾两次下狱，被劾论死，后遇赦免。康熙元年（1662）十月，周亮工再次被起用，补山东青州海防道副使，康熙二年（1663）春初启程赴任青州。当年秋冬之际，周亮工随巡东海一带，路经诸城、城阳、沂州等地，一路写了多首纪行诗。其中两首诗涉及花之寺：

其一是七律《城阳南望寄舍弟靖公》，诗作颔联是：

雨过寒河寻水向，月明萧寺梦花之。

作者特意在两句诗下分别注释：“夜头水一名向，今沂州向城镇是。”“花之寺在沂州西。”

其二是七律《过东莞武刘二孝廉载酒谈花之寺为沂水之胜境同楚中刘公蕃赋》。诗作前四句是：

诸葛沟前雁影疏，寒归海县暂停车。
传名独爱花之寺，隐地谁寻石者居？

在东莞（指沂水县）周亮工与友人相聚，酒间谈及花之寺为沂州胜境，因而情不自禁地赋诗抒情。诗中的诸葛沟即沂河，因为诸葛故里阳都城在沂河西岸，而且当时在沂水县境。“石者居”，即隐居之人，指明万历进士、曾任户部郎中的临朐人傅国归田后隐居之所。周亮工在“石者居”下自注“临朐词人傅国作石者居于云黄山中”。

周亮工出仕之初任潍县令，在任期间必定对花之寺已有耳闻，由淮入青时又饱览了花之寺盛景，经过沉淀才有了“月明萧寺梦花之”和“传名独爱花之寺”的佳句。他对花之寺之名十分喜爱，将这一段时间所作的诗收集起来，以《花之》为名刻刊，分赠同好。关于以“花之”为诗集名的原因，周亮工解释说：

其以花之名者，由淮入青，自花之始；仆得诗，亦自花之始也。花之，隋寺名，仆艳其名，故以名诗，然二字实实可艳也。①

周亮工在青州期间，长子周在浚大都在其身边，帮助料理文牍。周在浚当时年轻，喜欢填词，他模仿父亲的做法，把自己所作的一些词收集起来，名之为《花之词》刊刻。周亮工后期诗作自结集为《赖古堂集》。康熙八年（1669），漕运总督帅颜保劾周亮工纵役侵扣诸款，得旨革职逮问论绞。康熙九年（1670），周亮工遇赦得释。康熙十年（1671）二月，心灰意冷的周亮工做出了惊世骇俗之举，将平生著作付之一炬，尽行焚之。此后，经长子周在浚重新辑录刊行，故亦称《赖古堂焚余诗词集》。

周亮工是明末清初很有影响的文学家、篆刻家、收藏家，他赞美花之寺的佳句，也受到当时及后世大家的高度评价。清康熙年间诗坛“神韵说”创始人王士祯，与周亮工交情很深。康熙五年（1666）夏，王士祯路过青州时拜访周亮工。在青州，他第一次见到周亮工咏花之寺的诗作和周在浚《花之词》词集，但他当时只是感到“太好奇”，并没有领悟到“花之”二字的意义。后来他在《居易录》中说：

天下佛寺之名率用梵典，予所经历其名有新异者，如重庆府有相思寺，青州府沂水县有花之寺。相思寺者，以寺产相思竹得名，“花之”二字不可解。周侍郎亮工诗云“月明萧寺梦花之”，其长子在浚字雪客，予门生也，遂取二字以名其词，太好奇矣。

他在《分甘余话》中又专门记载了花之寺：

沂水县有花之寺，不解其义，张杞园问之土人，云以寺门多花卉，而径路窈折如“之”字形，故以为名。周侍郎栎园诗“月明萧寺梦花之”，其长子在浚有《花之词》一卷。②

①《赖古堂集》卷十九《与汪舟次书》。
②《分甘余话》卷三《花之寺》。

张杞园即张贞，安丘人，也是清初著名文士，与其子张在辛皆师事周亮工，从他对花之寺名称的探究，也可以看出花之寺名字的魅力。经过王士祯的一番考证和宣传，花之寺声名鹊起。

从此开始，花之寺进入了雅士名流的视野，花之寺之名也不断出现在清代文人的笔记小说中。如：康熙年间散文大家程哲《蓉槎蠡说》认为，周亮工用“石者”“水向”两对“花之”，“天机妙合”。诗人、书画家宋荦（字牧仲）《筠廊偶笔》记载：“青州花之寺名甚异，见周栎园先生亮工集中。”[①] 诗人、散文家阮葵生《茶余客话》记载：“周栎园诗：‘月明萧寺梦花之’。山东沂水县有花之寺。栎园又有句云：‘佳名独爱花之寺，隐地谁寻石者居。’……雪客词集亦名《花之词》。”[②]清末民初著名学者、诗人和书法家赵藩，还以“花之寺”为典入对，题广州六榕寺定香水榭：“如游花之寺，亦爱水哉轩。”

梦入招提花之僧

周亮工在《城阳南望寄舍弟靖公》中写有“月明萧寺梦花之”，他是否真的在花之寺中宿而有梦，已不得而知。到了乾隆年间，“扬州八怪”之一的罗聘却真的梦入花之寺，从此与花之寺结下了不解之缘。

罗聘生于雍正十一年（1733），号两峰，祖籍安徽歙县，其先辈迁居扬州。24岁时，他拜金农为师，学诗习画，30岁时在扬州画界崭露头角。金农去世后，罗聘开始独立卖画为生。乾隆三十六年（1771），他携画至京师拜谒名流，所作八幅《鬼趣图》轰动了当时画坛，成为街头巷尾的热门话题，罗聘因此受到京城名流的青睐。42岁时，他开始游历鲁、晋、豫、鄂等地。47岁时，他再次赴京，其间曾画观音、杜甫与韩愈等像，又作过指画。在外漫游近十年后，因囊中羞涩而返回故里。乾隆五十五年（1790），年近花甲的罗聘携幼子允缵（允缵两年后返回扬州）第三次上京城，这时，他已是画界知名的大师级人物了。他刚刚住定，一些附庸风雅的士大夫便登门不歇，求索画作，甚至一些在京的朝鲜人也携重金来买他的画。收入多了，他的豪兴也随之而生，游名胜，买古董，挥金如土。八年后，当他准备回乡时，不仅又没了路费，而且还欠了不少债。他的好友扬州盐运使曾燠闻信，资助他的大儿子允绍赶到京城，

---

①《清代笔记小说大观》之《筠廊偶笔》卷上。

②《清代笔记小说大观》之《茶余客话》卷十一“花之寺”。

于嘉庆三年（1798）年底把他接回了扬州。罗聘是“扬州八怪”中出道最晚的画家，却以他独特的艺术成就成为“扬州八怪”的殿军。

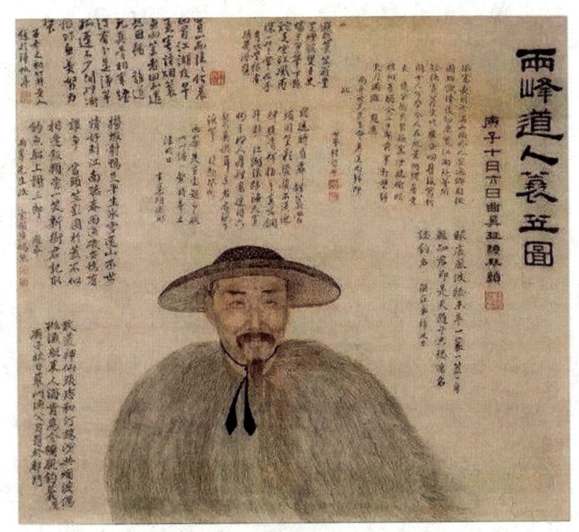

罗聘自画像，绢本设色，59.8×56厘米
北京故宫博物院藏

第二次进京回扬州后，罗聘一改画鬼的题材，开始画佛了。就在这个时段里，他梦见自己的前身在一座繁花迷人的寺庙里当僧人，梦醒后便以“花之寺僧”为别号。他画佛像时，都题这个别号。他画佛像也研究佛理，并以“余觉”为法号撰写了阐述佛理的《正信录》，其中说：“有人笑而问余曰：‘君能自知前身为花之寺僧耶？恐妄语耳，吾则不敢信。’余曰：‘月明萧寺忆花之，前身为花之寺僧，同乎我者且不胜论。稽古以来，诸书所说如冯京，前身为五台山僧’；张放平，前身为琅琊寺僧；崔允，前身为瓦棺寺僧……”[①]他还赋诗《花之寺里记身前》[②]并自注曰：“予初生时不茹荤血，常梦入花之寺，因自号前身花之寺僧。”诗曰：

人曰生人人可怜，花之寺里记身前。
浮踪浪迹寻来路，流水开花又一年。
仍此性天仍色界，也如行脚也逃禅。
新诗呈佛无他愿，再结来生不昧缘。

由罗聘的经历和自述可知，他先从周亮工诗作中知道了花之寺，之后又游览了花之寺，因画佛又梦入花之寺。关于罗聘自号花之寺僧一事，罗聘的好友汪启淑在《水曹清暇录》卷二“花之寺”条中记载：“友人罗两峰，号花之寺僧。考花之寺，在山左沂水县。”汪启淑的记载，清楚地佐证了罗聘梦境中的花之寺，就是以“山左沂水县”花之寺为蓝本的。罗聘梦入花之寺而有别号花

①《正信录·前身》。
② 罗聘故居线装诗集载录。原作无题，仅有副题《余邀同蒋心余太史同作因亦继成三首非自寿实自怜也》。题目为本文作者为行文方便拟加。

之寺僧一事，还被写入正史。《清史稿》记载："聘，字两峰，江都人。淹雅工诗，从农游，称高足弟子，画无不工。耽禅悦，梦入招提曰花之寺，仿佛前身，自号花之寺僧。"①

移花接木假作真

罗聘在京城卖画时，曾蜗居在京城右安门外的三官庙。后来，他的好友曾燠（字宾谷）出资修葺了三官庙，将庙中一座繁花似锦的小院命名为花之寺，并题写了匾额。《清稗类钞》"花之寺"条载：

> 京师花之寺，曾经曾宾谷重修，俗呼三官庙。壁悬宾谷诗帧，花木盈庭。寺以南皆花田也，春时芍药尤盛。②

晚清学者震钧所著《天咫偶闻》卷九"郊垌"条也记载：

> 花之寺自曾宾谷先生修后，尚无恙。俗呼三官庙，壁悬宾谷先生诗帧。花木盈庭，大有葱蒨之致。寺以南皆花田也，每晨负担入城，卖花声里，春事阑珊。

"三官"原本是道教所奉崇的天、地、水三官，我国各地都有供三官神像、起建三官庙的旧民俗。在佛教东传入汉之前，"寺"也可指官署和道教观阁，因此命名"三官庙"为"寺"便有理解上的歧义。曾燠署榜额"花之寺"于鲜花盛开的三官庙，实际是对好友罗聘曾经蜗居三官庙的一个玩笑性的纪念。尽管有头脑的文化人也知道个中原委，但罗聘无意中的暂时栖身，曾燠有意识的移花接木，却使山寨版的花之寺沾了罗聘的光，上了曾燠的套，成为文人雅士及政客慕名趋之的地方。三官庙以海棠出名，三官庙的海棠更因花之寺而著名，老北京人说起京师花事，就曾有过这样的评语："崇效寺的牡丹，花之寺的海棠，天宁寺的芍药，法源寺的丁香。"

道光年间，杨掌生《梦华琐簿》记载了自己的一次经历：京郊三官庙内有花之寺，壬辰年（1832）初入京，龚自珍约作者及公车上书的名士宋于庭、包慎伯、魏默深、端木鹤田等十四五人，到花之寺聚会。作者诘问龚自珍：唐代徐彦伯用字多奇涩，文章多有怪异之语。花之寺之名如此怪诞，君奈何有此等

---

①《清史稿·艺术三》。
②《清稗类钞》。

恶趣，到这里聚会？龚自珍答曰：

> 此曾宾谷谶言也。罗两峰梦前身为花之寺僧，故宾谷先生为署此榜额。后二年，余阅宋牧仲《筠廊偶笔》，则花之寺实有其地，在青州。开卷有益，信然。①

杨掌生也知道花之寺是曾燠戏题，但总觉得将“花之寺”的匾额挂在三官庙中是鲜见异举，因而诘问龚自珍。龚自珍的回答实则隐含着两条信息：一是“曾宾谷谶言”，即虚妄不足信且带有善意玩笑之举。二是北京的“花之寺”确系与罗聘有关，此“花之寺”空有寺名，实际上并非真正的佛地。

有意思的是，当时有人因为对花之寺在青州和在沂水县两种说法不解，恨不得要将古人从地下拉起来对质。杨掌生去世30年后，朋友倪鸿将杨掌生的遗作四种交给同文书局刊刻出版，总名《京尘杂录》。《京尘杂录》之《梦华琐簿》篇附有一段“培”的按语：

> 王渔洋《分甘余话》，沂水县有花之寺，不解其义。张杞园问之土人，云以寺门多花卉，而径路窈折如“之”字形，故以为名。周侍郎栎园诗，“月明萧寺梦花之”。其长子在浚有《花之词》一卷。与宋商邱所载地名不符。是一？是二？恨不起宋、王而共质之也。壬寅四月十五日，铁痴记。②

尽管现在不知“培”与“铁痴”是谁，但这段按语栩栩如生地再现了当时文人对花之寺的好奇。其实，王士祯记载花之寺在青州与宋荦记载花之寺在沂水县并不矛盾。清雍正十二年（1734）前，花之寺所在的沂水县隶属于青州府，雍正十二年起才隶属于沂州府。王士祯和宋荦都是顺治康熙年间人，一个说的是大地名概念，一个说的是小地名概念，形似二实为一也。

花之雅名盛不衰

借助于花之寺的名气和雅气，1925年，京派女作家凌叔华以京都的花之寺为背景，在《现代评论》二卷48期上发表了小说《花之寺》，1927年又将其佳作结集为《花之寺》。凌叔华在《花之寺》中说花之寺是“清初的诗家文人常

---

①《京尘杂录》卷四《梦华琐簿》。

② 同上。

到的地方”，本来是一句文学语言并非考据之说，但也有不少人以此认为罗聘梦中的花之寺真的在京城了。

借助于凌叔华的名气和小说《花之寺》的魅力，花之寺之名还漂洋过海，被刻到了新加坡的石头上。著名华侨作家董桥先生在散文《紫铜罗汉》中写道：

> 四十多年前，新加坡一位老华侨家里珍藏十几尊铜佛，壮观得不得了。老华侨姓孙，我在静园后园常常碰到他，古稀之年一身嶙峋很像一干古梅……那年春节，静叔开车带我到处逛，顺便去给孙老师拜年。孙家小洋房花木蓊郁，奇石叠嶂，池边杂草丛中一块灵石刻着隶书“花之寺”，静叔说是孙老师自己刻着玩的：“那是凌叔华小说集的书名，一九五六年她来新加坡南洋大学教书的时候跟孙老师熟稔，教到一九六〇年她忽然回英国去了！”……孙老师说他记挂的不是小说，而是花之寺那个三官庙里的古槐和海棠。[①]

可以说，老华侨后园里的“花之寺”就是随着凌叔华的小说漂洋过海到了新加坡的。

2006年12月28日《扬州日报》刊载了韦明铧的文章《何处花之寺》。文章从罗聘的别号“花之寺僧”写起，前后以“花之寺的来历”“花之寺在山东？”“花之寺在北京？”“花之寺之谜”四个小标题，对花之寺做了一番探索，其中写道：

> 据此看来，北京的“花之寺”其实是曾燠同罗聘开的一个玩笑：罗聘自称前生在“花之寺”出家因而自号花之寺僧，但这在别人看来，认为不过是痴人说梦而已。故而，熟悉罗聘其人的曾燠索性在京城三官寺庙里佯书“花之寺”一匾，以为谐谑。……“花之寺”原在山东沂水，北京的花之寺其实是个赝品。

《陕西师大报》也有一篇署名巩亚男的写花之寺的文章，文中写道：

> 花之寺在今沂水县城西南的王坡鼻山上。康熙时，沂水正属青州……真正的花之寺只剩下旧址了，京师负有虚名的花之寺却成了清朝以来直至民国文人雅士汇集酬唱的名胜。

① 董桥：《今朝风日好》，作家出版社，2008年版。

看来作者只是从旧《沂水县志》中找到了真正花之寺的具体地点，他还不知道应该确切地表述为："花之寺在今沂南县城西南的王坡鼻山上。"

寺名"花之"费猜详

花之寺之名的确使人费解，夏仁虎《旧京琐记》卷八《城厢》就说："京西花之寺，其名甚雅，而无故实可考。顷读《天录识余》谓青州亦有花之寺，亦不识其命名之义。"

《天录识余》的作者高士奇是清康熙年间的著名学者，他每日为康熙帝讲书释疑，评析书画，可谓广闻博识，但他只知花之寺之名，也"不识其命名之义"。到了清末民初，夏仁虎还觉得"其名甚雅，而无故实可考"，可见花之寺之名引起了不少文人雅士的好奇，也可见花之寺之名将这些文人雅士困惑了不少年。

"花之"二字之所以艳而雅，不仅是因为"花"字，更是因为"之"字。张杞园认为"之"字是弯曲盘旋山道的象形描述。这种解释有一定道理，如唐代诗人方干《题应天寺上方兼呈谦上人》中有"师在西岩最高处，路寻之字见禅关"的句子，刘昭禹《送人游九疑》有"漆灯寻黑洞，之字上危峰"的表述。清人程庭鹭《多暇录》还记有另一解释，认为是以女子得名：

> 《分甘余话》谓沂水县有花之寺，仅以寺门多花卉，径曲如之字形也。盛柚堂赠诗注："两峰每梦入花之寺，未知寺在何处。"又见《山农集》，始知沂州寺以女子得名，花之即女名也，然亦不详其所自。

对于"沂州寺以女子得名"的解释，不仅程庭鹭不知是如何考证出来的，今人也一头雾水，不知所云。

以上两论，仅是从环境视觉形象"花"或者"之"上做解释，实际上"花之"二字还隐括了唐人常建《题破山寺后禅院》中的名句"曲径通幽处，禅房花木深"的意境。深山古寺，远离尘嚣，门前百花盛开，其间曲径迂回，真是其景如画，其名可艳。而于团香锦簇之中，劈开色空之路，勇猛精进之意，亦寓乎其中也。

禅悟

赝品的花之寺昙花一现，一切已荡然无存。令人遗憾的是，真正的名刹花之寺现也已成为遗址，仅存一石碑的螭首和趺座，而记载信息最多的碑身已在20世纪70年代被砸碎铺到氨水池子底下了。惜乎哉！痛乎哉！

浩劫轮回，缘生缘灭。显于繁华大都与藏于深山的花之寺，都已花寺两空。但默念“花之寺”三字，仍能令人心中生色，口中生香。由此想来，佛在心中，岂有痛哉？

后唐古寺夏猛院

沂南县苏村镇夏孟寺村有一古庙宇遗址，历来都叫作夏孟寺。村内老人说，20世纪50年代尚有三座大殿，其中正殿是五开间，三重梁，四明柱，殿内塑有佛爷像和罗汉像。寺庙附近和尚林有70多个坟头，并有两座墓塔，塔为八角形，高约7米。院内有高大的黄杨树，20世纪40年代被砍伐了。

寺庙最后被毁于20世纪“文化大革命”时期，遗址现仅存一通完整的“大唐长兴四年”石碑。石碑面西而立，碑高185厘米，宽84厘米，厚26厘米。正面文字为修建碑记，碑文基本可以辨认。背面为施财者姓名，因严重风化，文字已难以系统释读。这通完整的石碑，既留下了一千多年前的一段历史信息，也给后人留下了一些不解之谜：夏猛院是何含义？何时改名夏孟寺？为何改名夏孟寺？

碑文释读

1985年《沂南县地名志》记为：夏孟寺村“原有一寺，据传为夏、孟两姓所建，故称夏孟寺”。新编《沂南县志》也将村名记载为“夏孟寺村”，言称因“夏孟寺”而名。但仔细辨认原碑文字，依稀看出碑首刻有纵向双行排列的六个字。按从右至左自上而下的顺序辨认：右列第一字已脱落不可识，第二字尚能看出字为左右结构，偏旁是个“犭”，第三字能看出左边似是“阝”，右边似是“完”字的轮廓；左列第一个字已脱落不可识，第二字能看出左边是个“亻”，第三字是一个清晰的“碑”字。碑文文题首行顶格第一字已不清晰，第二字尚能看出左边是“犭”右下边是“皿”，第三字是“院”，第四字是“记”。

另有一出土的明万历十七年（1589）残碑，碑首尚存双线阴刻“重修夏猛院”字样。由此可以断定：“大唐长兴四年”碑碑首六字是“夏猛院造像碑”，碑文文题顶格四字是“夏猛院记”。

明万历十七年残碑

碑文书写采取传统方式，即涉及需要恭敬的名称时，或另起一行顶格书写，或空出几个字再书写。“夏猛院造像碑”可以明确断定的空格共有12处。由于有为了表示恭敬而空的字格，也有因风雨侵蚀漫漶不清或文字脱落而形成的空白，所以碑文的句读和释读只能联系上下文来进行判断。

碑文释读和句读（原文所空字格省略，不可识读字以“□”补之，难以辨别的空格或字形脱落处以“……”表示。碑文以原繁体字样抄录。）如下：

夏猛院造像碑

夏猛院記鄉貢進士郭峭撰

觀夫大象無形，若無形何以測其奧？至道無言，若無言爭可窮其理？則有馬鳴垂訓，牛口傳芳。修東國之乘門，起西方之柰菀。觀時處俗，變□改形。忽其大也，立向須弥；忽其小也，藏於芥子。涅而不死，槃而不生。平滄浪為万頃之田，消患難作無壇之福。威儀有異，夢中之金色明明。化現無難，足下之蓮花種種。韜光大世，暗度群靈。掛衣於寶樹之間，留履向金沙之上。以天為大，唯我獨尊。無量之由，爭可具載。有故廣濟大師，本貫湖州雲水人也。自中和初年，荷笈而來，投錫而住，因尋基址，方務□崇。心欲化於鄉村，人已持於畚鍤。始添精舍，大闡法門。誘無緣為有緣，變惡事为善事。欲使一方之內，普獲生天。万類之中，咸登覺路。莫不代釋迦之手足，作浮世之津梁。自後，有府主王公，盥手焚香，□心待礼，專來沂上，迎歸魯中。寔喚國祥，□聞天德。皇恩益重，紫服尋加。乃又建一寺名曰延壽，其功非廣，計日而終。□閣層樓，出屋□而壓地。成碑立碣，鐫贔屓以擎天。於戲！佛像俄周，人寰奄棄。重繒疊彩，徒裝坐化之身。万户千門，但寫生前之相。復有院主僧智訥，本是範陽人也。始因訪道，便乃棲心。□先師□□之基，發住院添柰之志。從微至著，竭力勞神。行攜五綴之盛，唯彰儉德。坐說三乘之法，是解迷途。自雪巔以開禪指，□□□□□□□。化□□□□，□□□□俗。動無傷物，行但憂人。看七軸之蓮經，何嘗釋手。舍万般之塵事，未憶閑情。積德累功，以日□□。□□□□，多有□□。連仲尼禮樂之鄉，近童子詠歌之地。背山臨水，處要居中。而又早欲求真，不忘素懇。緩從建立，漸至功大。在日往□，□□□□。□□天翻而地覆，難改初基。演化□□□群情，劬勞獨立。乃見周圓之果，以憑方便之門。遂得□□，其□□□。□□元□□始，今已樂成。故類響逐聲來，影隨摽出。言才啟口，事早從心。乃修紺殿金軀，次建北堂弥勒，泗州大聖，早以功圓。千佛□□，□方成就。五□□殿，別有願誠。起羅漢一十六尊，課真言一万遍，皆為助大師之因□。廣□……□□□福□□長，始抱□心，今已畢手。覩禅门之閑静，窺梵篼以清虛。樹變鶴飛，臺多蜂集。花堂炳煥，高連慧日之光。寶殿巍峨，遠拂慈雲之□。□□□盛事，可謂良緣。得不鏤以金文，勒其石版，庶幾後代，不滅其因。乃為銘曰：

始自修持　今方圓備　結以良田　酬其夙志　七寶蓮彩　千佛依次
還疑神化　不若人致　樓臺斯立　尊像齊裝　泥金鏤玉　透色通光
競投金地　爭燒寶香　蓮臺就列　鴈塔成行　寂尔空門　當兹大路
積日而□　隨人所慕　遐迩皆來　愚迷盡許　百神相祐　諸佛共護
歇山壓野　接汶通沂　院宇斯盛　人倫所歸　螭頭若活　鴛兀如飛
明明壯麗　烋烋靈威　眾力相扶　群材共構　摽功紀績　唯銘與鏤
□遷□變　天長地久　乃立斯文　彰乎不朽

大唐長興四年歲次癸巳十一月癸酉朔十九日辛卯院主僧智訥建

小師歸正　比丘師吟□□□　皇甫珪鐫　同制人王環

□□真言曰　南無颯哆喃三藐三菩陀俱胝喃怛姪他唵折戾主戾准提娑婆訶

文林郎守沂州沂水縣令孫知默　將仕郎守□□□□□□□□□□元隨押衙元沂水鎮使程超　上三司押司錄事李延超　下三司押司錄事孫宴錄事司□□□　下三司□趙□押衙元沂水鎮使知鹽麯稅務事郭仁澤

建寺年代

从碑文可知：唐中和（881—885）初年，湖州霅水（今浙江湖州）人广济大师背负佛教笈籍来此地，勘寻基址，化缘添舍，阐扬佛法。后来，沂州刺史王某专程来此地，将广济大师迎至州府中。由于州府重视，广济得沐皇恩，受加标志高贵的紫服，不久正式建立寺院，名曰“延寿寺”。从碑记所用“□阁层楼”“成碑立碣”“赑屃擎天”“重缯叠彩”“万户千门”等描写词语看，延寿寺的规模相当宏伟。

唐之初，朝廷很重视佛教的整顿和利用。玄宗时（712—756在位），佛教发展达于极盛，寺院之数比唐初几乎增加一倍。由于佛教寺院土地不输课税，僧侣免除赋役，佛教寺院经济过分扩张，损害了国库收入，故从敬宗（824—827在位）、文宗（826—840在位）开始，渐有打击佛教的意图。武宗李炎（840—846在位）即位后，信崇道教，着手限制和削弱佛教，史称“会昌灭佛”。武宗禁佛令虽在全国很多地区给佛教势力极大的打击，但由于中央集权的软弱无力和地方军政官员、藩镇的拖延和对抗，所以许多地区没有完全贯彻禁断佛教的诏令。不仅南方各地对毁废佛教的诏令阳奉阴违，姑务宽容，而且北方河朔三镇等地的节度使更是公开对抗。宣宗李忱（846—859在位）继位后，一反武宗的作为，下令重新大兴佛教，凡灵山胜境、天下州府在会昌灭佛中被毁的寺宇，一律重新修复。李忱还亲自到庄严寺朝拜佛牙。僖宗李儇（873—888在位）亦崇尚佛教，公元881年因黄巢军兵逼长安而仓皇出逃时，还不忘将庄严寺佛牙带走。夏猛院前身延寿寺的建设时间，正是武宗毁灭佛教之后40年左右的僖宗时期。湖州霅水（今浙江湖州）僧人广济来沂地勘寻基址，化缘建寺，弘扬佛法，实属顺应时势之举。

造像时间

从碑文可知，范阳（今北京城西南涿州一带）僧人智讷访道于此并主持寺院，是在后唐长兴四年（933）以前。智讷在主持寺院期间，修绀殿金躯，建北堂弥勒，塑泗州大圣，起十六罗汉，以致寺院花堂炳焕，高连慧日，宝殿巍峨，远拂慈云。后唐长兴四年（933）十一月十九日，大功告成，勒碑以记。参与庆典勒碑记事者还有沂水县县令孙知默等人。此碑即是为寺院造像“摽功纪绩”“彰乎不朽”而立。此次造像时，寺院已名为夏猛院，夏猛院之名一直延续下来。但何时由延寿寺改名夏猛院，碑记中无明确记载，已难以考证。

南宋牧溪所画“布袋神僧”

在弘扬佛法的众多僧人中，有两位高僧被人们称为神僧，并被造像供奉：一位是“布袋和尚”，亦称“大肚弥勒”，俗称“欢喜佛”“弥勒佛”；一位是“泗州大圣”，亦称“大圣僧伽和尚”。后唐长兴四年（933）“夏猛院”不仅塑有“布袋和尚”，还塑有“泗州大圣”。

布袋和尚是五代时期明州奉化寺僧人，名契此，假托为弥勒佛化身。他面相常笑，大肚袒腹，手中拿一布袋四处化缘，帮人们解除苦难，被称为大肚和尚、大肚弥勒。寺院的天王殿中多供奉他的塑像。

泗州大圣是唐中宗时泗州临淮县普光王寺僧人，名僧伽。据《高僧传》记载：西域何国（今吉尔吉斯斯坦的阿尔别希姆）僧伽少年出家，誓志游方，31岁时携弟子进入中土，始至西凉，次历江淮。在唐高宗初期他曾至长安、洛阳一带化缘说法，高宗龙朔元年（661）到泗州临淮县普照王寺传经布道，并为民治病、治水，安定淮泗，享有观音大士化身的盛誉。中宗景龙二年（708），僧伽应召入长安，景龙四年（710）圆寂，享年83岁。中宗为其敬漆肉身，送回泗州临淮起塔供养，遂奉为“泗州大圣”。僧伽的教化思想贴近民众，故虽不是佛却受到佛一样的礼遇，受到百姓的崇拜，乃至造庙供奉。五代末年周世宗取泗州后，钦命天下：凡修精舍者，必立僧

重庆大足佛湾石窟第一七七龛北宋靖康元年“泗州大圣”像

伽真相，榜曰大圣僧伽和尚。泗州大圣的信仰至元明后逐渐衰弱，而在中国南部的福建，泗州大圣的信仰却有增无减，并表现出明显的地域特色。在清代，福建街巷间多供“泗州文佛”，凿龛设像，或供牌位，犹奉观音大士，至今还长盛不衰。同时，在福建一些地区，泗州大圣信仰又逐渐发生异化，泗州大圣被称为“泗州佛”，并被赋予主管爱情婚姻之权柄，成了情侣们祈拜的偶像。

后唐长兴四年（933），夏猛院将泗州大圣与佛祖和弥勒一并供奉，表明泗州大圣在北方已有很大影响，也说明周世宗钦命“凡修精舍者，必立僧伽真相”，已有相当的信仰基础。

造像碑记载“起罗汉一十六尊”与如今流行的十八罗汉数量有别。唐代前期和中期流行十六罗汉，至唐末开始出现十八罗汉，到宋代时，则盛行十八罗汉了，元朝以后十八罗汉基本替代了十六罗汉的地位。佛教认为，经典的十六罗汉是受佛嘱咐不入涅槃的住世罗汉。而十八罗汉的最后两位，一说是庆友尊者和玄奘大师。庆友是《法住记》的作者，玄奘是译者，这两位都不是受佛嘱咐不入涅槃的住世罗汉，但由于他们对十六罗汉的宣传都是有极大贡献的，因而后世将他们与十六罗汉一起供奉，形成了十八罗汉之说。

再立时间

造像碑碑侧有“天德三年十月初一日再立”字样及人名。

历史上有两个“天德”：五代时期，后晋天福八年（943），建州节度使王延政在建州（今福建建瓯）称帝，国号大殷，年号“天德”，天德政权仅存在了三年；公元1149年，金太祖完颜阿骨打之孙完颜亮即皇帝位，以上京会宁府（今黑龙江省阿城）为国都，改元“天德”。1153年，完颜亮迁都到燕京（今北京），改年号为“贞元”。虽然1153年完颜亮才迁都到燕京，但这时南宋王朝已在临安（今浙江杭州）定都26年了，中原地区早已成为金人的统治领域。碑侧“天德三年”，显然不会是地处南国仅存在了三年的王延政的年号。非此即彼，“天德三年”自然是大金皇帝完颜亮的年号序数，即公元1151年。

从“天德三年十月初一日再立”这段文字刻在碑的侧面这一形式看，应该是此碑竖立后曾因某种原因倒伏了，有人又重新将其竖立起来，并在碑侧刻字以记此事。

字词释义

大象无形：语出自老子《道德经》第四十一章。意思是世界上最伟大恢宏、崇高壮丽的气派和境界，往往并不拘泥于一定的形式和格局，而是表现出“气象万千”的面貌和场景。无形，即没有一定之形。

至道无言：唐净觉《楞伽师资记》有“至道无言，言则乖至”句。禅宗典籍《五灯会元》中有“至道无言，借言显道”句。

马鸣：中天竺国人，佛教诗人和哲学家，禅宗尊为天竺第十二祖，又称马鸣菩萨。他活动于公元1至2世纪期间，其著作在中土有传播。陕西绵山云峰寺有“马鸣菩萨”殿。

乘门：乘，佛教的教派或教法。乘门，指佛门。

方便：佛教名词，即对各种不同的人，采取各种不同的传教方式使之生信。

金沙：《弥陀经》云：“极乐世界有七宝池八功德水，池中皆以金沙布底，两边皆用金、银、琉璃等宝物合成。”

宝树：佛教语，指西天净土的草木。

柰苑：应指柰园，佛教中柰氏树园的简称。柰氏树园是佛讲法的一个地方，后因之称寺院为柰园。

芥子须弥：芥子是十字花科植物芥的种子，体积极小。须弥，即须弥山，是梵语的音译，意思是宝山、妙高山，又名妙光山，佛教中的圣山。佛经有“须弥藏芥子，芥子纳须弥”之句，意思是把一座高大的须弥山塞进一颗小小的芥菜籽之中刚刚合适，形容佛法无边，神通广大。

文林郎：文散官名。隋始置，唐为文官第二十八阶，从九品上。

待解谜团

一个有趣的现象是，旧沂水县境内沂河两岸的佛寺多称作“院”，如：位于今沂水县城西南的资庆寺又名望仙院，位于今沂南县砖埠镇的清泉寺本名清泉院，本文中的夏孟寺本名夏猛院。不知从什么时候开始，这些佛院改称为寺了。明万历十七年（1589）寺院还名为夏猛院，但嘉靖四十四年（1565）《青州府志》就记载会川乡有夏孟社（与苏村社相邻）。由此可知，寺院还是原名，但寺院所在地的社名已改为夏孟社了。为什么寺名与社名不一致，令人费解。更令人不解的是，这样一座具有悠久历史的寺庙，而道光七年（1827）《沂水县志》“寺观卷”中居然没有记载。

历史谜团，何时有解？

梵音余响

夏猛院唐宋以来历届住持情况已无从考证，现仅知20世纪30年代的住持和尚法名是了庆。

据沂水县政协《文史资料》记载，1928年，沂水县东营庄（今属沂南县苏村镇）张恒远在本村建立青旗会，主要目的是防御土匪。夏孟寺住持了庆也加入了青旗会。自从青旗会成立后，曾和土匪、官府、国民党军打过几次大仗。1932年，青旗会还攻打了国民党沂水六区区公所。当时六区区公所设在南良水，该村地主杜守然当区长，与当时的沂水县县长焦常荫是换帖兄弟，被人们称为“二县长”。青旗会正想找个机会教训他一下，没想到他竟先向青旗会下了手，把青旗会会员了庆逮捕入狱。

近几年，夏孟寺及周边村的信众筹资重建了夏猛院，按照俗名称作“夏孟寺”。正殿内塑有佛像和十八罗汉，殿内壁有彩绘神仙人物和吉祥图案，貌似雄壮而金碧辉煌。但遗憾的是，信众只知“夏孟寺”之末，不知“夏孟寺”之始，不仅未上接本源塑装十六罗汉，而且把珍贵的记事碑弃之不顾，殊为可惜。

宋代遗迹法云寺

法云寺位于沂南县张庄镇大岱村东，始建于宋朝，明清两朝多次修葺，一直是旧沂水县境内规模完整、香火旺盛的佛寺之一。法云寺占地约4亩，房屋均用砖瓦建造。寺庙田产原来从村北到东山脚下，有数百亩之多。民国时最多还有13名僧人，到1940年前后仅剩下了2名。法云寺现已毁废，仅存遗址和两座石碑。法云寺晨钟暮鼓的盛景，现在只能循着清末民初时期的余韵去想象了。

创建时间

沂水县会川乡颜温里法云寺，《沂水县志》没有记载。

康熙十一年（1672）《沂水县志》记载的法云寺“在县西十五里，元至元十六年建”，是当时记入县志的17座佛寺之一。道光七年（1827）《沂水县志》也记载，法云寺在“县西十五里，元至元十六年建”。2003年，山东省地图出版社出版的《沂水县清志汇编》又将“法云寺”记为“县四十五里，元至元十六年建”。“县西十五里”变成了“县四十五里”，是新版刊印时的讹错。无论是从地理方位上看，还是从创建年代看，《沂水县志》所记载的法云寺，显然不是沂水县西南一百里①的法云寺。

清咸丰元年（1851）《重修法云寺记》仅记载：“法云寺，自有宋、元、明以及我朝，盖古刹也。”这间接地表明法云寺创建于宋朝。因为《重修法云

① 道光七年《沂水县志》卷二《舆地古迹》记载：“大戴村，县西南一百里，二戴讲礼之处。”

寺记》没有明确言明是北宋还是南宋，《沂水县志》也没有记载，修建寺庙的记事碑大多数已经被毁坏，甚至连残碑也没有了，所以法云寺创建时间只能笼统地定为宋朝，具体时间就难以表述了。

盛景余韵

据民间传记，原有寺庙坐北朝南，山门外有一对石狮子分列两边。山门以里是痘疹奶奶殿，痘疹奶奶殿后边，齐对着的是地母奶奶殿，两座殿堂都是三间北屋。地母奶奶殿东边以后墙为准，向后约三米处是玉皇殿。玉皇殿三开间，坐北朝南。玉皇殿东边向后约一米处三间北屋是佛爷殿。地母奶奶殿西头，向后约五米处，有几间草房，是寺内僧人居住的地方。在僧人居住的屋东头有一块低洼的地块。在这块低洼地块中央有一眼水井，每天早晨井里就冒出一股白色水汽，徐徐上升，延续好长时间。据说，法云寺由此而得名。井水又清又甜又旺，在最干旱的年份，佛寺周边的水井都干枯了，而法云寺的这眼井的水量却依然如故。

寺内原有两棵古老的银杏树，枝叶茂盛，皆高数丈。因为古银杏树曾遭受雷击，树干贴地往上逐渐枯烂，形成了很大的空洞，仅剩树皮存活着。据说，树洞可以容纳五六个孩子在内玩耍。1943年县大队在法云寺驻扎时，民兵把锅支在树洞里做饭，烧火时把树中枯木燃着了。因为树干内全空了，成了天然的烟筒，火越烧越旺，根本无法扑救，大火烧了三天三夜才烧完。人们把烧焦了的树干锯倒后步量了一下，树的根部直径是三步半。另一棵银杏树因为受大火熏烤，不久也枯死了。

大门前西面有僧林，林中原有两座石砌墓塔，分别高九层和十一层，都在20世纪40年代被毁坏了，山门外的一对石狮子也是那时被毁坏的。

新中国成立后，法云寺变成了村办小学校舍。当时，痘疹奶奶殿也已经被拆除了，教室就设在地母奶奶殿。地母奶奶殿内有壁画，东墙是袁天罡和李淳风作《推背图》的故事，西墙上是关羽刮骨疗毒的故事。后来，佛爷殿也坍塌了。

民国时期，法云寺在崇祀内容上已是佛道兼有了。虽然玉皇大帝、痘疹奶奶、地母奶奶等都属道教的范畴，而且玉皇殿还在中轴线的终端，但这些都不是严谨的道教内容，只能说是清末佛教式微，民间鬼神仙家信仰逐渐占了上风，因此佛教场所不得不接受了这一世情而已。但是，这种现象并没有改变古刹的佛教场所性质。

如今，法云寺遗址仅存一个空场和两座石碑。两座石碑分别是明嘉靖九年（1530）和清咸丰元年（1851）重修法云寺时所立。除了这两座石碑，当年壮观的古刹建筑连同僧人连绵不断的诵经声和均匀清脆的木鱼声，都随着时代的脚步消失在尘埃中了。

1979年，两座石碑被公布为沂南县县级重点文物保护单位。

佛泰重修

明嘉靖年间，法云寺住持僧人佛泰对寺院进行了一次大规模的增建和修葺。嘉靖九年（1530）《重修法云寺记》碑记载了这一大事。

《重修法云寺记》碑，通高355厘米。赑屃座头东尾西，长187厘米，宽95厘米，高55厘米。碑身高225厘米，宽92厘米，厚27厘米。螭首帽，高75厘米，宽115厘米，厚27厘米，两面皆有二龙戏珠浮雕，阳面碑文题名《重修法云寺记》。碑身正面是重修法云寺记事文，背面是宗派图和施主姓名。碑身已有裂缝并向南倾斜15° 左右，有些字迹已经模糊不清。

重修法云寺记

佛之兴也，其来尚矣；寺之建也，其来旧矣。既尚而言，谓之重言；既旧而修，谓之重修。重言不足道，重修斯可记矣。谨按：今之故事，由僧性朗以继文锋，由文锋以迨成庆，由成庆而下：若成亮，若佛晓、佛逵以至佛泰，后先相继，百有余年。若斯寺也，仅为苟完。但继以日久，仍以兵燹，再以风雨，新者复旧，完者复缺，不加以修举，遂于荒唐矣。宁不继以重修之举乎？重修而不记之以石，前人之绩泯于无形，而后世之人几于无征。无征不信，不信民弗从。寺若隳矣，佛若泯矣。呜呼！岂可乎？所以必其重修欤！

嘉靖四年，有会川乡颜温里僧曰佛泰，往师京师，受持戒法，给以戒牒，还归本寺。思先师故事，益为缵承，用加修补。若夫钟鼓楼台未备也，于今备之；圆觉金容未饰也，于今饰之；香积诸佛小殿缺者，于今为之完固；蛟龙碑石未刻，于今为之文章。若工师匠石土木之具、资食之重，非佛泰一人所能。若是耶，乃众人攻之，一人成之。一人之心有以会诸佛之心，诸佛之心有以默化乎千万人之心，千万人之心会诸佛泰一人之心者，非佛泰修德，何以能致此哉？所谓善继先师之志，善述先师之事，而克成厥勋，而感通乎上下也。故工师来之，匠石营之，资食助之，土木攻之，所以不日成之，前后左右上下四旁均齐方正矣。远之则有望，近之则不厌，足以恢弘百世而具瞻一方也。使愚夫、愚妇变愚为明，化恶为美。人之去恶而向善者，谓非佛之德也，谓非佛泰之力也。谓之佛之德、泰之力，信不诬也。

余姓周，讳鏊，字汝用，号共窳。治《易经》。舍金陵故都，遨游齐鲁，适斯文者友邹邑赵举代住持泰上人请余记，余不揣敢述所白以书之，用垂后世。后之主斯寺者，尚当以先师为鉴，庶几为之不坠云。

时纪

嘉靖玖年岁在庚寅夏四月辛巳初八丁卯

南颜温庄张镧 住持比丘僧佛泰建

沂水县乡进士知元始县事张镐

庠生 牛宽 尹鋕 王宠 惠九龄

耆老 王铉

义官高达 张镧 陈弼 王辅 邹鸾

本社里老 杨名 王文 邢璯 王佑

本庄募缘人 祝洪

把总 赵干

木匠 孙端 赵钺

石匠 王成 赵杰

窑匠 万逵 边六

铁匠 张珣 张珏

妆塑匠 万溥 梁杰 万梅 朱晓

译文：法云寺始建以来，既有相继增建，也有接踵修葺。既旧而修，谓之重修。已知道主持重修的僧人有：性朗、文锋、成庆，成庆以后又有佛晓、佛逵、佛泰，后先相继，已有百余年了。到现在，也还不完整，还需要继续修建下去。但今后还会遭到兵燹毁坏，遭受风雨侵蚀，新建者又旧了，完整者又再缺了，不一代一代相继建设和修葺，最终必然会荒废的。不相继重修不可，重修而不刻石记载，则就泯灭了前人的功绩，而后人也就不知道了。所以必须重视重修，而且要将重修的情况刻石记载，传给后人。

嘉靖四年（1525），会川乡颜温里僧人佛泰，到京城大寺庙拜师学经，接受佛法戒律，获得了传戒大师签发戒牒，回归本寺。佛泰追思本寺先师事迹，自觉继承先师遗愿，化缘筹资，修建佛寺。如：新建了钟鼓楼台，装塑美饰了佛像，整修了香台佛小殿，新刻了蛟龙碑石等。重修佛寺，不是佛泰一人的力量所能办到的。于是佛泰一人统筹总揽，众人齐心协助，开启了重修大事。佛泰甘于继承先师之志，善于继续先师之事，感通佛心，感动众心。所以工师、石匠尽心努力，不仅短时竣工，而且质量上乘，面貌焕然一新。远看辉煌，近观精美，不仅足以恢宏百世，而且成为一方盛景。佛法广大，佛寺庄严，人心向佛，愚夫愚妇变愚为明，化恶为美。人心去恶而向善，不仅是佛法无边，也不仅是佛泰功德无量，应该说是佛法之力和佛泰之功结合的结果。

本人姓周，名鏊，字汝用，号共窳，擅长《易经》。本是金陵（今江苏南京）故都人士，遨游齐鲁大地之时，适逢老文友邹邑（今山东邹城市）赵举，代表法云寺住持佛泰聘请文人作重修佛寺记事碑文，于是赵举诚请本人撰文。本人不胜感激盛情之邀，因此撰写了此文。并感慨言道：后继主持这一寺院者，当永记佛泰之功，更当以佛泰为楷模，上承下续，发扬光大。

戒牒

古代，僧人要有度牒和戒牒。度牒是政府机构发给僧尼以证明其合法身份的凭证。度牒一般由尚书省下的祠部颁发，故亦称祠部牒。度牒上一般写明所度僧尼的法名、俗名、身份（指明童子或行者及其职衔）、籍贯、年龄、所住或请住持寺院、所诵经典、师名等，并有祠部的批文、签署日期和官署署名等。僧尼有了度牒，便取得了合法的僧人身份。戒牒是由僧官机构及传戒师，向出家者受戒之后所授予的受戒证明书，上记十位授戒师之名及本人签名、出家誓愿等。僧尼受戒时，由授戒师起法名，称戒名。僧尼有了戒名之后不再称俗姓俗名。戒名是一种法名，但法名还包括出家时由师傅所起的名字。按规定，受戒者在受戒时举行一定的仪式，而戒有很多种，主要有五戒、八戒、十戒、具足戒四级。在家信徒持受五戒，出家信徒持受八戒，比丘和比丘尼持受具足戒，即取得正式僧尼资格。一般需受具足戒才授给戒牒。

法云寺佛泰去京城大寺院受具足戒后，授受戒牒，成为法云寺住持比丘僧。

香积诸佛

香积佛是上方众香世界的佛陀，又称香台佛。《维摩诘所说经》中《香积佛品》记载，香积佛居住在上方四十二恒河沙佛土之外的众香国，国中无有声闻辟支佛名，唯有清净大菩萨众。众香国的香气，在十方世界的香气之中，是第一微妙殊胜的。

沂水县乡进士知元始县事张镐

知元始县事，即任元始县知县。明《青州府志》、清《沂水县志》均有记载。张镐，字文华，明代沂水县会川乡颜温社南颜温（今沂南县张庄镇南沿汶村）人。明朝正德五年（1510）庚午科举人，始任迁安县（在今河北省）知县，继任元始县（在今河北省）知县，迁滦平县（在今河北省）知县。根据碑文叙事可知，当时张镐任元始县知县。乡进士指乡试中式的人，明清正式称谓是举人。

南颜温庄张镧，不仅是重修法云寺的倡导者，而且还是“义官”，也就是义务筹建官。大岱村现在以王姓居多。据《王氏家谱》记载，大岱村王氏是明朝末年迁到这里落户生息的。清朝中期，王氏已成为望族，这时戴姓已迁到孙农（今依汶镇孙隆村）居住，王姓遂将村名改为“大岱”。王氏在此立村是在有了法云寺以后，因此，这一代老人们有句传说：“先有法云寺，后有大岱村。”由此可知，重修法云寺，南颜温张姓起了很大作用。张镧协力倡导并担任“义官”，远在外地任知县的张镐积极参与就是例证。

行方继修

嘉靖九年（1530）以后，法云寺又有几次修葺，因为记事碑碣都已不存，难以讨论，但肯定有继续发愿心的主持再次筹资重修。清咸丰元年（1851），住持僧人行方继承先师基业，再次对法云寺进行了修葺。在明朝碑北5米处，有一座咸丰元年《重修法云寺记》碑，碑高180厘米，宽80厘米，厚20厘米，无螭首帽和赑屃座，个别字已难以辨识。碑文记载了住持僧人行方的这一善举。

重修法云寺记

闻之神者，聪明正直而一者也。聪明者，必不喜人佞；正直而一，无所用人佞，亦无所容人佞。然则庙胡为者？昔先王以神道设教，用以振聋而警聩也。王者无不以圣道教人，而天下习焉而不之信。不得已，乃复设为圣，而□“神者且可以福人，可以祸人”之说，诱人为善而去恶。嗟乎！神道远。神道何远哉？吾村有法云寺，自有宋、元、明以及我朝，盖古刹也。尔来风雨剥落，几乎就颓。住持僧行方目稽心恻，思所以修之，乃缘簿甫成而四方之信善云应，凡土木草工运用不绝，不数月，而寺之前后左右焕然一新焉。呜乎，盛矣！寺之修，是人有祸福之见存；祸福之见既存，即善恶之念不爽；善恶之念不爽，是先王设教之意至今犹不泯也。将为善去恶之思，或由此而蒸蒸日上焉，未可知也，是所望于吾乡云。

咸丰元年重阳月吉日立

邑廪生王寿昌撰文命男宗震书丹

译文：神是聪明而又一贯正直的。聪明，就是不喜他人谄媚。一贯正直，就是不用他人谄媚，也容不得他人谄媚。既然这样，为什么要为神建庙呢？昔日先王重神道，设神教，是用来唤醒糊涂麻木之人的。王者无不以神道教人，然而天下人虽然习神教但不崇信。不得已，才再设立圣人，并且宣扬“神者且可以福人，可以祸人”之说，诱导世人为善去恶。哎！神道因此衰落了。吾村的法云寺，自宋朝开始，历经元明两朝，到现在已是旧寺古刹了。由于多年的风雨剥落，几乎颓毁。住持僧行方看在眼里悲在心中，所以决意重修。重修规划刚刚确立，而四方信士善人云集响应，凡需土木草石及工力，纷纷聚来，运用不绝。不数月，重修告竣，寺之前后左右焕然一新。众人积极参与重修寺庙，是人心还存有祸福之念。存祸福之念，即善恶之念还没有差失。善恶之念还没有差失，证明了先王设神教的意义至今没有泯灭。为善去恶的理念，可能由此而蒸蒸日上，更加弘扬光大。

碑文虽曰记事，但实际上以记事为依托，以“闻之神者，聪明正直而一者也”为中心论点，阐发了“佛教可以诱人趋善去恶”的观点。

“闻之神者，聪明正直而一者也”，出自《左传》“有神降于莘”篇。原文译成现代汉语的表述是：

鲁庄公三十二年（前662）秋天七月，有神下降到西虢国的莘地。周惠王向主管内史的史官过询问说：“这是什么缘故呢？”过对他说：“国家将要兴盛起来的时候，神灵下降到这个国家，监视他的善德。一个国家将要灭亡的时候，神灵又会下降到这里，观察他的恶行。所以有得到神灵而兴起的国家，也有神灵下降而灭亡的国家。虞、夏、商、周各代都曾有过这种情况。”周惠王说：“那该如何对待神灵呢？”过回答说：“用物品祭祀他。从神下降的那天开始，每天都要祭祀。”周惠王按照过说的去做了。过又去了莘地，听到虢国国君向这位下降的神灵请求保护他，过返回到周地说：“虢国一定要灭亡了，虐害百姓而要听命于神灵。”那位神在莘地待了六个月，虢公派主管祭祀的太祝应、主管内务的大宗正区、太史嚚负责祭祀他，请求这位神赐给虢国一部分土地。太史嚚说：“虢就要灭亡了吧。我听说，国家要兴旺，君主就听从人民的呼声；将要灭亡，就听命于神。神，聪明正直用心一贯，是依人民的意愿行事的。虢国不道德的行为太多了，会得到什么土地呢？”

作者在这里借题发挥，借阐述神道可以规劝、警示世人，能够诱导世人趋善去恶，赞扬住持僧行方及信士善人重修法云寺功德无量，恳切期望乡人向善去恶，由此而蒸蒸日上。

佛塔影响

法云寺的两座塔，“东九西十一，东边高来西边低”。能否有这些常识，曾经是检验是否为当地人的标志，这里还有一个故事。

沂蒙山区的人很早就到东海岸的青口做买卖，当地人叫下青口。大岱村就有不少人去青口做买卖的。这一带的土烟很出名，在青口很好卖。他们去时把土烟或其他农产品带去卖掉，回来时把那里的虾皮、咸鱼等海货带回来卖。常去的大多数都有老主顾，一去便把东西处理了，而新去的得自己开辟销路。

有一年秋后，村里又有一些人去青口做买卖。其中一个叫王宁的青年，是第一次跟着别人来青口。他是挑了一担土烟来的，到青口后没找着销路，只好摆摊零售。第二天，一位白须垂胸的老人，拄着一根用竹鞭做的手杖来到了王宁的烟摊前。他先弯下腰看了一眼旱烟的成色，随后从腰中抽出烟袋来，从烟叶上掐捏了一点烟装在烟锅里，点着火抽了两口，一个劲地夸：好烟！好烟！老汉问：“卖烟的是哪里人，姓什么？”王宁如实地回答：“俺是沂州府沂水县大岱村人，姓王名宁。”老汉一听，便问道：“大岱村有座法云寺，寺内有两座石塔，到底几层？两座石塔高矮一样不？”

王宁让老汉这么一问傻了眼，目瞪口呆地说：“您问这个俺不知道。”老汉一听王宁说不知道，拿手杖指着王宁笑骂说：“好你一个臭小子，好大的胆，敢出来冒充大岱俺老王家人！”王宁急忙辩白说：“俺真的是大岱姓王的。法云寺内是有一对石塔，可俺从小到大光去玩，从没留意数数几层和高矮。就像你的竹鞭手杖，你天天拿着它，有几个节你能说出来吗？”

老汉瞅了一眼手中的竹鞭手杖，还真的没有数过多少节，一想卖烟的青年说得也在理，于是说：“我也姓王，是我爷爷那辈逃荒要饭从大岱来到这里的。光听老一辈说法云寺石塔，我也没见过。”两人论了辈分，这老汉比王宁长两辈，王宁马上跪下磕头叫了声爷爷。老汉也自豪地向围上来看热闹的人介绍了本家人王宁和老家的土烟。有了老汉的推介，王宁的土烟一会儿就卖光了。老汉领王宁到他家吃了顿饭，并叮嘱说以后再来卖烟找他就行了。

王宁捎上海货回家后，脚也没歇，茶也没喝，就跑到法云寺里看石塔去了。来到司空见惯的石塔前，数了数石塔层数，这才知道东边那座石塔是9层，西边那座石塔是11层，但是东边比西边的高。

经过王宁说起此事后，村里的人才都知道了法云寺的两座塔，“东九西十一，东边高来西边低”。从此，知道这两句话就成了大岱人的标志。

洞阳观寺证古今

蒙河西岸镇窝庄村（今已与公山前村合并为卧龙村），元明清时期属于费县，现在属于沂南县青驼镇。

窝庄村北有座东西走向的小山，叫月牙山。山前有一处遗址，当代人有的说是道观，也有的说是佛寺。其实道观、佛寺两个名称都名副其实，因为这处遗址既曾是道观，也曾是佛寺，而且道观和佛寺都以“洞阳”命名。寺、观早已不存在了，唯存基址遗迹和两座记事碑，其一为《创修洞阳观记》，其二是《重修洞阳寺记》。其中，洞阳观创修记事碑是沂南县境内发现的最完整的元朝碑，而且记载今青驼村在元代就叫“青驼镇”。

洞阳观

洞阳观及洞阳寺所在地，背有月牙山为靠，南有柴虎山（今名柴胡山）为屏，蒙河从东南山口流过，群山余脉在西部合围，是一处极为幽静的山中小盆地。

道人柳志议创修洞阳观

元朝至元二十年（1283），道人柳志议在此创建了洞阳观。

洞阳，道教语，犹为人间。唐代道人吴筠《游仙》诗之九有“欲超洞阳界，试鉴丹极表”之句。以洞阳为道观之名，恰如其分地表达了道家追求人间仙境的愿望。

明嘉靖年间，曾姓来此落籍立村，取名安乐窝（后简称窝庄），足见此地属于上佳风水之地。

洞阳观的创始者柳志议是琅邪人，前半生务农，中年后入道徂徕山。徂徕山有金代始建道观（遗址在今泰安市岱岳区良庄镇高胡庄徂徕山林场庙子林区），因宫殿塑有孔子和老子二圣像，得名二圣宫，又名二圣堂。二圣宫鏞森大师，俗姓鹿，名鏞森，字茂之，素业儒，入道后自名鹿森，号栖玄子，与铁李真人并号徂徕二圣。龎森主持徂徕道观时，柳志义入徂徕拜为师，遂成高足，号烟霞子。

烟霞子柳志议回到故乡传道时，曾寄宿在王义的家里。王义见烟霞子为人仁义博爱，慈善诚信，而且道行很深，便与王玉、曾德、李安等人，会同乡里中年高德劭之人，恳请烟霞子柳志议在此地设立道观。柳志议认为，这个地方山水相映，幽谷回环，是个建立道观的好地方。在此地建立道观，上可以祝延皇帝圣寿无疆，下可以导引信士归奉圣教，于是择日兴功，开始建设道观。但殿堂还没有建设完毕，烟霞子柳志议就去世了。

烟霞子柳志议有个得意弟子，俗姓姜，道号守玄。守玄为人素朴温恭，薄己厚人。他接续了师傅的未竟事业，与志同道合者在原规划基础上补旧创新。经过四方信士大力协助，几年后大功告成，宝殿雄峙于中轴末端，云堂张翼于中轴两旁，神像炳焕一新，洞阳观成为一方盛景。

徂徕老人李德和撰写碑文

遗存至今的《创修洞阳观记》碑，高193厘米，宽94厘米，碑首呈倒梯形，碑名为篆书。记事碑正面朝西，与《重修洞阳寺记》相对而立，两碑相距约10米。

《创修洞阳观记》开篇以“大道者，天地之始祖，万殊之大宗”起句，引述“大道”“视之不见其形，听之不闻其声”的玄妙。继而简述“玄元圣祖”老子《道德经》，文简义奥，可治国修身，经列御寇、庄周传承弘扬，利国而惠民。其后，重点叙述柳志议修道创观的人生。厥功告成，为勒石以记其事，经“二圣观赵知观”指引，姜守玄诚请徂徕老人李德和撰写了记事碑文。

创修洞阳观记[①]

徂徕老人李德和撰门人孙志书并篆

窃闻大道者，天地之始祖，万殊之大.宗。包含五太，总括鸿□。□□□□混沌之中，运□光□□□之□。周流六虚，品治万□。故复混而为一，视之不见其形，听之不闻其声。□□□情木不可以□□□□□□□□玄重妙之门也。

我玄元圣祖，启其源而作道德五千言，其文则简，其义则奥。高下咸均，大小□□。可以治国□，可以修一身。治国则处无为之事，行不言之教，其政闷闷，其民淳淳。修身则至无虚之守，静□□神

① 按：碑文原无句读，笔者根据语意对多数文句做了标点，少部分文句因为字形脱落过多，语意不清，故未标点。另：分段系本文作者所为，意在读者便于识读。

□，死无为复，朴此其要。□也，后有列御寇、庄周咸宗其学，或堕身黜聪，难形去智，同如大道，□东风气而□四海之外□，□□松喦之下，逍遥林□之乡，幕天席地，风友月邻，独乐无□□□。

伏義以来□名道十世□有之□□□□□□屋琅琊，幼以农业为事，终年入道，礼徂徕山二圣铁李真人之高弟世传栖玄子鹿森[①]也，志□□师，谨敬默授。其□姓柳，讳志议，烟霞子。其性也，□□□□□慱慈仁蹈，衷而履信。□□□□□于□里□家□宿于王义之家，王玉、曾德、李安，同乡者恳请□□□□□□映，幽谷回还，勘立庵观，为一□祈福之□。上则祝延皇帝圣寿无疆，下导信士归奉圣教。柳公爱其山□，□□□物，惇纯应命焉，与同志者□□屋之，颐真之暇，慨然有兴修之志，择日兴功，平洼展隘，伐木命□，□□□□。殿堂未完，公乃蜕假登真，适赴仙班。

姜守玄者，柳公之高弟也，素朴温恭，薄己厚人，与同志者继师前功，补旧创新。加之四方信士，以助其力，经营数岁，云堂张翼于傍，宝殿雄峙于后，像位炳焕一鲜。厥功告成，欲刊贞珉[②]，传之久远，托二圣观赵知观，谒仆为记。自揣鄙陋，承再三之请，感其恳切，于是采其始□，□□为书之，聊纪岁月云尔。时，至元二十年季冬下旬立石。

费县主簿兼尉 孔忠

从仕郎费县尹兼管诸军奥鲁 张礼

进义副尉费县达鲁花赤兼管诸军奥鲁 □□

忠翊校尉同知沂州事 张□

奉训大夫沂州知州兼管诸军奥鲁 严□

县典史 马瑞

青驼镇都巡 任□

功德主：王义、王玉、曾德、李安

宣寂大师沂州通判 乘恬清

澄真大师沂州道正 周志明

会首董三公 妻左氏

会首姜元 妻徐氏

---

① 按：原处脱落五字，泰山周郢据《贫乐岩二圣堂碑记》补“栖玄子鹿森”。周郢文见附文。
② 贞珉，石刻碑铭的美称。

泰安州…………妻子周氏

莒县主簿…………妻高氏

益都路…………妻□氏

原碑历经700多年的风雨侵蚀，刻字面已有多处表层崩离，无字形可辨认，也有多处漫漶不清，难以辨识。但统观全文，还能梳理出比较完整的信息。

立碑缘由

老子，又称老聃、李耳，春秋末期人，中国古代伟大的哲学家和思想家、道家学派创始人，存世有《道德经》（又称《老子》），主张无为而治。唐初追号老子为“太上玄元皇帝”，简称“玄元”。宋真宗时追尊老子为“圣祖天尊大帝”，简称“圣祖”。

洞阳观建成后，掌门人守玄委托徂徕山二圣观的赵知观（主持道观事务的道士）请徂徕老人李德和撰写洞阳观创修碑记。

立碑时间是1284年

按照公历换算，元至元二十年季冬（十二月）下旬已是公元1284年，所以立碑时间应确定为1284年。

碑文记载参与建设的人员

1. 本土州县官员

为官者有费县主簿兼尉孔忠，从仕郎、费县尹兼管诸军奥鲁张礼，进义副尉、费县达鲁花赤兼管诸军奥鲁□□，忠翊校尉、同知沂州事张□，奉训大夫、沂州知州兼管诸军奥鲁严□，县典史马瑞，还有青驼镇都巡任□。

元代，州设达鲁花赤、知州、同知等。县级设置达鲁花赤一员，尹一员，丞一员，主簿一员，尉一员。县下设乡都、村社、里甲。

达鲁花赤，又称监县，掌握地方行政和军事实权，是地方各级的最高长官，一般必须由蒙古人或色目人担任，其他民族的人担任者为极少数。乾隆二十五年（1760）《沂州府志》卷十七《职官》记载：“元……各置官一名，名达鲁花赤，自军府至郡府皆有。是官以蒙古色目人为之。达鲁花赤，以言事无不总也。”

奥鲁，蒙古灭金以后，在江淮以北逐渐形成具有汉地特点的奥鲁制度，军户都归各路奥鲁官府管领，元朝至元元年（1264）以后，逐步改由地方路、府、州县长官兼领诸军奥鲁，管理军户。

县尹，仅次于达鲁花赤的第二号长官，也是各种政务的实际主持者。费县尹张礼，职衔是从仕郎。从仕郎是文散官名，金始置，从八品下，元升从七品。

县主簿，县尹属下掌管文书的佐吏。

县尉，元代县级官府中地位最低的正官，主捕盗之事。元至元三年（1266）规定，在“民少事简”的“下县”，县主簿兼任县尉。

进义副尉、忠翊校尉、奉训大夫等，都是文官职位相应的官衔，传统记名方式是职务前缀以官衔。

典史，元代开始设置的县尹的佐杂官，不入品阶。

都巡，元代县下设乡都、村社制。乡、都又是两级基层组织，乡的负责人是里正，都的负责人是主首。乡里正的职责是催办差税，都主首的职责是维护社会治安。都巡，是“都”级基层行政单位具体管捕盗类事的官员。

2. 功德主

功德主又称施主，是对供养人的敬称。王义、王玉、曾德、李安等人既是建立道观的首倡者，又是道人的供养人。

3. 道教管理人员

元代，为了管理道教，在中央设置集贤院，在地方县以上地方机构设置道录、道正、道判、提点等道官，负责管理当地道教事务。通判为副官，道正为主官。□恬清和周志明，既是道教大师，又是地方道教管理机构的管理人员。

4. 会首

旧时民间各种叫作会的组织的发起人称作会首，也叫“会头”。

5. 本土之外的官员

捐资建设道观的外地官员有泰安州□□，益都路□□，莒县主簿。

洞阳寺

元明之交，洞阳观在战火中由兴盛而衰落，最终道去观毁，断绝了香火。

洞阳寺是在洞阳观的基础上修复的，因为规模不大，所以地方志书仅记其名，未详载始建及兴衰之事。令人欣喜的是，明成化二十二年（1486）《重修洞阳寺记》碑因地处偏野而幸存下来，为后人留下了些许珍贵的信息。

碑文原文

《重修洞阳寺记》碑，正面朝东，与《创修洞阳观记》碑正面相对。碑首半圆形，碑体高185厘米，宽82厘米。全文如下：

盖闻师道弘□，超出三界，圆满十方，慈悲利济，普度群生。然其要在于使人为善去恶，积福修德，以身成佛。□又曰，世尊启大慈悲，弘大世愿，济度历劫，生死沉俾皆成佛，其言曰，圣人之为教，劝臣以忠，劝子以孝，劝国［以］治，劝家以和，弘善示天堂之乐，□非显地狱之苦。立忠立孝，所以扬名于后代。行逆行乖，所以受报于来世。尽忠尽孝，济国治家，开□□之静路，成第一之福田。

切言本寺住持性真者，乃本处柴虎山人士。自幼一十有八岁出家，投礼双山释迦院□觉慧为师，顿习经业，微通教典。于后有洞阳寺僧人道聪，前来请真协力重修前殿一所。宇之□成，聪乃圆寂。是真奋然□志，赁工命匠计议，本寺相家庄人士海澄等正塑释迦文殊普贤，护法神像，傍妆一十八尊罗汉，地藏圣僧，普庵祖师，伽蓝土地，莫不悉备。费用工价，百两有余。其地幽雅，其境清胜。目顾四围，山明水秀，地灵人杰。求之碑刻，无全文可考。今者焕然一新，功完落日，勒碑于石，使千载而不磨也。

上祝：一人有庆 万寿无疆 风雨调和 寰区康泰

次愿：十方信士 万姓乐业 五谷丰登 见存眷属 咸沐吉祥

立过宗亲 俱蒙度脱 太虚有尽 我愿无穷 法界禽生 齐登觉岸

计开 奈苑瞻院田土 东至□山 南□山门 墓□一所 西至分水岭北至月牙山 四至分明 用为照用

时 大明成化二十二年 岁在丁未 十月孟冬二十八日吉旦 住持僧性真同海澄立石

本县知县承德郎杨鉴□□承 主簿 典史 僧会司圆山 主持长老明宣

都维首施主刘铎 周安 姜吉 董良 伸让 周信 朱昇

施地功德主燕仪楚伯能

沂水县庶士清河野人张善撰 方山庵主道恭书

碑文信息

碑文首先简述了重修佛寺的意义：佛教的要旨“在于使人为善去恶，积福修德，以身成佛”。弘扬佛教可以“劝臣以忠，劝子以孝，劝国［以］治，劝家以和”。重修佛寺，能“开□□之静路，成第一之福田”。

其次记述了重修之事。洞阳寺原有僧人道聪，见佛寺前殿年久失修，面临坍塌，但年事已高无力维修，便诚请性真协助重修。性真是本地柴虎山（今兰山区汪沟镇柴胡山村）人，18岁到双山释迦院出家为僧。因道聪诚心邀请，便竭力相助。然而大殿修葺未果，道聪就圆寂了。性真继续道聪未竟之事，终于使佛殿焕然一新。性真遂继道聪成了洞阳寺住持。

这次佛寺维修，得到了官府的支持。碑刻官员之名有费县知县承德郎杨鉴。承德郎是文散官名，明代正六品初授承直郎，升授承德郎。由此可知，杨鉴为正六品知县。查《费县旧志资料汇编》，明成化十年（1474）至二十三年（1487），在任知县是河南仪封举人杨俭。由初授承直郎到升授承德郎，既是政绩考核合格的结果，也是资历深厚的显现。由此分析，此杨鉴就是彼杨俭。

维修佛寺取得了县僧会司的批准。监督和指导佛寺维修的有僧会司圆山和住持长老明宣。古时历代都有为管理佛教事务而在各级设置官吏、机构的制度。费县于明洪武十六年（1383）设僧会司，会址在开福寺，“一统佛老之徒”[①]，主管称为僧会，选精通经典、戒行端洁的僧人担任。当时，圆山是县僧会司僧会。住持长老明宣，应是僧会工作人员。

洞阳统考

统观洞阳观与洞阳寺修建碑记，结合当地人的传说和追忆，可以得出如下结论：

元代隶属费县，明清时属费县相家庄社

洞阳寺、观所在地，元代就属于费县，因无方志记载，境域归属何社尚不清楚。明代嘉靖年间曾氏迁到寺、观附近立村。清乾隆《费县志》载，县境最东北为相家庄社，下辖村庄今属青驼镇的有杨家庄、鸡拉子、井泉庄、陈家宅、吴家庄、小峪子、崖子、曾家村、窝庄村。

此前的明万历《兖州府志》之《费县·编户》记载有“相家庄社”，可知清代的相家庄社是从明代延续过来的，洞阳观及后来的洞阳寺在相家庄社范围内。

光绪二十五年（1899）《费县志》记载，上述村庄还隶属于相家庄社。据

①康熙《费县志》卷二《建置》。

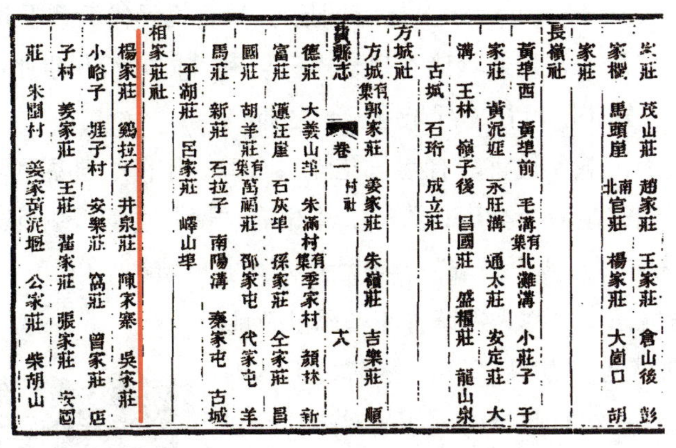

寨莊　茂山莊　趙家莊　王家莊　倉山後　彭
家樓　馬頭崖　南北官莊　楊家莊　大崮口　胡
家莊
長嶺社
黃埠西　黃埠前　毛溝(有集)　北灘溝　小莊子　于
家莊　黃泥堐　永旺溝　通太莊　安定莊　大
溝　王林　嶺子後　昌國莊　盛福莊　龍山泉
古城　石珩　成立莊
方城社
方城(有集)　郭家莊　姜家莊　朱樹莊　吉樂莊　順
費縣志　卷一　村社　六
德莊　大義山埠　朱滿村(有集)　季家村　顏林　新
富莊　渠汪崖　石灰埠　孫家莊　仝家莊　昌
國莊　胡羊莊(有集)　萬福莊　邵家屯　代家屯　羊
馬莊　新莊　石拉子　南陽溝　秦家屯　古城
平湖莊　呂家莊　嶧山埠
相家莊社
楊家莊　鷄拉子　井泉莊　陳家寨　吳家莊
小峪子　堐子村　安樂莊　窩莊　曾家莊　店
子村　姜家莊　王莊　翟家莊　張家莊　安固
莊　朱闓村　姜家黃泥堐　公家莊　柴胡山

光绪二十五年《费县志》

此分析，元、明、清三朝，洞阳观与寺都在费县境内。

洞阳观顺势而建

宋末元初，在北方出现了王重阳创导的全真道。后来，王重阳的弟子丘处机为蒙古成吉思汗讲道，愿其勿滥杀无辜，颇受成吉思汗信赖，被元朝统治者授予主管天下道教的权力。入元以后，在统治者的扶持下，道教出现兴盛局面。柳志议创建洞阳观，得到了沂州知州、沂州同知、费县县尹和达鲁花赤等州、县两级主要官员的重视，这也说明了洞阳观的创建是顺势而行。

洞阳观的持续时间不足百年

洞阳观创建于元朝至元二十年（1283），洞阳寺重修是在明朝成化二十二年（1486）。由此可推知，元朝末期洞阳观就式微了。元朝是1368年结束的，因此说洞阳观的在世时间不足百年。

洞阳寺以小规模的状态存在于明清两朝

据当地人追忆，20世纪50年代，洞阳寺已经仅存殿舍基址了。从基址看，仅有几个不大的院落，遗存的碑刻也不多。再者，清代《费县志》记载的佛寺中也没有洞阳寺之名。由此分析，洞阳寺的规模始终不大，但延续了明清两朝。

碑文意义

寺、观古碑文字虽然旨在记载修建过程及描写修建后的盛景，但字里行间却有意或无意地留下了可资佐证其他事件的资料。洞阳观及洞阳寺碑记，不仅为后世留下了创建或修建的时间、地点、人物及原委资料，从而达到了“千载而不磨”的目的，而且无意中留下了两则珍贵资料。

一是碑载官员之名填补了府县方志之缺。

现存乾隆二十五年（1760）《沂州府志》记载元代沂州及所辖县主官29人，其中没有“沂州知州兼管诸军奥鲁严□”和“同知沂州事张□”。显然碑载知州严□和同知张□可补《沂州府志》之缺。

《费县志》记载元代官职有达鲁花赤、县尹、主簿、县尉和典史，从至元到至正年间，记载主簿及县尉13人，其中未有“费县主簿兼尉孔忠”；记载典史7人，其中未有“县典史马瑞”，显然这二人亦可填补空白。

二是“青驼镇”之称为古镇青驼增添了新证。

清代以前就有“某某镇”的称谓，但这时的镇并非县以下一级行政机构，而是对人口数量比较多而集中、商业比较繁荣的聚落或集市的称呼。“青驼镇”之名，见于文献的最早记载是乾隆二十五年《沂州府志》，其卷七《古迹·沂水》“蚡泉”有：“昭公五年叔弓败莒处，县青驼镇西北二十里。”清道光七年（1827）《沂水县志》也有：“县西南有盆泉社，在青驼镇西北二十里。”《创修洞阳观记》中记载参与创修者有“青驼镇都巡”，这说明“青驼镇”之名在740多年前的元朝初年就已存在了。

附文：

徂徕二圣堂之传人[1]

周郢

元高诩《贫乐岩二圣堂碑记》：“我鹿公先生……北幽襄溪人，善森其名，茂之其字也。素业儒书，尤深于《易》。仆□向日从事环庆，得识眉宇。兵乱之后，垂十五余载，今□复与公相会。公语仆曰：善森先师同里铁李真人……善森□□母从寿终老。虽屡涉艰险，常惕□□，不忘初□。岁在癸巳，来寓钜平，后改葄徂徕，不悔入道之晚，务在力行。语既，仆服膺此言。以□其事公□□□指语默动静，无非道也。公□□孔子□□□□老氏之教，又谓昔者孔子适周，问礼于老氏。以尊先进，因立二像于一堂。……泰定军节度使时侯父

① 录自“周郢读泰山”的博客。周郢，泰山学院泰山研究院副院长，研究馆员。

子，崇信教□□□下□德望□，若公之志行，宜其见重。仆忝与公有旧，因拜圣容，礼成而后，不能无言。”

按：沂南青驼镇附近有至元二十年（1283）《创修洞阳观记》，徂徕老人李德和撰，门人孙志书并篆。所记事堪与《贫乐岩二圣堂碑记》碑至证：“□□□（公世居）琅琊，幼以农业为事，终年入道，礼徂徕山二圣铁李真人之高弟，世传□□□□□也，志□□师，谨敬默授。其□姓柳，讳志议，烟霞子。……颐真之暇，慨然有兴修（青驼洞阳观）之志，择日兴功，平洼展隘，伐木命□，□□□□。殿堂未完，公乃蜕假登真，适赴仙班。姜守玄者，柳公之高弟也，素朴温恭，薄己厚人，与同志者继师前功，补旧创新。加之四方信士，以助其力，经营数岁，云堂张翼于傍，宝殿雄峙于后，像位炳焕一鲜。厥功告成，欲刊贞珉，传之久远，托二圣观赵知观，谒仆为记。”（据《老竹箨博客》）按柳志议所师者，为“徂徕山二圣铁李真人之高弟”，其人当即鹿森（鹿善森）。“世传”下所缺五字应即“栖玄子鹿森”。据此知鹿森主徂徕时，传弟子柳志议承其业，创沂州洞阳观。徂徕老人李德和未知何人，“孙志书”或即碑中之“二圣观赵知观”也。

亦释亦道清泉寺

沂南县砖埠镇常桑行村后西北方向、九顶莲花山山怀有处庙宇遗址，其建筑群毁于抗日战争时期的1943年前后，石碑毁于“文化大革命”破“四旧”时期。

庙宇大殿基础

文物保护碑

从遗址基础看，建筑群坐北朝南，南北长约300米，东西宽约200米。据村内老人回忆，建筑群分前后两进院落。前院主体建筑是佛爷殿，供奉如来佛像，旁有奶奶殿，供奉痘疹奶奶。后院主体建筑是雹泉殿，供奉雹仙老爷。前院和后院各有一棵古银杏树。两厢配殿内绘有劝善惩恶的壁画。佛爷殿前竖有两通明代记述修葺庙宇的龟驮碑。雹泉殿前竖有多通记述修建神殿的石碑。庙宇前有一百多通石碑，最晚为20世纪三四十年代所立。碑林前建有戏台，每年农历三月初九和九月九日两次庙会。

深远的文化背景

明清时期，映旗山系是沂水县与兰山县的分界线。清道光《沂水县志》记载：

映旗山，县南百三十里，山绵延数十里，为沂兰分界之山。

常桑行村既位于映旗山系的向阳面，又处于九顶莲花山三面环绕的向阳避风处，村子南面4公里是自西向东流的蒙河。庙宇遗址有一通保存完好的万历二十五年（1597）《重修清泉寺记》石碑，撰文者是“沂邑儒官阳川李三畏”。碑文不仅颇有文采，而且具体描述了这个地方深远的文化背景，也描述了这个地方迷人的山水风光。碑文曰：

> 夫沂州古琅琊地，去州七十里有古刹梵宇名清泉寺……清泉寺左临沂水，右据蒙山，巍峨耸翠，瀑布泉声……昔景公曾放于琅琊，曾点浴沂于温泉，此非齐鲁分疆之处，而圣贤所乐之地也……予不揣，乃输肤见，以垂不朽之绩。乃考古正今，原其所自，岂以汉唐之佛教而为然也。盖周有孔孟之所产，汉有孔明之全忠，晋有休徵之纯孝，此皆先圣贤士，比比而可考，岂虚誉哉。故曰地灵而人杰。

齐鲁分疆地

在今临沂市河东区葛沟村南靠近沂河处，明清时期有一座横跨在南北通衢之上的石阁。石阁底层拱门宽绰，可容三马并辔同行。石阁顶层是观音殿，可由石阁西端台阶拾级而上，登阁观景，朝拜观音。拱门南面上方横嵌“齐鲁分疆”石匾。整座石阁巍峨壮观，耸立在秀丽的沂河之滨，为古沂河岸畔的一大景观。1940年秋，日军将石阁拆毁，用拆出的石料修建了炮楼。

“齐鲁分疆”阁是一个名贯古今的地域标志，但“齐鲁分疆”的含义却不是齐鲁两国的分界要地，而是天文学的“分野”的标志。古代根据星宿运行的幅度来判断某一地域的精确方位，这种判断方位的方法叫作“分野”。具体说，就是把某星宿当作某地域的分野，或反过来把某地域当作某星宿的分野。古地理学家命名他们分野的地域，大都借用了古诸侯国的名称。正如《史记·天官书》中说：“天则有列宿，地则有州域。”“齐鲁分疆”不是指齐

据老人回忆绘制的葛沟齐鲁分疆石阁

国与鲁国而言，而是指天文学上相应的齐地、鲁地（或称齐分、鲁分）在此分界。《重修清泉寺记》说，“此非齐鲁分疆之处，而圣贤所乐之地也”，也许作者对“分疆”的含义已有所辨析。

石阁拱门北两旁原先有4通石碑，碑体毁于战乱，碑文也已失传，仅知道其中一块是明朝重建石阁时设置的。这座既兼天文及地理标志又可标榜家乡名声的石阁，由何人倡建，始建于何时，皆已不可考，但“齐鲁分疆”阁早已名传遐迩，继续彰显着这片土地的古老与文明。

圣贤所乐地

碑文说：“昔景公曾放于琅琊，曾点浴沂于温泉，此非齐鲁分疆之处，而圣贤所乐之地也。”“此非齐鲁分疆之处”意在强调这块土地是文化交融之地，是“圣贤所乐之地”。

“放于琅琊”的典故出于《孟子·梁惠王》，齐景公对晏子说：“吾欲观于转附、朝儛，遵海而南，放于琅邪。”意思是齐景公曾经向往琅邪的风光，计划循着海边到达琅邪。这里的琅邪本意是指今胶南市境内的琅琊山，因为从东汉开始起，琅邪郡治已迁移到开阳县（今临沂城），从此琅邪成为临沂地区的代名词，所以作者以“齐景公欲放于琅邪”的典故，比喻当时琅邪大地的魅力。

“曾点浴沂”的典故出自《论语·先进》，曾点谈自己的志向时说：“莫春者，春服既成，冠者五六人，童子六七人，浴乎沂，风乎舞雩，咏而归。”意思是晚春时节，与六七个同龄少年在沂水中嬉戏，之后在舞雩台上吹吹风，唱着歌回来。山东省境内有两条沂河，一条发源于曲阜尼山，自东向西流入泗水，另一条是发源于沂源县西北部，由北向南流经沂南县，最终在江苏境内入海。作者并非论证曾点真的在清泉寺东边的沂河戏水，而是借“曾点浴沂”的典故，状写沂河风光之美。

齐景公意欲“放于琅邪”，曾点憧憬“沐于沂”，可见“齐鲁分疆”一带真乃“圣贤所乐之地”。沂河东岸有温泉曰“汤”，至于“曾点浴沂于温泉”之说，因为史无文字可稽，地无文物可证，所以只能认为是作者为状写沂河风光之美而做的合理的想象罢了。

忠臣孝子地

碑文说："考古正今……盖周有孔孟之所产，汉有孔明之全忠，晋有休征之纯孝。"汉代以后，齐鲁大地因曾产生了孔子和孟子而号称孔孟之乡，所以作者首先将这个地方置于孔孟文化的大背景之中。因为周朝分为西周和东周两个时期，而东周又分为春秋和战国两个阶段，孔孟生活在春秋战国时期，所以有了"周有孔孟之所产"的说法。孔明和休征（王祥），是故里相距咫尺的两个历史名人。诸葛亮字孔明，他心存汉室，辅佐刘备立国，国号称"汉"不称"蜀"，辅佐后主刘禅矢志伐魏，鞠躬尽瘁死而后已，被后人视为全忠的典范。诸葛亮生于汉末，忠于汉室，辅佐刘备创立蜀汉，故称诸葛亮是"汉之孔明"。王祥字休征，祖籍和出生地是汉末琅邪临沂，居住地就是今临沂市兰山区白沙埠镇中部的孝友村，明代与常桑行村同属于孝感乡。《晋书·王祥传》记载，王祥生母早逝，后母朱氏经常虐待他，连父亲也疏远他。但是王祥仍然恭谨地侍奉父母，父母亲有病，他衣不解带，尽心侍奉，连汤药也亲自尝试。寒冷的冬天，后母要吃鱼，王祥就到河上"卧冰求鲤"。王祥名声渐渐大起来，后母嫉恨，便打算用毒酒毒杀王祥，王览知道了，急着取来要喝，王祥疑酒有毒，就和王览抢着喝，后母怕毒死自己的亲生儿子，才不再下毒了。东汉末年社会动乱，王祥带着后母和弟弟王览避难到庐江（今安徽舒城），一隐居就是二十多年。后母死后，王祥守丧三年，才以50岁高龄应聘出仕，官至太尉、太保。《晋书》称赞王祥是"笃孝纯至"。元代郭居敬把他的孝行辑录到《二十四孝》中。因为"此皆先圣贤士，比比而可考"，故曰"地灵而人杰"。

创于佛终于道

常桑行古庙宇，当地人称为清泉寺，而民国五年（1916）《临沂县志》记载为清泉观。常桑行村现属于沂南县，清代隶属于沂州府附郭兰山县，民国初期隶属于济宁道临沂县。据《临沂县志》“临沂县总图”和“高里乡略图”标示，临沂县沂河西岸的边界标志，自东而西是蹼头山、大山、映旗山、王蝠鼻山。

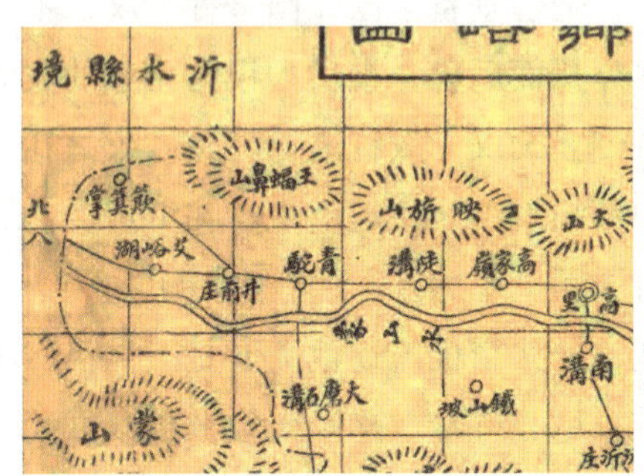

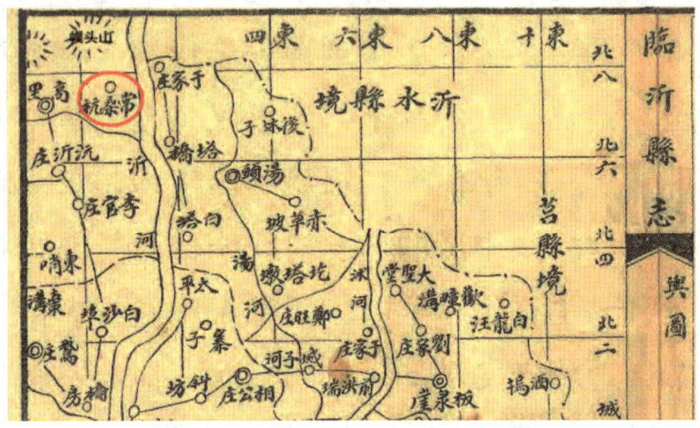

常桑行村地处大山以南，映旗山以东，蹼头山以西，属临沂县孝感乡高里社。所以，常桑行村在民国《临沂县志》有载，道光《沂水县志》则无记。寺则为佛，观则为道，清泉古庙是佛寺还是道观？何时所建？古庙遗址残碑给了我们明确的答案。

成化末年创建时初名清泉院

庙宇西面山坡有一清泉，因泉而成溪，因水而植桑，所以村名为常桑行。常桑行村后三面环山，松柏耸翠，泉水长流，的确是僧道修炼的极好去处，寺、观建设的极好选址。

在断碑残碣中，虽然没发现古庙宇创建时的刻碑，但明嘉靖四十一年（1562）《重修清泉院碑》却间接透露了有关创建时间的信息。《重修清泉院碑》系道人所立，记述了道人刘教成等修葺清泉院的起因和过程。行文开始即明确记述说：“沂州之北百里许古刹清泉院在焉”，认为“称清泉院而不称寺，大抵地以山水故也”，经“剖其墓碑”考证，“由是观之，则兹院建之，其所距嘉靖四十年间”。当时是明嘉靖四十一年（1562），“距嘉靖四十年间”，应是指距嘉靖元年约“四十年间”。嘉靖年号始于1522年，上推四十年，为公元1482年。据此可知，清泉院的始建时间在明朝成化（1466—1487）末年。

佛寺兴盛百年名为清泉寺

遗址碑林处有一正方柱体石碣，高50厘米，截面边长40厘米，除上下两面外，其余四面刻有文字。刻字已残缺不全，能释读的文字有“明正德十五年”“沂州郡北坎宫之清泉寺丧贤公和尚，今有孝悌里建□它”等字样。塔是高僧的墓葬标志，石碣是塔体的一部分。现虽不能确定正方体石碣在原塔的什么位置，但显然说明自明成化末年创建至正德十五年（1520）这百年期间，高僧住持，香火旺盛，只是不知什么时间开始由“清泉院”改名为“清泉寺”而已。

道人助缘重修仍名清泉院

明嘉靖年初年，佛寺已再度坍塌，多年无有僧人居住。嘉靖四十一年（1562）道人吕仓倡导修葺，道人刘教成助缘，善人陈子敬舍财，对佛寺进行了重修，仍名清泉院。嘉靖四十一年《重修清泉院碑》记载：

> ……院，故非有碑记，杳无僧居。连年风雨甚多，倒塌正殿厢房。有近居善人陈子敬，喜舍己财，遂剖其碑墓，纵考其重建之详。……道人吕仓等思愿建修梵宇……延入清泉院住持……各出金帛米谷，协力以济，阅经年载寒暑，始克成功。

立碑人落款为“重修道人吕仓……”“助缘道人刘教成……”显然，是道人吕仓、刘教成见原清泉院坍塌无僧居，而在此基础上进行了修葺，并延请了住持。从重修碑记残文看，重修后梵宇的住持是僧是道，还难以判断清楚，但仍名清泉院是无疑的。可能是重修后的古刹添建了民间崇奉的“老爷”“奶奶”之类神仙的殿堂。嘉靖四十四年（1565）再次修建并勒碑以记，称为《清泉院碑记》。可见在道人修建后三年，又经佛僧修葺，香火再度兴盛。

和尚永翠重修　壮观一方盛境

明万历二十五年（1597）又一次修葺，并刻立《重修清泉寺记》碑。碑文说：

> 今有住持僧人永翠者，明心见性，广通佛教，愿发善心，因前人之创造，承此以恢阔之。于是展山门于南面，建钟楼于殿前……胜装威严，旷开佛殿，壮观一方之盛境。视之往昔，乃焕然一新者也。

由此可以说，万历二十五年的重修，使清泉寺走向了辉煌阶段。

清代佛寺式微　道人顺势兴观

遗址未发现记载清代重修清泉寺的碑碣，但建筑群后面的遗址上有大量的修建神庙的残碑。

清泉寺后院建有“雹泉殿”。山东境内有关雹泉神的传说很多。基本的说法是：赵国名将李左车，在秦赵井陉之战时被俘归降韩信。汉高祖三年（前204）韩信灭赵后，向李左车请教攻灭齐、燕方略。李左车认为，汉军士卒疲惫，战斗力大减，如果与齐、燕军队硬拼，胜负很难预料，不如按甲休兵，镇赵安民，派人以兵威说降，齐燕可定。韩信采用李左车的计谋，燕果然不伐而降。李左车之计，避免了战事，保全了一方百姓。韩信被杀之后，李左车辞官回乡。他扶危济困，广施恩德，死后被尊称为“保全神”，后来逐渐演化为“雹泉神”。百姓怕他发脾气，乱撒冰雹，就建“雹泉庙”供奉他。《聊斋志异·雹神》记述了他降冰雹于章丘，落满沟渠而不伤庄稼的传奇故事。

“创修雹泉殿”碑系一残碑，正文内容不详，但“康熙岁次癸丑年□月二十四日甲子建立”的字样十分清晰。根据干支纪年可查知，雹泉殿的落成时间是康熙十二年（1673），记事碑的具体时间是二月二十四日（公历4月10日）。佛教不奉祀鬼神，而道教信奉神祇。在原佛寺后面增建雹神殿，供奉“雹神”祈求平安，显然是道人顺民情所为。可以断定，至迟在康熙年间佛寺已改为道观。

康熙三十三年（1694）又增建雹泉神“寝宫殿宇”，立“勒碑刻铭”碑。碑文开头便记述说：“亘古沂州北七十里常桑行清泉观，新建雹泉老爷寝宫殿字。”也就是说，康熙三十三年（1694）古佛寺已成为由道人住持的名副其实的道观了。此后，历代道人都对雹泉殿进行维修，并留下了大量碑记石刻。现在残存下来能辨认的石碑还有：乾隆二十二年（1757）《重修雹泉庙记》碑，嘉庆十年（1805）《重修雹泉殿记》碑，道光元年（1821）《重修雹泉殿记》碑，道光十一年（1831）《重修雹泉殿记》碑。也就是说，差不多整个清朝时期，这座古刹都是以“清泉观”名世的。

民国五年（1916）《临沂县志·宗教》“佛教篇”中记载，当时境内有佛寺二百五十四处，载列其后的六十八处“著名佛寺”中，未有常桑行清泉寺之名。而在《临沂县志·宗教》“道教篇”中记载，全县道教“庙宇三百一处，道众七百八人”，“清泉观，县北七十里桑行，明嘉靖年建”。时至清末民初，境内有大量道人住持的道观和神庙，而记入的道观仅有4处，清泉观为其一，并详载始建时间：“县北七十里桑行，明嘉靖年建。”《临沂县志》显然是把嘉靖四十一年（1562）道人刘教成助缘修寺的善举，当成了清泉观的创始年代。

由此说来，称清泉观抑或称清泉寺，各有所据，并不相悖。民间一直称之清泉寺，也有它的道理。

尾声

庙宇最后一位住持者是佛僧，常桑行村人，俗家名孙隆吉，当时20多岁。庙宇因有僧人住持，又成了名副其实的清泉寺。但当时已是兵荒马乱之世，民不聊生，随着住持僧人的消失，清泉寺也再次废毁了。抗日战争期间，清泉寺里的银杏树也为抗日做出了牺牲。逃过战火浩劫的上百通石碑，最终没逃脱“文化大革命”的浩劫，逐渐毁坏了。

现在，常桑行清泉寺遗址已被公布为临沂市重点文物保护单位，但顽强站立着的碑碣却寥寥无几。

经久不衰历山母

沂南县城北有座山，今名历山，海拔300米。山顶有一处始建于宋、重建于今的香火之地。这处香火之地，既非佛寺，亦非道观，而以山为名，叫历山大庙。历山大庙供奉的历山老母，虽然原型有所变化，但自宋至今香火旺盛，历久不衰。

大庙溯源

历山呈南北走向，从南往北步步升高。第一个山头上，东侧是龙王庙，西侧是山神庙。第二个山头是历山最高峰。峰下有一座红柱红瓦的标志性大门，门楣处题名“历山大庙”。进山门沿南北中轴线拾级而上，迎面是老母殿，老母殿左前方是财神庙，东南侧向阳缓坡处有一尊高大的“历山圣母”像。老母殿后面最高处是玉皇殿，玉皇殿右侧偏前有“老母”墓。

老母殿前平台两侧各有一通石碑，西侧是清光绪五年（1879）《重修老母殿记》碑，碑文已漫漶不清，大体可以看出是一通施财功德碑；东侧另一通碑风蚀严重，立碑时间及文字多已辨认不清，仅隐约看出碑楣“重修”和“碑记”四字，从碑文行文格式判断也是一通记事碑。

道光七年（1827）《沂水县志》记载：

> 虎蹲顶东南为风火山……又东南为黎山，县西南六十五里，山右麓抵沂西岸。折而南为宣崮山。

《沂南县地名志》也记载：

> 历山……海拔300.4米……原名黎山，因该山较高，东为平原，登山东望，早见曙光，有迎接黎明之意。后演变为历山。

显然，《沂水县志》记载的黎山就是大庙所在的历山，改名历山是在道光年间以后。

关于山顶大庙的始建时间，1985年编印的《沂南县地名志》记载："前中疃……村西历山古庙遗址元代残碑记有中疃王氏捐资修庙事。"现在，山旺庄村民刘立超回忆，历山大庙原有一通元朝碑，碑上记载的捐款施财人多数是中疃村的，老人还传说历山大庙是宋朝建的。

大庙建筑遗物中现存一莲花形柱础和一对大庙门口的门枕石。

柱础是承受屋柱压力的奠基石。自东汉佛教东传之后，莲瓣的装饰被广泛地运用于柱础。古代的莲瓣柱础多作覆盆式的铺地莲花，其莲瓣较为写实且富变化。宋朝柱础的式样变化更多，雕刻也更加纤细，但仍以莲花瓣覆盆式为主要的通行式样。至于元代，因其民族性格粗犷，所以柱础喜用简洁的素覆盆，不加雕饰。大庙遗物中柱础，是典型的覆盆式铺地莲花柱础，由此可证传说历山大庙始建于宋代是可信的。柱础顶面突起的承柱圆形，直径达40多厘米，也就是说大殿圆柱直径在40厘米以上。由此可知，当时神殿的规模是很宏伟的。

历山大庙建筑遗物中的门枕石，是山门建筑构件。门枕石阴面刻有"大德七年"字样。"大德"是元朝第二个皇帝元武宗的年号，"大德七年"即1303年。门枕石刻记的年号与元代残碑记载的中疃王氏捐资修庙事是相吻合的。这说明，元朝大德七年（1303），中疃村王氏除对大庙做了一次较大规模的修葺外，还新建了山门。

根据大庙建筑遗物和地方志书记载综合分析，可以认定：今历山，清道光七年以前名为黎山。山顶上宋代就建有大庙，大庙的主神是黎山老母。因为黎山演变成了历山，黎山老母也就演化成了“历山老母”。元大德七年和明弘治七年（1494）都曾进行了大规模的修葺，兴盛时有神殿房舍近百间，并建有戏台，设有水池，定时逢庙会。

现在，当年的石器遗物还有几个石臼。

老母由来

现在崇祀的历山老母是一百年前的刘氏女。

历山老母墓围墙上镶嵌着一方刻石，介绍了墓主人的生平事迹。全文及标点如下：

老母系山旺庄沂水南关刘氏十一世少姑母。父秉玉，家贫，七岁为吕丈坡王门童养媳。岁歉疫行，民饥尸横，志心为神，救民倒悬，未学能识碑文，十五岁出走历山，庙中神台打坐，虔心修行，慢禁食饮，双涕近地，骨瘦如柴，面色朝（潮）红，乡野争观活神。付（傅）家庄李女染病求术，母告须嫁王门，应果好，后翻悔复发，再求坚应，身强壮，以报王门养育恩也。数月神逝，县官登山叩祭，厚葬于山，重修庙宇，征田十五亩为香资。由此香火昌盛不衰。今刘王两家，人户兴盛，皆老母福佑也。

二〇〇二年六月六日

墓冢前有一座四柱亭，亭内立有一通新刻《历山老母圣位》的石碑，碑文全文如下（原无句读，本文作者标点）：

山有神则灵也。世传历山高庙可谓名扬天下，誉遍九州矣。考，老母殿始建于明弘治七年，距今五百二十年矣。香火炽昌，终年不辍，佛道竞依，山门高居，围墙高垒，庙会戏台，水池米碓，屋址百间，足表至盛。断恶行善，礼让兴行，周人之急，济人之乏，容人之过，悯人之孤，集福消灾，神明宗旨也。

山旺庄沂水南关刘氏十一世少姑母，幼年家贫失怙，七岁送吕丈坡王门为童养媳，孤苦凄凉，闻者感为酸鼻。然，姑母志坚修神，诸事多异，未学能熟诵碑文，拾柴未劳悠忽满载。数次登山，兄送归，志难摧。王氏难之，命爪篱汲水、掌托盆水不溢，母能之。王氏大惧，知神助也。然也虔诚修身于殿，乡人香火供奉，瞻仰活神，祈求赐福，聆其教化。王之子登殿探拜，视母面赤闭目，重涕近地，布巾拭之。故世，官葬殿侧，以宜奉祀也。三梦媒傅家庄李女，姻王门为其续弦，李母谓子孙曰：汝辈系老母神赐也，勿忘之。刘王李三族缅怀老母恩泽，捐资修冢，建亭铭志，永垂万世，腊岁寒社，俎豆长青也。

历山东面山旺庄《刘氏族谱》（2006年版）记载：顺治年间，沂水县城南关刘氏四世刘应召，迁居原沂水县西南红峪庄（今沂南县铜井镇红峪庄）。乾隆年间，刘应召后裔七世刘克恕迁居山旺庄。刘克恕的曾孙十世刘秉玉，生二子一女。根据四柱亭碑文和墓墙刻石简介，可窥见刘氏女成神的实际过程：

刘秉玉因家境贫寒，将七岁的女儿送到吕丈坡（今沂水县许家湖镇吕丈坡村）王家做童养媳。刘氏女在王家生活不顺心，数次逃到娘家，因娘家不收留，便到附近的历山，立志不回婆家，但每次都被娘家兄长送回。为此，王氏婆家多次难为她，如命令她“爪篱汲水、掌托盆水不溢”，但总是难不倒她。婆家的做法更坚定了她出逃的决心，终于在15岁时出走历山，志坚不回。刘氏女出走历山时，大庙已处于毁废状态。时值灾荒之年，疫病流行，刘氏女仅靠乡人供奉神灵的贡品生活。从碑文描述看，刘氏女或因已染疫疾，因此不数月即病逝。从官府出面为其收尸入葬这一记载看，刘氏女病逝时，王刘两家均为其收尸。

因为刘氏女在慢绝饮食的情况下，打坐神台，生命延续数月，乡里以为神人，不仅争相观望，而且顶礼祭拜，祈求赐福，聆其教化。其中傅家庄（今属界湖街道办事处）李氏女因病求助，经刘氏女指点嫁于王门后病愈。因此，灵验名声大振。但从碑文字里行间可以看出，刘氏女既立定了不回王家的信念，又对王家多年的养育感到内疚，因此借傅家求助之机，指点傅家女去王家，为王家传宗接代。

官府为刘氏女入葬并重修庙宇后，刘、王、李三族又捐资修冢，建亭立碑，以之光耀门庭，期望永垂万世。每年清明节时，吕丈坡王氏族人都来祭拜老母，百年以来延续不断。

刘秉玉之女生年不详，据《刘氏族谱》记载：“卒于光绪年间，葬于历山顶即老母奶奶坟。”

老母崇拜

刘氏女化为历山老母的根源，是民间对骊山老母的崇拜。

在中国神仙体系中，神和仙是有所区别的。神是先天的、生来就具有超自然力量的真圣，按神仙体系集大成者葛洪《抱朴子》的说法，神是属于神异类，“非可学也”，比如三清尊神、玉皇大帝、南极仙翁等天界尊神，不是世间的凡人通过修道能够修成的。仙是后天在世俗中修炼得道之人，也称后天得道仙人。凡是通过长期的修炼，最终达到长生不老的人，就是仙人。骊山老母是骊山上的神，是先天自然之神，而非后天修炼而成的仙人。她既是道家神仙体系中重要的女神，也是民间崇奉的重要神灵，她在中国民间具有很大的影响力，道教宫观里通常都有供奉。

骊山老母的原型

神和仙都是人类以实际社会中的某些人为蓝本虚构出来的。骊山老母的蓝本即是商末周初人骊山女。

《史记·秦本纪》记载：商朝末期，胥轩在西戎之地与戎人一起生活，被称为戎胥轩。他与骊山女生了个儿子叫中潏，因此亲附西周，为西周镇守边陲，受到后世崇敬。

据陕西文史研究丛书《骊山女娲文化论文集》作者考证，唐代以前，骊山老母还仅是一个神话故事。今骊山西绣岭的“老母殿”（现称老母宫）是初唐时期专为纪念“骊山老母”而始建的。从此开始，骊山老母逐渐演化成了神，被道家和民间所崇拜。如，唐朝记载神仙的著作《集仙录》记载：骊山老母天姿绰约，风华绝代，尝作阁道于骊山。秦始皇帝游此遇之，惊其艳，欲侮之。因受老母施法以惩，乃罢。自此之后，骊山女化为老妪，人遂以尊称为老母。又如，骊山老母殿里的唐代《骊山老母授经碑》记载：唐代学者李筌曾在骊山脚下巧逢老母，老母向他传授了《阴符经》秘义。

还有一说，骊山老母是上古时期炼石补天、抟土造人的女娲。如，南宋学者罗泌《路史》云：“女娲，立治于中皇山之源，继兴于骊。”宋朝宋敏求《长安志》记载：“骊山有女娲治处，今骊山老母殿即其处。”

追根求源，对骊山女乃至骊山老母的崇拜，根源于中国原始母系社会的女性崇拜，是对母系社会的集体记忆。这种崇拜女性的原始风气，使得女人在道教各个仙境均有一席之位。

从骊山老母到黎山老母

对骊山老母的崇拜，主要是黄河流域的中游地区，亦即中原一带。随着骊山老母的神化和对老母崇拜的深化，唐宋以来，骊山老母又衍化出了不同的名称和形象，如黎山老母、北斗老母、无极老母等。在骊山老母衍化的新形象中，黎山老母是一个最为丰满的形象。

黎山老母的形象多出现在小说、戏曲中，其形象已不再是传说中上古时期的神话形象，而成了风姿绰绰、高深莫测、藏有秘籍的女神仙形象。如，传说中的唐代西凉国寒江关守将的女儿樊梨花、宋代杨门女将中的穆桂英、《白蛇传》中的白素贞都是黎山老母的弟子。这些新形象的“老母”有着一个共同的特点，就是指点迷津、授以秘籍。这一特点的根源，显然是骊山老母授予李筌《阴符经》秘义这一神话的延伸。而骊山老母指点迷津、传授秘籍等神话，显然是女娲造人神话的衍化和丰满化。

老母转化

刘氏女在历山大庙病逝后，世人不仅以巧妙的语言描述，将她生活中的艰辛变成了神能，例如“拾柴未劳悠忽满载”“爪篱汲水、掌托盆水不溢”，而且神化了她生前指点迷津的行为，例如“李女染病求术，母告须嫁王门”，把她神化成了“老母”转世之身，又把她逐渐转化成了历山大庙的主神，最终成了“历山老母”。刘氏女是光绪年间病逝的，也就是说现在崇祀的历山老母仅有不足140年的历史。

在古代，当某些人的作为令人感到不解或恐惧或感激，人们便会将其影响力无限扩大，最终尊为神或仙。刘氏女就是因为有超出常规的行为，又有偶尔或者附会出来的灵验，所以被后世不断神化而形象越来越丰满，最终转化成了历山老母。

陕西关中一带，农历六月十三日是骊山老母生日，届时前后几天有盛大的庙会，附近的老百姓纷纷到骊山老母殿进香求福、求子。今陕西一带民间，还有久旱不雨时向老母祈雨降福的习俗。庙会神事活动，不仅在陕西一带已源远流长，而且中国西南、西北、华北、东北等地区的信仰民众，也时常不断地来这里祭祀骊山老母。

在台湾地区，人们供奉骊山老母，主要是作为救灾救难、指点迷津的万能神来崇拜的。骊山老母影响巨大，香火很旺。根据可查到的资料，台湾供奉老母的庙宇有：台北无极慈母宫、嘉义黎山圣贤宫、南化葫芦山骊山老母宫、嘉义大埔黎母行宫、永康玉骊宫、屏东三圣宫、枫港圣天宫、台东天圣宫、梨山慈元宫、华冈老母宫等等。这些老母宫名称不一，崇祀主神的名称不一，但主神的实质都是骊山老母。

在大陆，民间不仅供奉救灾救难、指点迷津的骊山老母，也崇拜法力无边、撒豆成兵、不食人间烟火的黎山老母。如山东省新泰市汶南镇的朝阳洞，传说就是黎山老母修炼过的地方。

陕西关中一带有六月十三日祭拜骊山老母的传统，沂南县铜井一带也有六月十三日祭拜“老母娘娘”的民俗。这不是一个巧合，而是证明了“历山老母”与“骊山老母”“黎山老母”之间有着必然的联系。

启示

“老母”由人而神，又由神到人，再由人到神，在循环往复中，逐渐注入了现实的人的心灵需求而经久不衰。

人们把自己的崇拜和敬畏置于高处，予以神化，然后再自我增加崇拜和敬畏之情。在不断循环中，人们有了崇拜和寄托，有了信念和信仰。神在保佑人类的同时，也被人类不断赋予更多的内涵。他们幽居在人类心灵的高端，在俯视和引导着人们的行为。这也许就是神灵崇拜经久不衰的原因和意义。

第四章

沂畔望族

西晋“永嘉南渡”时，琅邪望族几乎全部迁往江南，阳都诸葛氏也随之南迁。阳都县废置后，阳都城诸葛氏族人又顺沂河南下，在两岸不断播迁。南北朝以后，政治舞台上的诸葛氏族人也就不再以阳都为地望了。

明初，为了恢复黄河中下游地区的农业生产，官方有计划有组织地进行了大规模的移民。山西、河北有大批人口迁徙到山东境内，有不少前朝的仕宦之家或后裔，随之迁徙到了当时属于沂水县，今属于沂南县的沂、汶、蒙三河六岸平原之地。由于受族风、家风的影响，这些仕宦之后很快又在新地发达起来，形成了新的名门望族。

落籍沂水县南乡沂河东岸的高氏一族，就是明清时期的望族。

沂畔沃土结硕果

今沂南县沂河两岸的高氏，始迁祖来自明代的济南府新城县（今山东省桓台县），其源头可追溯到由直隶枣强迁徙到新城县的高得名。新城县高氏的一支，又迁徙到沂水县南乡东流店落籍，从此，在沂河两岸播撒生根，开枝散叶。明清两朝，硕果累累。

先祖家世

高氏的一支源于姜姓。姜尚协助周武王姬发灭商后，封于齐地，以营丘（今山东淄博）为国都，成了周代诸侯国齐国的开国君主。

齐国辖境在今山东省东部和北部地区，包括泰山北部黄河流域及胶东半岛地区。传至六世孙齐文公姜赤，姜赤之子姜祁受封于高邑（今河南禹州），称公子高。公子高的孙子傒在齐国为上卿时，与管仲等一起治国理政，辅佐齐桓公建立霸业。他因对齐国称霸有功，齐桓公封他世代为上卿，赐他以王父字为姓，称高傒。东汉时期，高傒的后裔高洪任渤海郡太守，定居于渤海郡蓨县（今河北景县）。后来高洪的家族成为望族，子孙繁衍甚多，有许多人受封渤海王、渤海开国公等爵号，所以高氏多以渤海为郡望。

沂河两岸的高氏，传说根源于渤海高，其可考的先祖是明初济南府新城县（今山东桓台）的高得名。

元末明初的连年战争，给山东带来了空前的浩劫，最明显的现象就是民生凋敝，荒无人烟。为恢复生产，明初洪武、永乐两朝其他地区向山东境内大量移民。其中，河北枣强是移民的重要来源地。清代新城《高氏族谱》记载：

> （高得名）原籍直隶枣强县，洪武四年（1371）迁居新城县，卜于彨水东因家焉。诰明威将军，子三。长子鹏飞，诰赠明威将军。次

子鹏远，奉母迁居沂州府沂水县河阳镇家焉，子孙繁衍科第不断。

高鹏飞生四子，幼子高元，字子魁，“诰封明威将军”。高元之子高泰官至济南府镇抚。新城《高氏族谱》只记载高得名三子名鹏近，无其他信息。今已查明，高鹏近迁出落籍他乡，成为今莒南县洙边镇高氏始祖。

明代，从中央到地方、基层的军事机构依次是：五军都督府（中央）、都指挥使司（省级）、卫（府级）、千户所（州）、百户所（县）。卫的长官是指挥（正三品）、指挥同知（从三品）、指挥佥事（正四品）。同时，明代实行武散官制度，即授予武职官员相应的武散官称号，以作为荣衔。武散官有三十阶，其中正四品武官初授明威将军，升授宣威将军，加授广威将军，即凡做了正四品的武官，就立即授予本人“明威将军”这一头衔，再过几年依次加授为“宣威将军”“广威将军”。并且，武官的父亲、祖父可同时拥有相同的武散官头衔。高泰父亲、祖父的武散官头衔，就是因为高泰官至四品武官而拥有的。

古代，皇帝下发给五品（含）以上官员的文书，称“诰命”。朝廷给六品（含）以下官员的文书，称敕命；朝廷根据本人实职而授予称号叫“授”，给予在世的人称号叫“封”，给予过世的人称号叫“赠”。“封”和“赠”不是本人实际职务得来的，一般是因丈夫、子孙做官而给予的荣衔。另外，官员以自身所受的名号，呈请朝廷移授给亲族尊长叫“貤封”；将本身和妻室封诰，呈请朝廷移赠给先人叫“貤赠”。由此可知，高泰官实授“明威将军”时，父亲高元还在世，因而得到了“诰封明威将军”的荣衔；高泰将自己得到的“明威将军”荣衔，呈请朝廷移赠给已过世的祖父高鹏飞，高鹏飞便有了“貤赠明威将军”的荣衔。也因此，高泰便没有了“明威将军”的荣衔，在族谱中也就不能记载高泰的荣衔了。由此也可知，高氏先人迁居济南府新城县后第三代就仕途辉煌，光宗耀祖了。

落沂始祖

明洪武四年（1371），高鹏远奉母与表兄刘泉离开新籍长山县，再次南行寻求理想的安居之地。他们越过穆陵关入沂水县境，沿沂河南下，最终在“县治之南界，曰东流店因籍焉，遂为会川乡东流社人氏”。[①]落籍之地，位

① 见康熙六年西流《高氏族谱》序 。

于沂河东岸，南北通衢青沂古道从村中穿过，村民临路开设店铺，故名“东流店”。高、刘两姓落地生根，人丁兴旺，逐渐各自聚居成村，东流店逐渐被分别称作“高家店子”和“刘家店子”，高鹏远被尊为高家店子高氏始祖，刘泉被尊为刘家店子刘氏始祖。

明成化年间，高姓二世长子高本的孙子高礼、高玘、高闵兄弟三人，先后移居北西流村（今南神墩村），开创出了一片新天地。二世次子高友的曾孙高逵移居西流村（今大庄村），独自开创基业。明正德十六年（1521），高氏第五世族人修谱勒石时，就不知迁沂氏族名讳了。后世南北西流的《高氏族谱》，对始迁祖的来源仅记载为：明初来自济南府长山县喜鹊窝，始祖名讳不详。

近年，沂河两岸高氏续修族谱时，按图索骥，寻根求源，在山东省桓台县新城镇高氏所存光绪十七年（1891）《高氏族谱》中，找到了沂地高氏的根源，并发现了新城高氏曾来沂地寻访支脉的记述和当时沂地高氏的复信。

新城《高氏族谱》记曰：

> 二世祖鹏远公一支，奉母命徙居沂水县河阳镇邻村石门庄因家焉……乾隆年间……因前谱失灭，无册可稽……事烦功多，竭尽心力，故不暇计及外境也……延及光绪十四年（1888）春，举族商妥复修，共谈论间，话及鹏远祖悬缺一事……遂捧谱披风冒雨，不惮劳瘁，直抵是籍，循本觅蒂。初至，彼犹茫然，继述昔论今，道达巅末，彼始展阅世系，而疑念顿消，即复来启，方解虑意，俾族谊得敦成，善事也。谨将来函录后，以志之。俟异日而修明者勉旃勿怠。

沂地高氏复信文曰：

> 吾族一支先祖失讳，自正德年间，五世祖甫勒谱碑，曩时旧传乃知迁自长山县喜鹊窝，而不知来自新城之索镇也。今经专人持字捧谱辱临采询，初会茫然，及览读之下，究稽缘由，校阅世系，行辈符合，方晓本源，颇觉适意，足见睦族厚情，甚以为幸。第念先祖失讳年远，而此谱始竣，碍难指实，烦两处各谱，俱题明此事，互相交质，诚为两便，专此奉覆，兼谢厚意。

因为当时沂河两岸高氏续谱结集处在石门庄村，所以新城高氏在族谱中记载了高鹏远一支迁往石门庄。事实上，当时两地已经共同确认了源脉关系，东流店高氏也明晰了始迁沂地高氏的名讳。遗憾的是，随着当事人的过世，这一重要资料逐渐被人们淡忘了，以致此后近百年来，高氏族人不明迁沂始祖的具体迁出地点和名讳。庆幸的是，新城镇高氏将这一资料记入了族谱并保存完好，才使源、流两地再次共同认定了这一历史节点的原貌。

仕宦世家

沂水县南乡沂河两岸是冲积平原，土肥水丰，宜于生息。而且，自春秋战国时期就有南北大道纵贯沂河东岸，高氏落籍的东流店就是南北大道的重要节点。因为土肥水丰，交通便利，信息畅通，有着优良基因和家风的高氏落籍沂地后，很快就兴旺发达起来，第三代就有高文英、高文献、高睦三人参加童试。童试是参加科考的资格考试，唐宋时称“州县试”，明清时称“郡试”，包括县试、府试和院试三个阶段的考试。童试被录取者称为“生员”或“庠生”，即俗称的“秀才”。这三人虽然科举未果，没有出仕，但都为后世子孙通过科举进入仕途奠定了基础。特别是西流（大庄）高睦以生员身份获得了吏员之职后，曾孙一代便蓬勃发达了。

最早以正科入仕的是六世高大化。明嘉靖三十八年（1559）己未科会试，录科303名，高大化位列276名，赐第三甲同进士出身，授江阴知县；六世高大同，岁贡生①出身，授知当涂县主簿，官至河南布政司校检（正九品）。六世出仕为官的还有高大鳌，出任省祭官。

七世出仕者更如雨后春笋：高可攀，出任司刑官；高炫，以太学生任河南祥符县主簿升审理工正；高炜，以太学生任湖广道州通判升唐王府审理；高熼，以庠生授凤阳府护陵守备加都司衔；高烱，衡王府仪宾，配朱氏郡主。

八世中，高炜之子高名衡官至兵部右侍郎。

北西流（南神墩）高氏，从四世开始崭露头角：四世高礼，以勇力过人被招为青州郡王侍从；高玘，以武功出众参加省府会试。九世高可任，岁进士②，青州衡王府仪宾，配朱氏郡主；高可任之子高奇，太学生，任青州府通判。

从明朝宣德年间开始，历嘉靖、万历、崇祯三朝，沂河两岸高氏一族进入

---

① 明制，一般每年或两三年，从府、州、县学中选送廪生升入国子监读书，故称“岁贡”。由于大都挨次升贡，故有“挨贡”的俗称。
② 对于岁贡生的一种雅化的别称。

第一次兴盛时期。随着明朝的灭亡，高氏一族进入了低潮时期。

清朝初年，高氏一族鲜有出仕者，有识之士多从事教育、医务等公益事业。从康熙年开始，高氏一族再次进入了兴盛时期。

以进士身份入仕者分别是：

七世高燻，顺治五年（1648）举人，九年（1652）进士，授兴宁县知县，升郴州直隶州知州。

八世高名图，清顺治八年（1651）举人，康熙六年（1667）进士，授山西汾州石楼县知县。

十二世高淑曾，雍正元年（1723）举人，五年（1727）进士，历任江南同考试官，蒙城县知县，湖南常德府知府。

十四世高敦龄，嘉庆三年（1798）举人，十六年（1811）进士，授任登州府学教授。

以举人身份入仕者：

十世高璩，康熙四十一年（1702）举人，郡王府太医。

十一世高岸，康熙五十六年（1717）举人，未出仕，以课子授徒为业，诰封奉直大夫，例赠中宪大夫。

十二世高侗，康熙四十四年（1705）举人，候补内阁中书。

十二世高晟，乾隆二十七年（1762）举人，历任定陶县训导，益都县教谕，济南府学教授。

十二世高韶南，乾隆五十一年（1786）举人，拣选知县，道光元年（1821）呈请改授金乡县教谕。

十三世高葵，乾隆三十三年（1768）举人，曾任湖北应城县知县，汉阳县知县，卒于官。

据《高氏族谱》记载，高鹏远后人以迁居西流村（以下称“大庄村”）一支最为隆盛。明清两朝，高氏一族任知州以上官员32人，七品以上官员88人。

高氏一族又以高名衡一脉最显赫：高名衡为明崇祯年进士，其曾孙十一世高岸为康熙年举人，玄孙十二世高淑曾为清雍正年进士（岸之长子），来孙十三世高葵为乾隆年举人（淑曾长子），昆孙十四世高敦龄为嘉庆年进士（葵之五子）。因此，有“一门三进士两举人”之誉。

大明忠节高名衡

明末，大庄村高大同一脉隆兴起来。隆庆年间（1567—1572），高大同长子高炳，官至省祭官①；次子高炫，太学生出仕，授河南祥符县主簿，官至潞州（今山西长治）沈王府工正②；三子高炜，太学生出仕，任湖广道州通判③，迁南阳（今河南南阳）唐王府审理④。

高炜之子高名衡，字平仲⑤，号鹭矶。崇祯四年（1631）辛未科录科349人，高名衡位列310名，赐第三甲同进士出身。初授如皋知县，继而改任兴化知县。在位期间，督民治水，赈济难民，政绩突出，施政有才名，被诏进京授任都察院云南道试监察御史。

都察院是明朝中央的司法行政监察机构，长官为左、右都御史，下设副都御史、佥都御史，又设监察御史百余名，专司十三道⑥的监察工作。监察御史分道负责，各冠以地方名称，均为正七品官。监察御史既受都察院的管辖，又可以不受都察院的统制而独立行事，有事还可单独进奏天子。监察御史虽然仅是正七品，但由于位高权重，所以选授也极慎重。自永乐八年（1410）规定，御史必须从进士及监生中有学识并通达治体者选任。选任的御史需先任小差以试职，期满考核合格才授实职。授予实职后还须再任专差，然后才能做巡按。巡按就是代皇帝巡察州县，举凡吏政、刑名、钱谷、治安、档案、学校、农桑水利、风俗民隐，无所不察，小事当即处理，事大者奏请皇帝裁决，或巡查期

---

① 省祭（祭，古“察”字）官即“省察官”，职司纠察、督察，多设在州县。

② 朱元璋第21子朱模封沈王，世袭。工正是朝廷委派到王府工正所的官员。工正掌缮造修葺王府宫邸、廨舍，设正副工正二人，正八品或从八品。

③ 湖广道通判即湖广道的副官，正六品。

④ 朱元璋第23子朱桱受封唐王，世袭。审理是朝廷委派到王府长史司的审理所官员，设一人，正六品。

⑤《明史·高名衡传》记载：“高名衡，字仲平。”赵翼《檐曝杂记》卷六“高名衡”条记载：“名衡字平仲。”《高氏族谱》记载：“名衡，字平仲，号鹭矶。”现存临沂市博物馆的高名衡书法墨迹条幅上的阴刻印章为“字平仲”。故本文从“平仲”。

⑥ 十三道分为浙江、江西、河南、山东、福建、广东、广西、四川、贵州、陕西、湖广、山西 、云南。

满后回京交中央有关部门处理。巡按御史须先由都察院推荐二人，然后经皇帝"诏对"钦点，才能出巡。巡按时限，扣除赴任及回京复命路途往返所需的日程外，以一年为期限。

平台召对

高名衡授任云南道试监察御史属于试用。明末，政治腐败，灾荒连年，清兵内犯，农民起义此伏彼起，严重威胁着明王朝的统治。面对外敌入侵，内乱频仍，而军队则常常坐视不救，即便出兵御敌之时也时常造假冒功。目睹乱象，高名衡痛心疾首，心急如焚，以云南道试监察御史之职，上疏崇祯帝，尖锐地列举了军队造假冒功的事实：

> 敌人入犯以来，攻城屠邑，所过残灭，而援兵如林，坐视不救。每见一城甫失，则一捷报旋传，而所报之捷，皆一零星数级，据以为功，遂邀朝廷厚赏。每首级一颗，赏银至百两，重以花红银牌等物。……此零星数级别，其在敌人大队不过九牛之一毛，太仓之一粟……况此报功之级，半非真首，闻有难民之逃遗者径割以充之。又途人之壮大者，径割而貌肖之。闻貌肖之法，以鞋底击其颊令胀大，旋沃以热醋令青黑，又以瓷瓦截其发令卷曲……以伪首报功，便以伪首冒赏，故士卒之精神不用之杀贼，而专用之造级。

奏疏又分析了卢象升[①]以兵部尚书指挥抗击入侵清军，不仅因"一味逗怯"导致手握重兵不能救一城，而且兵败身亡一事，呼吁朝廷"罢级功之赏，亟严逗怯之诛，以励人心，以鼓士气，以雪积愤，以收桑榆"。[②]

高名衡位卑未敢忘忧国的举动和直言不讳的疏论，给崇祯帝留下了深刻印象。也许因为这一奏疏，时隔不久，高名衡就有幸参加了平台召对。

所谓"平台"，是指明代建极殿后面与乾清门相对的一个皇帝办公的场所。所谓"召对"，就是皇帝在朝见之外，专门在此地召见臣僚讨论或咨询国家大事。平台召对是明初建立的一项制度，相当于国情咨议。万历中期以后万历帝不理朝政，就没有平台召对了。崇祯帝上台之后，重新开始了平台召对，

① 卢象升(1600—1639)，明常州宜兴人，天启进士。崇祯十一年晋兵部尚书，抗清于巨鹿（今属河北），率部五千在贾庄被清军数万骑包围，孤军无援，力战败死。

② 以上引言见《高忠节公遗集》。

召对之典不时进行。

崇祯十二年（1639），高名衡以云南道试监察御史之职，受命巡按河南。群臣朝见完毕，高名衡与刑部尚书甄淑，户部侍郎李元、许世荩，都察院佥都御史李光春，兵部都给事中张缙彦等六人参加了平台召对。这次召对，崇祯帝与高名衡的问答，重点是对李自成等农民军如何“剿抚并用”等内容。这次召对，高名衡不仅得以亲向皇帝陈述了平乱安邦之策，而且因为参加召对的六人中他职级最低，巡按参加召对更无先例，更使他深感皇恩浩荡，立志“竭肱骨之力，而捐糜以报圣恩”。他在《平台召对记》中感慨记道：

> 所召公卿大臣，未有及于小臣者，而巡方召对，从来未有。皇上轸念豫地兵荒，特令小臣得与召对，咨以兵事，谕以剿抚并用，并查明功罪，其所以宵旰忧劳，为地方之苦心，即尧舜不过是。且是日天颜甚霁，令小臣得竭其愚衷，圣明亦多采纳，咫尺天颜，亲聆天语，不可谓一时之隆遇也。则从此竭肱骨之力，而捐糜以报圣恩者，敢自后于诸臣哉？①

平台召对后，高名衡觉得“未罄陈吐”，“退而图维，中夜不寐”，“身未到豫而此心无刻不在豫”。他进一步梳理思路，形成上崇祯帝《巡汴且要疏》，陈明安定河南的建议，“伏惟圣裁”。高名衡《巡汴且要疏》洋洋千余言，纵列为七款：

> 其一，陈、洛之要害当防也。陈地为开国藩篱，河洛为亲藩重地，不必循资论俸，但当确选真材，以壮维城而捍要冲。
>
> 其二，豫楚之接壤需材也。寇患以来，中州处处残伤。南阳一府，人烟几断，名为腹地，不啻边疆。府官久缺，急当选择久历边疆、谙熟兵事之材，不必拘定资格，速为升补。
>
> 其三，许襄之收拾当早也。许州为大梁第一富庶之区，襄城界在许腹，县官久缺，宜以豫幕甲科之有材干者补之，使之朝闻命而夕受事。
>
> 其四，汴南之空虚当实也。中牟等县各令俱有才名，因贼在京畿，奉旨调用，原职空缺。今吴浙一代缓于中州，且甲科县令济济多才，宜拔其优者，调补此土。
>
> 其五，修城之工程当核也。豫中旷野平原，无山川险阻障塞，流

①《高忠节公遗集》载《严明刑赏疏》。

寇狎至，所恃者惟坚城可守。土城易破，砖城难攻。此前已有各县修筑砖城之议，宜再加查勘，如有涂饰一时，随即倾倒者，经手之官即离任亦当追论。

其六，乡兵之鼓励当豫也。固边御寇不可无兵，而客兵之为害地方更甚于寇。寇围城盼兵援时，而兵故为迁延。贼去兵至时，则索粮料，索犒赏，索折干，甚至抢掠奸淫无所不至。百姓宁可遭寇，不愿遭兵。莫如早练乡勇，以为自固之计。寇至则捍御，寇去则田牧，庶可转弱为强，转危为安。

其七，军前之传宣需人也。巡按监军，虽不用亲服甲胄，但须亲履戎行，军机重务须得一人为之传宣。山东贼退则为安土，河南则与贼寇相始终。伏望设一英勇武弁作中军，以呼有应，传有宣，缓急可济。

《巡汴且要疏》七款，是否得到皇帝批准，因为没有史籍记载而难以确论，但前六款的确是深思熟虑的操作性极强的建议，并非一般文官对于固城御敌的外行之论。第七款落实如何，也不得而知，但守城时高名衡之子高钤和高镠相伴身边，守汴后高钤因军功任高邮州知州，由此可推知，高钤和高镠以“英勇武弁”伴随军中，作“传宣”之事，应当是得到朝廷许可的。

浴血守汴

崇祯十二年（1639），高名衡到河南道巡按，期满后又留下继续巡按一年。继续巡按的这一年，高名衡临危受命，浴血守汴，九死一生，践行了他“竭肱骨之力，而捐糜以报圣恩”的誓言。

崇祯十四年（1641）正月，李自成攻破洛阳，杀死福王朱常洵，然后乘胜包围了开封。当时，河南道巡抚李仙风正在黄河以北的怀庆一带攻打“流贼”，高名衡以巡按之职督集军民守城，周王朱恭枵拿出自己的库银一百万两，招募死士杀贼，又开仓磨麦起灶蒸食供应守城军民。坚持了七昼夜，李自成左目中箭撤兵解围，李仙风才得以返回开封。巡按是御史出巡，职责是巡查州县工作、按察州县官员，重在考核吏治。巡抚是朝臣奉命出巡，职责是巡行天下、安抚军民，重在协调督促工作。当时巡抚李仙风的职责是剿灭“流贼”，高名衡以巡按之职代干了巡抚之事，李仙风回来后，与高名衡互相指责并上书朝廷。朝廷以抗贼不力导致福王被杀之罪，下旨将河南总兵王绍禹立即处死，河南巡抚李仙风下狱治罪，负责追剿李自成的兵部尚书、总指挥杨嗣昌获罪自杀。

在处死王绍禹、治罪李仙风后，诏令襄阳兵备副使张克俭接任巡抚。但诏令到达时，张克俭已经死于战乱，朝廷又就地提拔高名衡以右佥都御史之职代理河南巡抚。明代都察院设左右督御史（正二品）、左右副督御史（正三品）、左右佥督御史（正四品）再往下设十三道监察御史。高名衡由七品道监察御史越级晋升为正四品右佥都御史，而且以右佥都御史之职代理河南巡抚，是非常时期的非常任职，更是朝廷对于他冒死守城的肯定和对他进一步发挥潜力的期望。

同年十二月二十三日，李自成联合罗汝才部再次攻打开封。经过20天的激战对垒，双方伤亡惨重，不分胜负，因朝廷调来援兵，李自成大军才再次撤围。

崇祯十五年（1642）五月二日，李、罗联军第三次攻打开封。李自成吸取前两次失败的教训，采取围城打援的战术，将孤城围得像铁桶一般。高名衡与新任总兵陈永福据城顽守，坚持到九月，开封城内弹尽粮绝。当年秋，阴雨连绵，黄河水暴涨。九月十五日夜，大雨滂沱，黄河两处决口，洪水居高而下，从北门涌进，流向东南门而出，城中百万军民十之八九溺死。高名衡《守汴日记录》记载：

> 十八日乙酉。令识水性兵丁过河请救。泛一木于水，漂流三昼夜始达大堤。监军道王燮接巡抚手札，亲驾小舟，扬帆直进。时，周王宫眷俱住紫金城，船到，巡抚同众官叩见周王，抱头痛哭，遂请周王同宫眷下船北渡。百姓未淹死者，咸在城头、屋脊、树杪，俱陆续渡过柳园，煮粥食之。噫！此古今未有之苦也！
>
> 闯曹发难，逆恶滔天，屠名城，杀豪杰，所至风鹤，或弃城而逃，或一二日失守，或三五日旋陷，独汴梁三次被困，数十月贼屡败狃，而城不可得。万死一生，艰难备尝，今汴梁已成泽国，夫复何言！

守汴后，高名衡告病回籍。

迟到的褒赏

对高名衡守汴后的任用，《崇祯实录》没有涉及。但从朝廷对开封府刑理厅推官黄澍的任免过程，可以窥见一些脉络。《崇祯实录》记载：戊辰（十一月初二），崇祯帝召见黄澍，黄澍对上言："臣等守甚力。贼忿城不下，凿渠决河，以致不守。"遂授江西道御史。《国榷》也记载："戊辰，召开封府推官黄澍。澍利口，诿凿渠事于李自成。授江西道御史。"《高忠节公遗集》记载：黄澍擢为江西监察御史，廷对痛哭陈言："守汴为古今奇苦，叙功为鼓舞大机，乞速覃仁皇，广励忠义，以作后来榜样，以收未散人心。"由于黄澍的哭奏陈述，十一月初七日朝廷又下旨：

> 汴梁文武坚守不屈，文武军民忠义可嘉，前谕速作旌表，何至今未行？本内有名各员，并黄澍、任濬通行议叙，奏夺朝廷，褒忠酬勋，典宜优速，以示风劝，该部即与复核，不得再稽。

由此可知，此前朝廷已经谕示旌表守汴文武军民，但因朝官对黄河水淹开封一事的责任认定不一，臧否各异，以致对谕示迟迟未有行动；不仅如此，还免了高名衡的御史之职。《国榷》记载："（十一月）辛未（初五），巡抚河南右佥都御史高名衡免。"[①]至于因为高名衡告病回籍而免职，还是因为免职而告病回籍就难以考证清楚了。

十一月初七日旨谕"褒忠酬勋""不得再稽"后，十一月十九日兵部回复：

> 叙功必由巡按取其详确，今汴城时局变换，追核实难，黄澍事内身经，其言可据，着照本议复，俟苏京[②]疏至再行参稽议叙。

十二月二十七日，朝廷下旨褒奖：

> 守汴文武各官劳辛备至，高名衡忠义可嘉，宜叙赉特典以昭激劝。高名衡升兵部右侍郎，病痊启用，仍赏银一百两，两子高鈖高镠俱功贡优选。

其余守汴文武官员俱有赏赐，连已经考选另任的黄澍、王燮二人，也得到

①《国榷》卷九十八《思宗崇祯十五年》。

② 李自成第三次围开封时，崇祯帝派苏京为监军，命其监督延、宁、甘诸军，总制军务，救援开封。

了“侯俸满日优升京堂，各赏银三十两”的恩赐。①

明代兵部最高长官为尚书（正二品），下设左、右侍郎，为兵部副长官，官秩从二品。高名衡被免了正四品的右佥都御史，又升任从二品兵部右侍郎，实属宦海沉浮，一波三折。但遗憾的是朝廷还不知道，朝廷下旨褒赏时，高名衡已经为大明王朝殉节多日了。

高名衡有子高鈖和高镠，守汴时二子俱随父在开封城。《守汴日记录》六月二十日记载：

巡抚高名衡具疏告急，且令子高镠面圣请援。时贼掘水围城，选善没者将疏入蜡丸内，藏于发中，暗渡贼营，浮至河北，驰驿飞报。镠穿贼营而过，贼飞骑丛射，赖鱼舫得济，同行九人，止余三骑。

清乾隆《沂州府志》记载：

（高镠）精悍绝伦，随父名衡任汴梁，出入行阵，深得将士心……以父荫任江南高邮州知州。城守不屈，甘心就毙。

道光七年（1827）《沂水县志》也有相同记载。《贰臣传·刘应宾传》也涉及高镠的事迹：

刘应宾，山东沂水县人……应宾子珙与高鈖高镠等乘乱聚众，闻我朝大兵将至，珙南投明总兵刘泽清，后被杀。②

以上资料认为，高镠随父守汴后，以军功任江南高邮州知州，其兄高鈖亦在高邮任职，清兵兵临城下，高镠坚守城池，与高邮城共存亡。但有资料证明，事实并非如此。③

乾隆朝褒扬

高名衡事迹载于《明史》，其传略主要记载了浴血守汴的一段历史，而此前的仕宦历程及事迹仅表述为：

崇祯四年进士。除如皋知县，以才调兴化，征授御史。十二年出

① 高氏族人刊印的《高忠节公遗集》。
② 周骏副辑《清代传记丛刊》名人类《贰臣传》，清国史馆编著。按：原雕版文“琪”当为“珙”字之误。
③ 高镠殉国时间、地点及过程详见本篇附文《高镠殉国时间辨析》。

按河南。明年期满，留再巡一年。

《明史》虽较为详细地记载了高名衡守汴抗贼的过程，但传末赞扬的却是他辞官归乡后抗击清兵“慷慨捐躯”“气节凛然”的人品：

士大夫致政里居，无封疆民社之责，可逊迹自全，非以必死为勇也。然而慷慨捐躯，冒白刃而不悔，湛宗覆族，君子哀之。岂非名义所在，有重于生者乎！气节凛然，要于自遂其志。其英风义烈，固不可泯没于宇宙间矣。

“慷慨捐躯”“气节凛然”正是高名衡一生中最光辉的一页。

清初，为了尽快消灭抵抗势力，清朝统治者以“明顺逆”来评论是非，裁断人物。凡叛明降清者称为顺天应人之举，凡忠于明室、抗清死难者视为“梗化”之辈，罪在必诛。随着清朝承平时期的到来，为保持大清王朝政治的稳定和社会的安宁，康熙帝作《君臣一体论》，雍正帝作《朋党论》，反复强调君臣之义，宣扬对朝廷的忠诚。

到了清中期，乾隆帝认识到从深层次价值观念的角度来扶持纲常、风励臣节、教育民众、倡导忠君，是确保大清基业的根本之道，于乾隆四十一年（1775）谕示：

明季殉节诸臣，各为其主，义烈可嘉，自宜查明赐谥。

遵照皇帝旨意，大学士九卿等集议，将明惠帝建文靖难及晚明殉节诸臣中，“见闻虽有异词，抗节诸臣”详为甄录，汇为一编，分“专谥”和“通谥”二个等级，第二等级中又分“忠烈”“忠节”“烈愍”“节愍”四个档次，进行赐谥表彰。两个等级及四个档次是：

其有生平大节卓然可称而又艰贞自靖百折不回者，自宜特予褒崇，按名定谥。若平时无甚表现而慷慨致命志节皎然，则汇入通谥之列，其较著者为忠烈、忠节，次则为烈愍、节愍。[①]

书成进呈，乾隆帝命名为《钦定胜朝殉节诸臣录》，宣付武英殿刊刻颁行，以垂示久远。《钦定胜朝殉节诸臣录》之“封疆殉节诸臣十人”记载：

巡抚河南右佥都御史高名衡，沂州人，流贼攻开封，有守御功。

①《钦定胜朝殉节诸臣录·表摺》卷一。

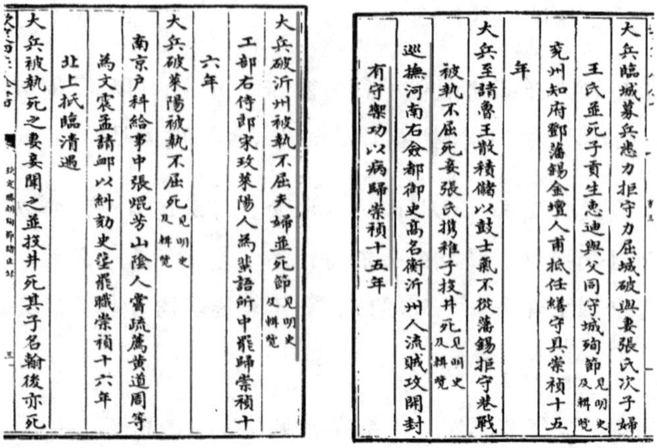

《钦定胜朝殉节诸臣录》截图

以病归。崇祯十五年，大兵破沂州，被执不屈，夫妇并死节。

（高名衡等107人）或死守封疆或力纾祸难或艰危自靖或险阻不移节义较著，均通谥忠节。[①]

《嘉庆重修一统志》也记载：

帝念据守劳，加兵部侍郎。辞疾归。抵家甫两月，大兵至沂州，夫妇同殉节。本朝乾隆四十一年，赐谥忠节。[②]

由此，高氏族人尊称高名衡为“高忠节”或“忠节公”。

乾隆帝在诏令编纂《钦定胜朝殉节诸臣录》，旌扬明季忠烈之臣的同时，对明清之际望风归化的胜国臣僚，视为“大节有亏之人”，重新做出了“畏死刑生，腼颜降附”的定性评价，谕令编纂《贰臣传》，“将诸臣仕明及仕本朝各事迹，据实直书，使不能纤微隐饰”。[③]与高名衡同时为臣的青州府沂水城人高应宾，由明吏部郎中隐归故里后，闻得李自成攻陷北京，立即投奔南都士大夫拥立的福王，拥明抗清，初任太常寺少卿，升历正卿，继升通政使。但当清兵攻陷南京城时，他却又归降了大清，被清政府授以原官职衔巡抚徽宁等地。刘应宾先抗清后降清，因此被视为“贰臣”，载入《贰臣传》。与刘应宾之子刘珙一起据城抗清的高锣，虽因官卑功微无缘入《钦定胜朝殉节诸臣录》，但在家乡府县志书中却留下了“守城不屈”的英烈之名。

①《钦定胜朝殉节诸臣录·通谥忠节诸臣》。
②《嘉庆重修一统志》卷一七七《沂州府》。
③《清实录·高宗实录》。

决河疑案

李自成第三次攻打开封时，城北黄河突然决口，全河入汴。据史料记载，洪水涌入开封城后，“城从内皆巨浸，所见者钟鼓两楼、群藩殿脊、相国寺顶、周邸子城而已”。高大的开封城墙几乎与城中的洪水平齐。

近年，考古团队通过古水力学方法初步重建公元1642年洪水的河川动态：

> 堤坝决口后，我们估计河水水位下降了10到15米。我们认为，这些下降数据是准确的，因为开封附近黄河的平均深度约为35米，此数据是我们根据在跟黄河相似的气候条件下发现的回灌河流的宽深比估算出来的。
>
> ……
>
> 这在开封市文物考古研究所之前做发掘的明永宁王府遗址中就有所体现：叠压的厚厚的淤积黏土层，正是此次洪水所携带的泥沙沉积所致；遗址内坍塌的砖瓦堆积，以及成片的屋顶是洪水冲毁房屋的最直观反映；考古队在遗址内还清理发现了15具人骨遗骸，其中在遗址南部王府大门台基之上就集中发现了6具。这些人骨遗骸姿态各异，真实反映了当时洪水来临之时人们面对死亡的绝望状态。①

灌城洪水退去后，开封城已湮没在厚厚的淤泥之下，繁华的古都汴梁被彻底毁灭了。直至康熙元年（1662），河南巡抚张自德和河南布政使徐化成，才奉命在明代开封城垣的基础上重建开封城。

这场空前绝后的人间惨剧，究竟是天灾还是人祸？若是人祸，谁是这场灾难的制造者？当事各方言人人殊，史籍记载互相矛盾。三四百年来，专家学者各执一词，争论不休，至今尚无定论，成为中国历史上又一桩疑案。高名衡是最重要的当事人之一，自然也卷进了这一疑案之中。

黄河决口的原因，史籍有关记载各异，其主要观点归纳起来不外乎四种：

一谓李自成令义军决河灌城。

二谓明王朝官兵决河以淹起义军。此说又分三种情况：一说是城内守军主谋决河淹贼，二说是河北援军决河解围，三说是城内守吏和河北援军共谋决河淹贼。

① 《大河网》载《大河报》客户端记者康翔宇报道，2020-03-19。

三谓明官兵和义军同时决河，企图以水代兵，不战而胜。

四谓天灾，连日阴雨，洪水暴涨，大堤失修，自然决口。

一些涉及开封这次浩劫的历史著作，究其罪魁祸首，也均不出上述四种情况。研究者各有所据，争论不休，莫衷一是。当时当事人记叙这次战争的著作共有五种，即主持坚守开封的河南巡抚高名衡《守汴日记录》和《更生吟》、开封府推官黄澍的《誓肌漫记》、开封秀才张宁生的《汴围纪略》、李光壂的《守汴日志》及白愚的《汴围湿襟录》。这些原始资料是很多史籍记载此事的重要依据。细究起来，这些原始资料也有记录时间的早与晚之分，记录者也有亲历过程与旁听道闻之别，亲历者还有核心决策人和一般僚属之差。高名衡是这一大事件的亲历者、核心决策人，《守汴日记录》和《更生吟》也是每日即时所记。而黄澍《誓肌漫记》是守城辅佐者事后的追记，张宁生《汴围纪略》是城中有心人的漫记，李光壂的《守汴日志》是守城一般参与者事后病危时“举守汴之事口授，其子识之”。白愚的《汴围湿襟录》是亲历战事的开封人事后的追忆。如此说来，最原始最权威的资料当首推高名衡的《守汴日记录》。黄河决口的原因主要是阴雨连绵，“河伯震怒”，李自成兵是否借机破堤，当时高名衡也不清楚。

对黄河水灌开封城一事，《崇祯实录》记载得比较客观：

（八月）开封围久食匮，人相食。刘泽清以朱家寨距城八里，若提五千兵渡河，依河为营，列水环之，达于大堤，筑甬道以运粮，则救援可济，遂先后立营。寇攻三日夜，诸兵不至，泽清遂引去。先是，开封城北十里枕黄河，巡抚高名衡、推官黄澍等议凿渠通运，且引河水环濠以自固，更决堤灌贼可立走，渠遂成。既而河水溢，自渠决城，贼以营高得免。

又记载：

（九月）辛卯，河决开封，水大溢灌城……盖因河秋时尝涨，开封推官黄澍凿渠道之，忽横溢，沦溺数十万。

还记载：

戊辰，召开封府推官黄澍。澍对上言：“臣等守甚力。贼忿城不下，凿渠决河，以致不守。”遂授江西道御史。

清朝官修《明史》基本上采纳了李自成挖河淹城的看法，《明史·庄烈帝本纪》说："九月，贼决河灌开封"；《明史·杨文岳传》："贼既灌开封"；《孙传庭传》："自成决马家口河灌开封"。

明末清初史学家计六奇①《明季北略》卷十八《李自成决河灌汴梁》一文，直接认定决河者就是李自成。（详见附文2）

近几年有学者提出，新中国成立以后的研究受阶级斗争理论的影响很深。探讨这个问题不应受政治偏见的左右，先入为主，客观地研究分析历史资料才是学术争论中应有的科学态度。通过对史料的比较鉴别，可以认为，造成开封惨案的原因是天灾加人祸，河防失修，洪水暴涨，最后人为破坏造成决口，而李自成决河灌城的嫌疑最大。"义军扒河"的观点已渐占上风。

明末，朝廷内党争的激烈和残酷是极为罕见的。开封惨祸发生后，举国震动，许多大臣强烈要求追查事实真相，严惩罪魁祸首。这一惨案正巧成了党争相互攻讦的口实，王朝大臣共同的敌人——"反贼"反而被置之于口舌之战以外了。大明王朝本已日暮西山，党争又如此激烈，不论谁是罪魁祸首，开封城毁于瞬间的惨状都像梦魇一样压在当事人高名衡的心头。高名衡生于何年，史无记载，后人考证约为1583年。若此年确凿，高名衡守汴时已是花甲之年。作为一个有阅历有良知的人，高名衡托病回籍就不难理解了。

侍郎风采

诗文书法，对古代文官来说自然是最基本的技能，但能有所造诣并流传于世的并不是很多，能够诗、书、画均具有一定造诣的，更是凤毛麟角了。高名衡不仅名节立身，宦绩卓然，而且诗文、书法、绘画俱有造诣，这可就十分宝贵了。

高名衡的诗文名篇首推《更生吟》，因为这是他守汴期间九死一生之时心灵的自然流露。他在自序中说：

> 随当时所历景象，漫为八章，语虽俚而情颇真，以示同事诸属吏，不忘患难之意云尔。诗成并记之。

《四库全书》存其篇目，评价说：

---

①计六奇，字用宾，号天节子，别号九峰居士。江苏无锡县兴道乡人，明末清初史学家。著有《明季北略》和《明季南略》二书。

是编虽止七言律诗八首，不成卷帙，而忠义之气，凛然简外。今圣朝大公至正，扶植纲常，凡胜国死节之臣，咸邀褒祀，名衡亦在其中，则此零章断简，实千古名教之所寄，谨特存其目，以昭表彰之义焉。

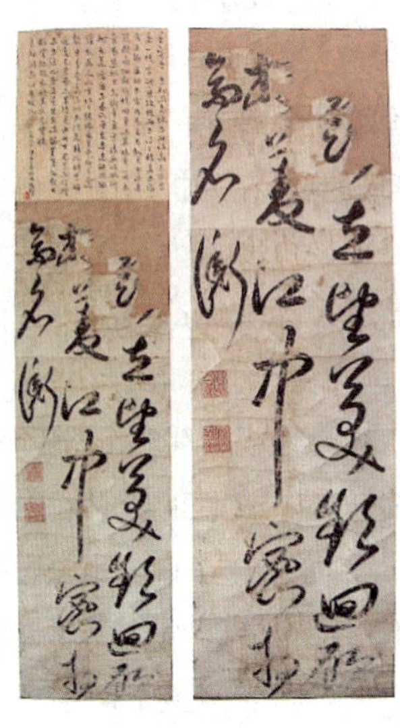

高名衡的玄孙高淑曾辑录曾祖诗文并为之“跋”，“称其生平著述甚多，屡经兵燹，拾之灰烬之余者，类多残阙，惟此诗粗备首尾，因抄藏之”。1934年，高名衡后人又多方收集其遗作，整理成《高忠节公遗集》并刊印留世。

高名衡流传下来的书法墨迹非常稀少，除见于网上拍卖的一帧完整的扇面外，临沂博物馆还存有半帧有款有印的条幅。这幅珍贵的墨迹，原是韩去非收藏的。韩去非是河南辉县人，革命战争年代曾在临沂地区工作过，历任中共临沂特别支部书记、中共临郯县委书记、鲁南军区第三军分区副政治委员、鲁南区党委“国军”工作部部长等职。在临沂地区工作十多年的时间里，他多在沂河两岸活动，对高名衡及其事迹和家庭背景等有深入的了解。1962年冬天，韩去非偶尔见到了高名衡的这帧书法作品，因他对大庄高家及高名衡有着深入了解，所以慧眼识珠，当机立断收藏了这帧墨迹，并请好友关友声共赏。

关友声原名际颐，自幼喜习书画，早年毕业于山东大学国学系，20世纪30年代初即与友人共同创办“国画学社”和“齐鲁画社”，1948年后长期在大学教授美术，书画俱佳，亦有很深的鉴赏功力。当见到高名衡的这幅书迹后，关先生欣喜异常，反复观察欣赏，并兴奋地写了一篇长跋。跋曰：

壬寅（1962）冬，去非同志偶尔收得高名衡字条一帧，字虽然残损，而书法之精华未伤。考名衡并非书家乃为名臣故，其书法造就颇高，细观斯帧用笔，流丽挺秀，一片书气卷然纸上。名衡重气节，清兵攻破沂州，大义凛然，不为所屈，夫妻联袂同殉难，故为人所重。比之张瑞图、王觉斯[①]之人品，超出多矣。高不以书法名，致所传甚

① 张瑞图，以擅书名世，为明代四大书法家之一。崇祯三年，因魏忠贤生祠碑文多其手书，被定为阉党获罪罢归。王铎，字觉斯，官至礼部尚书。清朝入关后被授予礼部尚书。因前仕明后仕清而被世人诟病。

稀。近复见其画，亦甚佳美。由此可见，其不仅擅长书法也。余喜爱其书法，留置案头数日，欣赏把玩。今日略述所见，质诸去非同志，以为何如？一九六二年十二月卅日友声。

韩去非将高名衡的半幅书法条幅重新进行了装裱，并将关友声的题跋附于其上。名臣书法，名家题跋，相得益彰，愈显珍贵。这幅珠联璧合的书法条幅，现珍藏在临沂市博物馆。

高名衡的绘画作品，清代文人笔记中有所记载、描述和评价。这些记载和描述不仅概括了其画作的风采和造诣，也透露出了他虚静恬淡的品操和夫妻恩爱的感情。

清人赵翼《檐曝杂记》卷六“高名衡”条记载：

王阮亭《居易录》记，明崇祯中高名衡工诗画，尝在京画白练衣，内有花二十五种，寄其夫人张氏，并题五七言绝句，以为风雅中人。

高名衡在京为夫人张氏画白练衣一事，载于康熙年间著名文士张贞《渠丘耳梦录》中。这篇写于康熙三十六年（1697）六月六日的《画衣》记述说：

余家旧藏画衣一称[①]，沂水高中丞笔也。盖写折枝墨卉于白练，上幂以青纱而成之者。领围尺博二寸有半寸，三其缝而饰以金，身长三尺有五寸三分。其长而杀[②]其二以为广袂，长三尺三分；其长而杀其一以为宽。两祛亦皆以金缘之。图于前襟者，曰梅、曰绣球、曰山茶、曰水仙、曰竹石。观其后背，上秋葵一；稍下紫薇一、榴花一，榴房尤怪伟；又下荷花一，而画水仙于两旁。肩上作芙蓉、木犀各一枝，柯叶交亚，颇极盘纡纷披之致。左袂为海棠、为芍药、为辛夷、为玫瑰、为秋菊、为灵芝、蕙草；又有桃、杏、牡丹、栀子、百合、萱花在右袂。两袖下各缀兰石。合之，得花卉二十五种，作三十二丛，俱便娟映带，穷态尽变，觉奕奕生气射人眉睫，所谓妙而真者也。衣之前后及左右袂皆题五七言绝句，凡八首，诗亦秀丽饶韵，读者艳之。

---

① 称：古代给衣服计数的单位。
② 杀：剪缝。

先生讳名衡，平仲其字，少负异质，与先叔父侍御公[①]同以才名，颉颃齐鲁间。每赴郡试，踏省门遇之，相好也。崇祯辛未共举进士，称同年生，相好加焉。侍御公一日过先生邸舍，此衣适成，将以遗其妻张夫人。侍御公一见欣赏，辄自持去。先生亦无难色。此可以窥前辈交情矣。尝考先生起家县令，征为御史，出按河南，即晋都御史，填抚其地。治民御寇，皆著声实。晚年纳节归田。壬午冬，沂水[②]城陷，夫妇伏节，同日并命，可谓与日月争光，与天地俱磨灭矣！而其平日风流自命，柔翰关情如此，毋亦靖节赋闲情故事邪。当画衣时，在先生释褐[③]之初，方翱翔京国，观政[④]部寺。使他人处此，必且朝集金张之馆，暮宿许史之庐[⑤]，请谒奔竞为后日仕宦地。先生乃枯坐客窗，裁衣寄内，何其神怡务闲乃尔也。于戏！虚静恬澹，是即先生功名节义之所从出欤！此皆不可以无传，因笔之为记，而录其诗于左。

五言云：

金台风乍软，先为寄春衣。
着处逢花发，遥分上苑辉。
上苑花枝好，乌纱插已繁。
画取罗襦上，似与尔同看。
对月偏成忆，临风更有思。
乡心无可寄，聊写最娇枝。
花枝鲜且妍，置之在怀袖。
好记花枝新，怜取衣裳旧。
轻襦画折枝，悠然感我思。
画时肠已断，着时心自知。

---

① 张绪伦，字彝叙，别号观海。明崇祯四年进士，官历监察御史、湖广道御史，简称侍御史。故张贞敬称叔父张绪伦为“侍御公”。

② 按：此误。应为沂州。详见本篇附文《高名衡殉国处考》。

③ 释褐：褐，粗布或粗布衣服。意为脱下平民衣服，比喻始任官职。

④ 观政：明洪武年间，派进士至各部、院、司、寺考察政事，称为观政。高名衡《重修榆林集玉泉院记》即署户部观政。

⑤ 典出南朝梁刘孝标《与宋玉山元思书》：“驱马金张之馆，飞盖许史之庐。”金张，汉时金日磾、张安世二人的并称，二氏子孙相继，七世荣显，后以之为显宦的代称。许史，汉宣帝时外戚许伯和史高的并称，后借指权门贵戚。

雾縠[①]偏宜暑，冰绡迥出尘。
着时怜百朵，应忆画眉人。

七言云：

客邸长安一事无，昼长人静影形孤。
闲将一段鹅溪绢[②]，写作名花百种图。
墨审淋漓写暗香，不将开落问东皇。
凭教雾縠传深意，永矢糟糠不下堂。

后书：辛未夏日作于燕邸寄内子，平仲题。尝考唐穆宗以玄绡白书、素纱墨书为衣，以赐宫人，号诨衣。然此以正彼以狎，固不可同日语矣。此衣自辛未以来，藏吾家者已六十六年。庚辰春日，余在京师，过大司寇新城公邸舍，偶与言及，公甚艳其事，因以赠之，而记其始末，详其形制，用存吾家一段致语，且使子孙知前辈交情也。康熙三十六年六月六日，张贞起元记。记成，司寇题一绝句云：

几幅冰绡写折枝，淡匀麝墨与燕支[③]。
笑他拊马张京兆[④]，玉镜窗前只画眉。

张贞，字起元，号杞园，康熙十一年（1672）拔贡，官翰林院待诏。康熙十八年（1679）荐举博学鸿词科，不赴。他不仅长书法、善篆刻，并能鉴别名人字画，好收藏文物古籍，而且性格耿直豁达、疏狂不羁，是一位才华横溢、淡泊名利、脱尽尘俗的世间高士。他所记、所评定然不是附庸阿谀之言，应是极有见地的画评之论。

张贞的叔父张旭伦与高名衡“同以才名颉颃齐鲁间”，二人于崇祯四年（1631）一同进京参加进士考试。在这次考试的空隙里，张旭伦去拜访高名衡。恰逢此衣画成，张旭伦“一见欣赏，辄自持去”，因为二人交情很深，高名衡也没显出为难来。张旭伦将这件画衣收藏了多年后，转到了张贞手中。

康熙三十六年（1697），张贞拜见大司寇王新城时谈及这段佳话，王新城“甚艳其事”，于是张贞就将这件在张家收藏了66年的画衣赠送给了王新城。

① 雾縠：薄雾般的轻纱。
② 鹅溪绢：产于四川盐亭县鹅溪的绢帛。自宋始，书画者尤重之。
③ 燕支：即胭脂。此指绘画颜料。
④ 张京兆指张敞，汉宣帝时为京兆尹。拊，意同抚。他喜欢为妻子画眉。

为了纪念这件画衣，张贞撰写了一篇文章，详细记录了画衣的收藏过程及形制。文成之后，王新城为之题了一首绝句，一并作为纪念。

张贞不仅评价高名衡的白练衣画："便娟映带，穷态尽变，觉奕奕生气，射人眉睫，所谓妙而真者也。"而且赞美题画诗："秀丽饶韵，读者艳之。"对于高名衡的为官为人，更是予以高度评价："治民御寇，皆著声实。""纳节归田"后，"城陷，夫妇伏节，同日并命，可谓与日月争光，与天地俱磨灭矣"。张贞认为，高名衡画衣之时，正是由布衣平民转为锦衣命官的关键时刻，其他人都在忙于谒拜朝廷显贵，揣摩窥探官场规则，为日后腾达而劳身费神，而他却心静如水，枯坐客窗，为夫人精心画衣。这种虚静恬淡，正是他忠心于国临难死节的根本所在。

我们除了从这些记载中能得知高名衡的绘画才能以外，关友声先生在题高名衡墨迹条幅的"跋"中还说，写这篇跋语前不久曾见过高名衡的绘画作品，感到"亦甚佳美"。

《中国古代书画图目》第一册记载，高名衡还有"绫墨笔""花卉""册"传世。《中国古代书画图目》是1983年中宣部批准，文化部组织全国顶级权威谢稚柳、启功、徐邦达、杨仁恺、刘九庵、傅熹年等人组成中国古代书画鉴定组，在全国范围进行最权威的公、私藏画鉴定编辑成的。山东美术出版社于2012年出版的《济南市博物馆馆藏精品·绘画卷》，也收录了高名衡的一幅《兰竹图轴》。

由此可见，高名衡不仅是一位有作为、有气节的高官名宦，也是一位有一定造诣的书画家。

诗碑寄情

高名衡胞妹高玉章，自幼聪颖好学，通文墨善诗赋，且温柔淑贤，是当时沂地少有的才女，兄妹感情笃深。

高玉章远嫁沂水县西北乡张庄村（今属沂水县泉庄镇）张瑞明为妻。张瑞明，字兆圣，初任北方边塞守备，后任京畿五城兵马司指挥。明朝末年，朝野不安，夫、兄均常年居官在外，高玉章思念亲人，常作诗寄情。高玉章住在东里庄园，孤独地生活，忧虑成疾，于明崇祯十四年（1641）正寝离世，年刚过五秩。

张家亦名门望族，世代官宦，庄田甚多，张庄西二十里东里店（今属沂源县）的庄园和林墓，即在张兆圣之父的名下，张兆圣与高玉章曾在东里店庄园居住过。因此，高玉章葬在了东里店文山前张家林。

守汴后，高名衡以病回乡，方知玉章妹已病逝，哀痛袭上心头，顾不得病疾在身，旋至东里店张家大林祭悼亡妹。在庄园巡看寝室，见书箧中《玉映草》诗集尚在。睹物思胞妹，回眸忆守汴，他忍不住痛哭飞泪。高名衡和泪赋诗哀悼胞妹，并写小引，连同《玉映草》诗刻于石碑之上，立于胞妹墓前。诗碑正面刻《玉映草》诗，背面刻“玉映草小引”，落款：“沂水县张兆圣妻高氏著兄高名衡平仲涕泪书崇祯壬午年秋九月立”。

《玉映草》虽多系儿女情思的伤逝之作，诗中常有“极度伤心秋不见，春风犹发去年桃”，“伤心怕听秋蛩语，啼断人肠未肯饶”，“青山到处随兄马，梦断魂萦雁失行”等伤感之言，但语言清绝，字词隽逸，耐人寻味，不失为闺秀佳作。

清代，凡来沂水县的墨客文士，多就道东里，亲睹诗碑，欣赏吟哦，以为快事。1939年春，记者刘窥天在《山东公报》发表高玉章《玉映草》碑抄诗。《山东公报》社编辑马温如评价其人其诗：“哀怨若李清照，诗格也有似处。”后来，驻东里店国民党山东省政府主席沈鸿烈访高玉章娘家大庄、婆家张庄，随后又瞻仰诗碑、祭扫诗人墓。一时间，省府工作人员相继拜谒诗碑、吟诵诗文成风。受其影响，之后多少年，来沂政要文人，多绕道东里，以目睹诗碑、传抄吟咏诗文为快事。

时光流逝，沧桑变幻。1957年文物普查时，诗碑尚存，但字迹已漫漶难辨。据报送山东省文物考古研究所的《沂源县人民委员会关于文物普查工作总结报告》及附件记载，诗碑高220厘米，宽106厘米，厚36厘米，刻载五言绝句4首、五言律诗7首、七言律诗3首，题梅诗1首、送夫诗7首、七言绝句怀父诗6首、忆妹诗1首、寄妹诗8首。

令人遗憾的是，坟墓和诗碑在惨遭人为毁坏后，坟墓虽修复如旧，但诗碑却因为诗文散佚难以恢复了。

值得庆幸的是，高名衡后人重印《高忠节公遗集》时，辑得《玉映草》21首，附录其中，虽非全貌，但也可窥及神韵了。

胞妹以诗赋伴日月，胞兄亲辑胞妹诗文并题引勒石，不仅足见兄妹感情笃深，也足见高家耕读传家、诗赋修心的门风。

附文1：

明史·高名衡传

（白话译文）

高名衡，字仲平，沂州人。崇祯四年（1631）进士。初任如皋知县，因为有才干调到兴化，后来又被召进朝廷做御史。崇祯十二年（1639）他到河南按察，第二年期满后又留下来当了一年按察御史。

崇祯十四年（1641）正月，李自成打下洛阳，然后乘胜包围了开封。巡抚李仙风当时在黄河北面，名衡就召集众人守城。周王朱恭枵拿出自己的库存银子一百万两，招募死士杀贼，又蒸米磨麦升起炉灶供应军队伙食，一共进行了七天七夜，李仙风才骑马返回开封。副将陈永福背城作战，斩杀贼兵两千人。游击高谦出兵夹击，也斩了七百人。贼兵解围离开了。李仙风回来后，与名衡互相上书攻击。庄烈帝用使福王陷落贼手的罪名下诏将李仙风逮捕，让襄阳兵备副使张克俭来接任。张克俭此前已经死于战乱，朝廷就提拔名衡为右佥都御史接替李仙风。陈永福任总兵官、都督佥事，镇守河南。

当时贼兵接连打下南阳、邓州、汝宁等十多个州县，唐王、徽王遇害，名衡没能挽救。开封的周王府图书文物比其他王府都多，士大夫家庭殷实，蓄积丰富。李自成攻打开封打不下来，但总想打下来才甘心。十二月底，贼兵又一次包围开封。陈永福用箭射李自成，射中了他的左眼，城上又发炮打死了上天龙等。李自成大为恼火，猛烈攻打开封城。开封原来是宋朝的汴都，金朝皇帝南迁时又曾再建，城墙厚度有几丈，里边坚实，外边疏松。贼兵用火药来引爆，炸开后墙砖就向外散射，破砖破瓦纷飞作响，贼寇的骑兵给打得焦头烂额，李自成十分惊惶。正好杨文岳的援兵又赶来，李自成就撤围走了。西华、郾城、襄城、睢阳、陈州、太康、商丘、宁陵、考城这时都被打下了。

崇祯十五年四月，贼兵又到了开封，围而不攻，打算困死开封城。六月，庄烈帝下令把原尚书侯恂从狱中释放出来，让他统率保定、山东、河北、湖北等地的军务，并管辖平贼各镇的援剿官兵。又提拔知县苏京、王汉、王燮为御史，命令苏京监督延安、宁夏、甘肃、固原的部队，催促孙传庭出关作战；王汉监督平贼镇标湖北、四川军，同侯恂等立即出击；王燮监督阳城、怀庆等地的晋东部队，克期渡河。总兵许定国带着山西部队住宿在沁水时，一天夜里逃跑了，宁武部队也在怀庆逃散了，朝廷下令逮捕了许定国。七月，黄河上的驻军逃散。督师丁启睿、保定总督杨文岳联合左良玉、虎大威、杨德政、方国安等部队，驻扎到朱仙镇。左良玉逃回襄阳，各军都跟着逃，丁启睿、杨文岳逃往汝宁去了。朝廷又诏令山东总兵官刘泽清增援开封。城内粮食吃完了，高名衡、陈永福和监司梁炳、苏壮、吴士讲，同知苏茂灼，通判彭士奇，推官黄澍等一起防守得更加坚强。刘泽清带兵过来增援，各部队都在黄河北面的朱家寨聚集，不敢进战。刘泽清就说："朱家寨离开封只有八里。我带兵五千渡过南岸，靠着黄河扎营，引黄河水来围着兵营。然后我们依次扎下八个营寨，直通黄河大堤，筑起一条甬道把黄河北面的粮食运到城中当粮饷。那时贼兵已经疲惫，我们可以一次就把它给打跑了。"各军将领都说："好。"于是刘泽清带了三千人先渡过黄河过来扎营。贼兵过来进攻，打了三天三夜，其他部队没有一个人跟着过来，甬道没筑起来，刘泽清就拔营回去了。城里一天到晚望孙传庭开出潼关来，迟迟看不到他过来。

贼兵三次想打下开封，兵马损伤了很多，心中积满了火气，发誓这次一定要打下。围困半年后，部队疲劳了，粮食吃完了，就想挖开黄河淹没开封城，只是因为城里边有很多民众、货宝，所以犹豫不决。听说陕西部队已经向东来了，害怕各镇官兵一起来夹击，又想改变主意。恰好这时有人向巡按御史严云京献计，请决开黄河灌贼兵。云京讲给高名衡、黄澍，两人同意了。周王恭枵招募民工修建了一道羊马墙，跟高大的黄河岸一样厚实。贼兵的营寨连着黄河岸，黄河决口后贼兵马上就完了，城里却不必担心。官兵正在朱家寨挖黄河口时，贼兵知道了，把营寨转移到了高地上，备了巨船大筏等着，同时驱使几万民工反挖马家口淹开封城。九月十五日半夜里，朱家寨、马家口都决口了，当时下过几十天大雨，黄河水猛涨了很多，所以黄河决口处的大水声闻百里。背着铁锹开挖河口的民工被冲没了十几万，贼兵也淹死了一万人。河水从城的北门进来，流向东南门出去，注入涡水。高名衡、陈永福乘着小船到城头上躲避，周王领着他宫廷内的眷属及宁乡等郡王都住在城楼里避水，大雨七天都没有吃到东西。王燮用船来迎接周王，周王从城头上乘船出去了，高名衡等也都出来了。苏茂灼、彭士奇饿久了，不能起身，都淹死在水里。贼兵驾船进城，活着的百姓都给抢杀净尽，然后拔营西去。开封城刚被包围时有一百万户，后来因饥荒、病疫而死去的有十分之二三。开封佳丽甲中州，群盗心里早就艳羡了很久，到这时全都淹没于水中了。庄烈帝听说后，极为痛心，不过还是想到了大臣们拒敌守城的劳苦，传令给他们评定功劳。朝廷给名衡加官为兵部侍郎，名衡以生病为由推辞掉了。朝廷就提拔王汉为右佥都御史，让他接替名衡巡抚河南。

名衡还乡后不久，大清部队打下了沂州，名衡夫妇二人都殉难了。

附文2：

李自成决河灌汴梁[1]

计六奇

开封即古大梁，咽喉九州，域阃中夏，水陆都会之地。太祖第五子，初封吴王，国钱塘，寻改封于此，为周王。先是，崇祯十四年二月十二日戊午，李自成合群贼围开封，穴城攻之。七昼夜不息，巡按高名衡率司道官婴城固守，军饷告匮，周王出库金五十万，买米麦饷守陴者，复悬金募死士，击死一贼者，予五十金。兵民皆踊跃共击贼，贼退数舍，豫抚李仙风督诸将至，开封贼退，开封围解。仙风与高名衡互相讦奏，诏逮仙风，仙风自经死，遂以高名衡巡抚河南。十二月，自成复围开封，名衡与推官黄澍、总兵陈永福、游击左明国等力守。周王储库金于城头，擒一贼者，予百金；斩一贼者，五十金；战殁者恤其家；伤者以轻重为差。自成攻围数日，亲帅诸将于承明门下耀武。时永福号称神箭，从城上射自成，中左目几死，遂收兵不出。已而拔营屯朱仙镇，与丁启睿、左良玉等战，及十五年壬午四月二十四日癸亥，自成复攻开封，以前两攻不克，士马多杀伤，自成乃申约围而不攻，以坐困之。五月，自成陷开、亳；六月，命侯恂以兵部侍郎总督援剿。官兵讨贼，与孙传廷援开封。七月，停河南乡试，以开封久围不解也。八月，开封久困食尽，人相食。时罗汝才亦食尽，谋他徙。自成分粮以馈之，约破开封，以东隅属汝才。汝才乃留不去。九月，河决，开封势如山岳，水骤长一丈，士民溺死数十万，周王府第已没，率官眷及诸王露栖城上七日夜。督师侯恂，以舟师迎王。二十三日庚寅，总兵卜从善以水师至开封城上，推官黄澍扎木为牌，从王乘夜渡达堤口，得免覆溺。汴梁佳丽甲中州，群盗心艳之，前后三攻汴，士马死者无算，贼积恨矢必拔，久怀灌城之谋，顾以子女、珍宝山积，不忍弃之水族。至是河大决，百姓生齿，尽属波臣矣。黄澍以守御功，诏授御史。遗闻云：自成决河灌汴城中，诸贵官欲自为脱计，亦凿堤引水，汴梁遂陷。名衡等乘舟溃围走，上念防守劳苦，不深罪，但罢名衡等官而已。名衡，字平仲，号鹭矶，山

---

[1] 出自《明季北略》卷十八。

东兖州府沂州人，崇祯辛未进士，授如皋知县，调兴化，考选为云南道御史，巡按河南。崇祯辛巳，李自成破雒阳，下汝郏，乘胜趋汴。自二月十二日至十八日，并力疾攻者七昼夜，名衡百道御之，贼乃退。上嘉其能，命为佥都御史，巡抚河南。是冬，贼复围大梁，名衡固守经年，及汴没，名衡渡河而北，贼解去，得请告归里。癸未，北兵攻陷沂州，名衡夫妇抗詈不屈，死之。

虞山钱谦益吊之。有三良诗。三良者，汪乔年、段增辉，暨名衡而三，皆谦益门人也。黄澍，字仲霖，浙江钱塘籍，南直徽州休宁人。崇祯丁丑进士，授开封推官，贼灌汴时，澍方坐署中，忽报大水至，视之已及案下矣。大惊急登高，城将没，白周王曰：须扎木筏乃可出，王以是免。甚德之，澍遂得擢御史。

附文3：

高名衡殉节处考

高名衡为大明王朝殉节之处，史志记载有二：一为沂州，一为沂水。乾隆《钦定胜朝殉节诸臣录》和《嘉庆重修大清一统志》记载殉节地点在沂州，而康熙十一年（1672）版和道光七年（1827）版《沂水县志》记载在沂水城，康熙四十八年（1709）张贞《渠丘耳梦录》也记载在沂水城。

根据见于史籍的最早记载，高名衡的殉节地点在沂州城。

崇祯十五年（1642），清兵虽然还没越过山海关，但在崇祯年间，皇太极领导下的军队就曾四次从北长城的缺口袭入明地，以迅雷不及掩耳之势横扫北京、河北、山东、山西数省间，掠夺人口和财物。崇祯十五年十月，满军第四次入关掳掠。皇太极的弟弟阿巴泰率军兵分两路越过长城，在蓟州会合，然后南下直抵山东兖州。这次越关，共攻破明朝三府、十八州、六十七县、八十一城，杀死明宗室兖州鲁王及五个郡王，俘获人口三十六万九千有余。次年（1643）四月，阿巴泰等始率军经通州徐徐班师。[①]《崇祯朝实录》记载：“十二月丁卯，清兵自长垣趋曹、濮；别将抵青州、入临淄县，知县文昌时阖室自焚死。戊辰，破阳信；辛未，破滨州。癸酉，入兖州，执鲁王……己丑，破滕县；甲午，破峄县；乙未，破郯县……乙亥，入沂州。又入丰县，杀知县

①《八旗通志》卷一百三十二《宗室王公列传·阿巴泰》。

刘光。”[①]阿巴泰率军掳掠的路线，《国榷》记载得尤为详细：“崇祯十五年（十二月）丁卯，建虏[②]自长垣趋曹、濮，别部抵青州，陷临淄，知县阖家自焚死。”“戊辰，建虏陷阳信，杀知县张予卿。”“己巳，建虏攻济宁，拒却之。”“辛未，建虏陷滨州。”“癸酉，建虏陷兖州，执鲁王……是日巳刻，建虏分兵上泰安、青州、鱼台、武城、金乡、单县，俱陷。”“甲戌……建虏陷沭阳。”“乙亥，建虏连陷沂州、丰县，杀知县刘光。”“丁丑……建虏陷蒙阴、泗水、邹县。”“癸未，建虏围海州。”“己丑，建虏陷滕州，杀知县吴良能。”“癸巳，建虏陷赣榆。”“甲午……建虏陷峄县。”“乙未，建虏陷郯城。”“崇祯十六年正月……建虏攻开封。”[③]

由以上资料可以勾勒出阿巴泰军队掳掠的大体路线：崇祯十五年（1642）十二月，清军由长垣（今河南新乡）到曹县（今山东曹县），然后兵分两路，一路去泰安、青州、鱼台、武城、金乡、单县，另一路去沭阳。继而大军逐步攻陷沂州、丰县、蒙阴、泗水、邹县、海州、赣榆、峄县、郯城。次年正月，清兵兵向开封。

有明一朝，沂水县隶属青州府，沂州属县级州，隶属兖州府。清初因之。雍正八年（1730）沂水县改属莒州。雍正十二年（1734），沂州升格为府，沂水县改属沂州府。所以，此后史籍皆称高名衡为沂州人。《国榷》系明朝遗老撰写的记载明朝历史的编年体史书，成书于清顺治年间。《国榷》记载的建虏攻陷或掳掠的州县多达30多个，其中无有沂水县。由此可知，高名衡殉节地点是明末清初的兖州府沂州，而非青州府所辖的沂水县。

《钦定胜朝殉节诸臣录》之“封疆殉节诸臣十人”记载：“巡抚河南右佥都御史高名衡……崇祯十五年，大兵破沂州，被执不屈，夫妇并死节。”[④]《嘉庆重修大清一统志》也记载：“帝念守劳，加兵部侍郎。辞疾归，抵家甫两月，大兵至沂州，夫妇同殉节。本朝乾隆四十一年，赐谥忠节。”[⑤]

《国榷》成书于清顺治年间，当时沂水县尚属青州府所辖，沂州属兖州府所辖；《钦定胜朝殉节诸臣录》是乾隆帝钦定之书，对所旌表前朝诸臣殉节地点及殉节情节的考证和表述是严谨的；《嘉庆重修一统志》纂修时，因为已有地方志书和国家级志书表述的不同，应该是慎重的。因此可以认定：高名衡

---

①《崇祯实录》卷十五。

② 清军是由建州女真发展而来，所以明代官方称之为“建虏”。

③《国榷》卷九十八《思宗崇祯十五年》。

④《钦定胜朝殉节诸臣录·通谥忠节诸臣》。

⑤《嘉庆重修一统志》卷一七七《沂州府》。

殉节的地点是明末兖州府所辖的沂州之沂州城，而非青州府所辖的沂水县之县城；殉节是在“建虏连陷沂州、丰县”之时，即崇祯十五年十二月初十日，也就是公元1642年1月29日；殉节的情节是“被执不屈”而死。

欽定四庫全書
欽定勝朝殉節諸臣録卷三
通諡忠節諸臣

大兵臨城募兵悉力拒守力屈城破與妻張氏次子婦
王氏並死子貢生恵迪與父同守城殉節見明史及輯覽
兗州知府鄧藩錫金壇人甫抵任繕守具崇禎十五
年
大兵至請魯王散積儲以鼓士氣不從藩錫拒守巷戰
被執不屈死妾張氏攜稚子投井死見明史及輯覽
巡撫河南右僉都御史高名衡沂州人流賊攻開封
有守禦功以病歸崇禎十五年

大兵破沂州被執不屈夫婦並死節見明史及輯覽
工部右侍郎宋玫萊陽人為蜚語所中罷歸崇禎十

附文4：

高镠殉国时间辨析

高镠，字冶父，高名衡次子。

高镠为大明国捐躯的事迹也已载入地方志书，其忠烈堪与其父并垂不朽，唯其授任高邮知州的缘由和抗清捐躯时间及经过，地方志书记载与史实有异且有误。

高镠授官前的身份

《高氏族谱》记载：“镠字冶父，荫生。姿质颖异，仪容风雅，善诗文。任高邮州知州，廉明果断，士民怀之，为立去思碑。”

乾隆二十五年（1760）《沂州府志》记载稍细：

> 高镠……精悍绝伦，随父名衡任汴梁，出入行阵深得将士心。

辛巳（1641）闯贼围城，坐困累月，粮力俱竭。刘泽清拥兵朱仙镇，累檄不进。抚镇议面陛请援，募士无应者，镠慨然请行。乃以五十骑衔枚夜出，贼觉追之，且战且走，抵黄河遇渔舟获济，回视，余六人耳。以父荫任江南高邮州知州，城守不屈，甘心就死。

道光七年（1827）《沂水县志》原文照转了《沂州府志》的记述。

高镠授任高邮知州前的身份是“荫生”还是“拔贡”？

所谓荫生，是指凭借上代余荫取得监生资格的学子。荫生名义上是入监读书，实际只需经一次考试，即可给予一定官职。明清两朝，拔贡的身份虽不及进士，但也是正途，而荫生就下而次之了。家谱记载身份一般是拔高的。《高氏族谱》记为荫生而不记为拔贡，应该是可信的。

高镠有没有到职高邮知州

嘉庆《高邮州志》记载：高镠，崇祯十三年（1640）任知州。

《高氏族谱》记载：高镠“任高邮州知州，廉明果断，士民怀之，为立去思碑”。

高镠授任高邮知州后是否到任履职呢？从史籍记载的经历可见其端倪。

《沂水县志》记载说，高镠“随父名衡任汴梁，出入行阵，深得将士心”。从文义看“出入行阵”的时间最迟是李自成兵围开封之时。也就是说，李自成兵围开封之时，高镠正随父守开封 。

李自成何时兵围开封府的呢？

李自成三围开封和高名衡据城抗击以及刘泽清赴援，《明史》有明确记载：崇祯十四年（1641）正月，李自成陷洛阳，乘胜遂围开封。巡抚李仙风时在河北，高名衡以巡按之职督集军民守城。坚持七昼夜，李自成因腹背受夹击而退兵。当年十二月，李自成再围开封。激战中李自成左目中箭，后杨文岳援兵至，乃解围去。崇祯十五年（1642）四月，李自成复至开封，围而不攻，欲将高名衡及守兵困死在开封城。

高名衡《守卞日志录》记载：

（十五年六月二十日）巡抚高名衡具疏告急，且令子高镠面圣请援。时贼掘水围城，选善没者将疏入蜡丸内，藏于发中，暗渡贼营，浮至河北，驰驿飞报。镠穿贼营而过，贼飞骑丛射，赖鱼舫得济，同行九人，止余三骑。

由以上资料可知，自崇祯十四年（1641）正月至崇祯十五年（1642）六月二十日，高镠一直同父亲高名衡在一起苦守开封城。

高镠为什么以高邮知州之职随父守开封呢?

高名衡于崇祯十二年（1639）出任河南巡按，授任后曾上书崇祯帝《巡汴且要疏》，其中有一条是“伏望设一英勇武弁作中军，以呼有应，传有宣，缓急可济”。

综合这些线索，可以认定：崇祯十三年（1640），高镠以“荫生”身份授任高邮知州。或经特批，高镠以高邮知州之职留在了高名衡跟前，又或是授职后还未及赴任，就被李自成军围困在了开封府。

高镠殉国及时间

乾隆二十五年（1760）《沂州府志》记载：高镠“任江南高邮州知州，城守不屈，甘心就死”。语义是高镠为抗击清兵，与城俱亡，以身殉明。

高邮城是何时被清兵攻破的呢?

《高邮州志》也记载，清朝第一任高邮州知州闵依圣是顺治十二年（1655）上任的，与《顺治朝实录》记载不符。

根据《沂州府志》关于高镠“城守不屈，甘心就死”的记载和清朝第一任高邮州知州的任职时间推断，高镠是顺治十二年死在高邮知州任上的。

但有资料表明，这一结论是错误的。

一条资料证明，早在崇祯十六年（1643），高镠就已不是高邮知州，而是“画赞”。

《台湾文献丛刊》第三辑《崇祯长编》记载，崇祯十六年（1643）十二月“画赞高缪疏奏双亲尽节。帝言：‘高名衡全家殉难事情，著照例察恤。’”这里的“缪”字，很明显是“镠”字之误。画赞是明代在督、抚幕中的文职官名，有赞襄谋划之意，具体职责和品级无定制。由此而知，高镠自开封府突围面圣求援后不久，就由高邮知州改任“画赞”之职了。

另一条资料表明，高镠死于顺治五年（1648）。

《明清史料已编（上册）》[①]录《漕运总督吴惟华题本》记载：

> 钦命总督淮扬等处地方提督漕运海防军务兼理粮饷恭顺侯兼户部右侍郎都察院右副都御史臣吴惟华谨题为恭报擒获叛贼事：叛逆高镠、朱灿等阴谋不轨，该臣觉发，先经擒获朱灿等，具疏题报，奉有

①《明清史料》分甲编、乙编、丁编、戊编及已编，选辑清初敉平南明江、浙、皖、赣等省抗清运动有关档案而成。

“见获逆贼着即就彼正法；未获的严行缉捕”之旨。除朱灿等遵旨正法外，高镠实为叛首，先该臣檄行山东各道镇，严限缉拿。今据沂水县署县事青州府同知边大绶申称：蒙镇守沂州总兵官佟养量牌：准臣手本，准兵部咨，将未获高镠，行县多拨兵壮，四散严拿。随在赣榆县仲家庄地方，将镠捉获，押解到臣。该臣公同道府厅县并文武各官，当堂面审。高镠与前案朱灿等所供叛逆无异。看得：高镠构结亡命多人，假藉货殖，便于南北往来，散札招兵，叛形业已彰露。依律正法，诚不为枉。其未获王家太等，除严行彼处道将有司缉拿外，今将已获叛首高镠，理合题报，伏候圣裁施行。缘系恭报擒获叛贼事理，未敢擅便，为此具本专差承差周文举赍捧，谨题请旨。顺治五年八月二十日，总督淮扬等处地方提督漕运海防军务兼理粮饷恭顺侯兼户部右侍郎都察院右副都御史臣吴惟华。

旨：高镠着即就彼正法，兵部知道。

从吴惟华奏文可知，大清国定鼎之后，高镠隐身民间，假借贩卖货物之名，往来于山东与淮扬之间，网罗反清志士，继续抗清。顺治五年，高镠的同伴朱灿被擒，供出了高镠。吴惟华遂檄行山东各道镇严限缉拿，青州同知边大绶立即传令各州县缉拿高镠，不久，在赣榆县仲家庄将高镠捕获，押解到淮扬总督吴惟华处。吴惟华会同道府厅县并文武各官当堂面审，高镠供认不讳。顺治五年八月二十日，吴惟华立即具文奏请处理方式。顺治帝下旨“高镠着即就彼正法”。

查咸丰版《青州府志》，清代青州第二任同知的确是直隶人边大绶，这与《漕运总督吴惟华题本》所涉及的边大绶在任职时间上是一致的，因而也可以佐证《漕运总督吴惟华题本》是可信的。高镠遁回家乡继续纠众抗清一事，《贰臣传·刘应宾传》也有信息可证：“刘应宾，山东沂水县人……应宾子珙与高鈐高镠等乘乱聚众。”①

题本是中国明清时期奏疏文种名称之一，诸司有急务不能面陈，允许具题本投进，专用于公事。《明清史料》由中国台湾中央研究院历史语言研究所编辑，是有关明清两代军事、文化、民族、法律等方面的原始资料汇编，来源于明清内阁大库档案，是皇帝及内阁大臣处理政务留下的重要文件，史料价值很高。《贰臣传》是乾隆皇帝在乾隆四十一年（1776）正式提出编纂的官修传

①《清史列传》之卷七十九《钦定国史贰臣表传（乙）》。

记，对事实的记录和表述是严谨的，也是可信的。这些信息表明，《漕运总督吴惟华题本》及《刘应宾传》中的高镠就是高名衡之子高镠。

综合这几条信史资料可以认定：因为高邮城是顺治二年（1645）被清兵攻破的，高镠是顺治五年（1648）八月被清兵俘获而死的，所以《沂水县志》所记“任江南高邮州知州，守城不屈，甘心就死”的情节是不存在的。《高氏族谱》记载的高镠“任高邮州知州，廉明果断，士民怀之，为立去思碑”也是不存在的。

高镠遁入乡里抗清的脉络应是：崇祯十七年（1644），李自成攻破北京，崇祯帝在煤山自缢身亡，高镠以“画赞”之职遁入乡里，联络反清复明志士，暗中策划复明大业。四年后，他被清朝地方大员侦破，被押解到江南后杀死。

明末朝廷重臣高名衡以病乞休后，抗击清兵“被执不屈”而殉大明王朝。高镠以知州之职协父守开封，出生入死；大明王朝覆亡后，虽没投奔南明朝廷继续抗清，但也心怀大明，暗中联络同仁抗清复明，最终殉身明朝。在史料不足的情况下，《沂水县志》将高镠之死认定为“守城不屈，甘心就死”是合理的。这种认定无论情节真实与否，高镠继父辈之忠，承父辈之烈，殉身大明王朝之举，堪为可敬。虽未见其兄高鈖为明捐躯的记载，但《贰臣传·刘应宾传》关于“应宾子珙与高鈖高镠等乘乱聚众”的记载，足可证明高名衡一门忠烈，其“忠节”谥号名副其实。

牧斋诗赞高中丞

钱谦益，字受之，号牧斋，江苏常熟人，是明清两朝一位极有影响而又颇有争议的历史人物。他的诗作《牧斋初学集》于明崇祯十六年（1643）冬刊行，其中收录诗作有《和高中丞平仲乘城记事诗八首》和《高侍郎平仲》一首。其诗序记曰："平仲作《乘城记事诗》，自为之序。余读而伟之，乃次韵属和焉。"

钱谦益其人

钱谦益是明万历三十八年（1610）一甲三名进士，授编修。他参加过东林党的活动，是东林党领袖之一，极具声望，文名也播于海内。明崇祯十六年（1643）冬，门人瞿式耜为刻《牧斋初学集》。

清顺治二年（1645）五月间，多铎军打到江南，钱谦益迎降，不久至京候用。顺治三年（1646）正月，清廷授钱谦益礼部侍郎之职，管书院事，充明史馆副总裁，成为清初文坛领袖之一。而当年六月，钱谦益即以疾告归。后来他又卷入抗清斗争。

钱谦益的文学成就极高。然而，相较于他的文学成就，对其人品的评价历来争执不下。有一则故事：某天，钱谦益到苏州虎丘参加文人聚会。他身着一件样式别致的小领大袖外套，有人戏问："你这上衣代表哪朝风格啊？"钱谦益自嘲道："小领示我尊重当朝之制，大袖则是不忘前朝之意。"那人便戏谑地说："大人确为两朝'领袖'啊！"

"两朝领袖"一语，既有"'领'与'袖'不协调，外表不伦不类"的谑义，又有"实则两朝文坛领袖"的褒义。

在世人眼里，钱谦益是朝秦暮楚的"贰臣"。在乾隆帝的眼里，钱谦益更是"托名胜国，妄肆狂狺"之徒，亲诏列钱谦益入《贰臣传》乙编，否定其人品，漠视其学问，首开对钱谦益“以人废言”之先例，此后其著作长期被禁。

乾隆帝还作诗挖苦钱谦益：

平生谈节义，两姓事君王。
进退都无据，文章那有光。
真堪覆酒瓮，屡见咏香囊。
末路逃禅去，原是孟八郎。

孟八郎是禅林用语，不是确指某个人，而是一个代称，意思是此人不入流，四不像，甚至是有名无实和滥竽充数的象征。

为彻底消除钱谦益的影响，乾隆帝还圣谕“毁弃”他的文章诗作：

> 钱谦益在明已居大位，又复身事本朝；而金堡、屈大均则又循迹缁流，均以不能死节，靦颜苟活，乃托名胜国，妄肆狂狺，其人实不足齿，其书岂可复存？自应逐细查明，概行毁弃，以历臣节而正人心。

此后，不仅钱谦益的诗文集，就连钱谦益给他人写的序、跋也一律“抽毁”。纂修《四库全书》时，所有钱谦益的著作都被排斥在外，涉及钱谦益名字者或改或删，以致钱谦益的著作长期不能流传。尽管如此，他在学界文坛的宗主地位，并未因此而动摇。

钱谦益平生著作很多，主要有《牧斋初学集》《牧斋有学集》《投笔集》等，后人总为《牧斋全集》。其《牧斋初学集》卷二十（上）收录《和高中丞平仲乘城记事诗八首》。

高名衡《更生吟》

高名衡一生非以文著名，但其著述颇丰。他一生著述，最早是其孙高淑曾（清雍正丁未进士）编辑刊印的，末附高淑曾“跋”。“跋”称，高名衡平生著述甚多，屡经兵燹，拾之灰烬之余者，类多残阙，唯《更生吟》诗粗备首尾，因抄藏之云云。

因高名衡诗仅存“七言律诗八首，不成卷帙”，乾隆朝《四库全书》未作“著录书”誊录，但作“存目书”写出了提要，记入《四库全书总目提要》中：

《更生吟》（无卷数，山东巡抚采进本）

明高名衡撰。名衡字平仲，号鹭矶，沂州人。崇祯辛未进士，官至监察御史，以城守功，晋兵部左侍郎。崇祯壬午，大兵破沂州，名衡死之，事迹具《明史》本传，乾隆四十一年，赐谥忠节。是编乃名衡巡按河南时，值李自成攻开封，在围城中所作。自成凡三攻开封，此其初攻解去之时也，前有《自序》，末有其元孙淑曾“跋”，称其生平著述甚伙，屡经兵伙，拾之灰烬之余者，类多残阙，惟此诗粗备首尾，因抄藏之云云。考《汉书·艺文志·诗赋类》，虽一二篇亦著录，而世传张巡守睢阳作亦仅二篇，是编虽止七言律诗八首，不成卷帙，而忠义之气，凛然简外。今圣朝大公至正，扶植纲常，凡胜国死节之臣，咸邀褒祀，名衡亦在其中，则此零章断简，实千古名教之所寄，谨特存其目，以昭表彰之义焉。

由《牧斋初学集》也可推知，《更生吟》初名之《乘城记事诗》，传开后作者或许更定为《更生吟》。

高名衡所作《更生吟》如下：

闯贼破洛阳，下汝、郏，乘胜趋汴，盖视为囊中物矣。持三日粮以期必克，故一到即疾攻，自二月十二日至十有八日，昼夜无停晷。密布云梯，广掘穴洞，驱前队先登，不力者杀之。矢石如雨集城头，我兵数伤不退，而以矢石火炮击城下，贼之死者尸相枕藉，彼亦不之顾也。守汛官兵七昼夜目不交睫，幸周殿下不惜数万金钱，缮守备，鼓兵勇，一城之人合力同心，赖社稷有灵，鬼神呵护，彼极攻击之法，我亦极守御之备，贼卒大创遁去，以有今日。然亦数濒于死矣！当矢石雨集，巨炮雷轰，女墙攻圮，雉堞凿穿，死亡在转瞬间，此时不知身为我有，惟尽力御贼，不复反顾，盖惟自分必死，故无反顾念也。因思人生在世如电光石火，一寒一热皆足死人，不必定在矢石戈戟攻杀击刺之中而后死不转瞬也，又乌知矢石戈戟攻杀击刺，不开我以生生之路也耶？传曰：毕万匹夫耳。七战皆获，死于牖下。群子勉之，死不在寇。知言哉！彼其畏贼如虎，择地而趋，坐视危亡而不之救，不异秦人视越人者。吾未知其果长生与否也？余素不解诗，况剑戟相撞，五色无主之时，岂复能作韵语?然其惊怖中转忘惊怖，犹昔人当急遽，有以指爪掐掌至血出而不知痛者。余之掌血则不啻淋淋下矣，故随当时所历景象，漫为八章，语虽俚而情颇真，以示同事、诸属吏不忘患难之意云。诗成并纪之。

阴霾帀地[①]血风腥，黄雾漫天昼欲暝。
岂有麒麟行地上，乃令豺虎在郊坰。
军中不用传刁斗[②]，城上何劳送柝[③]铃。
静卧女墙觇气候，贼营万炬列如星。

沿城百架步云梯，号召先登万口齐。
日月无光骄魍魉，风沙满目走鼪鼷。
城隅青草涂肝脑，匣里秋霜淬鹠鹈[④]。
壮士挽弓摧巨寇，仆姑穿甲透重犀。

漫道金城百雉坚，蚁群穴土顿成穿。
楼端莫谩矜长筈[⑤]，洞口惟应置短铤[⑥]。
壮士缨冠情似渴，健儿瞑目命为捐，
可怜绥抚纲维者，何时拥兵倚醉眠。

贤王最是识先图，破格悬赏募壮夫。
垂老侯嬴[⑦]思仗剑，隐屠朱亥[⑧]竞扳弧。
才人群策丛梁苑，剑气横空照魏都。
遂令婴城骢马客[⑨]，疏慵愚拙待匡扶。

尘土昏蒙昼不开，鸣鼍[⑩]飞镝迅如雷。
预知兵燹千家破，看取风飙万屋灰。

① 帀：通匝。帀地，遍地。
② 刁斗：古代军中煮饭和打更用的铜锅。
③ 柝：巡夜打更用的梆子。
④ 淬鹠鹈：鹠鹈是一种肥鸟，其油膏擦刀剑生莹。
⑤ 筈：箭的末端，此处指箭。
⑥ 铤：形似矛，铁柄。
⑦ 侯嬴：战国时魏之隐士。家贫，为大梁夷门看守者。年七十，始受魏公子无忌尊为上客。曾助信陵君退秦救赵，为防事机泄露，自刭而死。
⑧ 朱亥：战国时魏国人，隐居于市井之中，有勇力，早年在大梁（今河南开封）当屠夫，因勇武过人，被信陵君聘为食客，以后曾在退秦、救赵、存魏的战役中立下了汗马功劳。
⑨ 骢马客：骢马是青白色相杂的马。汉时御史常乘骢马，骢马客借指御史。
⑩ 鼍：扬子鳄。此指用扬子鳄皮蒙的鼓。

击锐摧坚难住瞬，扶顷定难岂凭才。
撄锋七夜人犹建，我马何故故作隤。
称戈擐甲立城陬，夜夜北风冷臂鞲①。
烈然舞飙生韎韐②，镞声如啸过兜鍪③。
女墙欲圮旋加木，雉堞将倾更竖楼。
谁道攻难而易守，连朝霜雪已盈头。

城头事事不堪论，最苦风霾障眼昏。
赖有万灵呵社稷，岂能一柱砥乾坤。
半生不弄虚脾相，至死犹余侠骨存。
起看吴钩光湛若，欲携秋水④上昆仑。

城外飞尘杂众嚣，惊传狂寇遁乘宵。
林间顿觉乌声乐，原上全驱鼠迹骄。
列戎健儿朝更锐，焚营炬火晚犹烧。
盈城青野残胔骼⑤，知尔游魂何处招。

无论官位还是文才、影响力，高名衡都是钱谦益的晚辈。高名衡对钱谦益执弟子礼，因此，钱谦益《三良诗》序曰："是三君子者，皆余及门之士。"清初计六奇《明季北略》卷十八《李自成决河灌汴梁》记曰："三良者，汪乔年、段增辉暨名衡而三，皆谦益门人也。"

钱谦益和诗

钱谦益《牧斋初学集》于崇祯十六年（1643）冬刊行，其中收录诗作有《和高中丞平仲乘城记事诗八首》和《三良诗》（其三为《高侍郎平仲》）。高名衡是崇祯十五年（1642）秋结束守汴历程的，由此可知，高名衡的《更生吟》八首（即乘城纪事诗八首）当时就广泛流传并引起强烈反响。

钱谦益《和高中丞平仲乘城记事诗八首》（含序）如下：

---

① 臂鞲：用革制作的皮套，用以束袖。
② 韎韐：染成赤黄色的皮子，用作蔽膝护膝的甲。古时革制为甲，金制为铠。
③ 兜鍪：武士的头盔。
④ 秋水：指剑。因有寒光若秋水，故称为秋水。
⑤ 胔骼：骸骨；尸体。

崇祯辛巳，闯贼破雒阳[①]，下汝、郏，乘胜趋汴。自二月十二日至十七日，并力疾攻者七昼夜。高君平仲以御史巡汴，乘城死守，穷百道御之乃退，城几陷者数矣。天子嘉其功，立命为佥都御史，巡抚河南。平仲作《乘城记事诗》，自为之序。余读而伟之，乃次韵属和焉。平仲之序曰：围城中数濒死，惟自分必死，故尽力守御，不复反顾也。《传》曰：毕万，匹夫也，七战皆获，死于牖下。死不在寇，群子勉之。[②]知言哉！伟哉斯言，可以办贼，可以办天下事矣。并记之以示能者。

雒阳宫殿污膻腥，汝郏烽烟接杳冥。
幸有绣衣[③]雄节镇，何妨铜马遍郊坰。
连营杀气传鼙鼓，列戍军声语索铃。
尽夜城头拜南极，争看弧矢直狼星。[④]

膏涂肉薄践城梯，积甲真看熊耳[⑤]齐。
漫道无功曾使鹤[⑥]，纵令有技已穷鼷。
持来簪笔[⑦]惊狐鼠，磨得靴刀莹鹈鹕。
饮血登陴更长啸，尽教飞矢属吴犀[⑧]。

汴京城阙倚高坚，垂绝频忧脏腑穿。
长技马墙飞霹雳，短兵鼠穴接戈鋋。
心同石炮俱糜碎，身与金钱总弃捐。

① 雒阳：汉光武定居洛邑，因汉以火德王，忌水，故去水而加佳，改洛为雒。后魏以土德王，以水得土，而流土得水而柔，故又除佳加水。因此，在东汉的时候，"洛阳"也曾经叫"雒阳"。

② 语出《左传·哀公二年》："毕万，匹夫也。七战皆获，有马百乘，死于牖下。群子勉之，死不在寇。"现代汉语意为："毕万是个普通人，七次战斗都俘获了敌人，后来有了四百匹马，在家里善终。诸位努力吧！未必就死在敌人手里。"

③ 绣衣：汉武帝时期，设立了一支秘密警察，这些人身穿绣衣，手持节杖和虎符，四处巡视督察，发现不法问题可代天子行事。对于这类特殊力量，汉武帝给他们冠名曰"绣衣使者"。高名衡以监察御史巡按河南而守汴，故称之为"绣衣"。

④ 弧矢直狼星：弧矢、狼星，都是星名。古代，狼星指代入侵的异族。为了疆土的安宁，古人将狼星东南方的一组星命名为射天狼的弧矢，即射天狼的弓箭。

⑤ 熊耳：熊耳山，在河南省。熊耳齐即与熊耳山一般高。汉武帝破赤眉军缴获兵器、铠甲与熊耳山齐。

⑥ 使鹤：卫国卫懿公好鹤，王宫里的鹤竟有乘坐轩车的。卫国将要与狄人开战了。卫国人都说："派鹤去打仗吧！鹤享有俸禄和官职——我们怎么能去打仗呢！"

⑦ 簪笔：谓插笔于冠或笏，以备书写。古代帝王近臣、书吏及士大夫均有此装束。

⑧ 吴犀：吴犀甲，即用吴国水牛皮做的铠甲。全句意为飞矢穿透了敌人的铠甲，蕴含守将陈永福射中李自成左眼事。

痛哭南云判血指[①]，贺兰燕罢正高眠。

大梁城是汉黄图，持重军威并亚夫[②]。
夜战不曾开壁垒，先登谁敢呼蝥弧[③]？
指扮[④]荆豫回强虏，锁钥幽燕拱帝都。
何事至尊长侧席？安危时至有人扶。

率土兵尘暗不开，羽书傍午疾轰雷。
请看襄雒新烽火，还道昆明旧劫灰[⑤]。
战垒非熊[⑥]无一老，议堂集凤有群才。
可怜七夜乘城客，白发盈颠马亦瞶。

候火传烽逼孟陬[⑦]，淮奸绛谍[⑧]满青耩。
牛羊贱抵将军命，虮虱穷穿卒伍鍪。
天上旌旗垂四野，地中鼓角殷层楼。
严城围解争相笑，壮士还家尽白头。

捷书夕奏赏朝论，节钺传宣日未昏。
帝倚一身筹汴雒，天留只手障乾坤。
彤弓兹矢应谁予？大纛高牙赖尔存。
蚁贼埽清还有事，更扶八柱正昆仑。

巢车望处断尘嚣，乌鸟声传寇遁宵。
对酒旄头频自看，罢棋屐齿[⑨]不曾骄。
疮痍士卒连朝抚，膏火军书继晷烧。

① 南云：常以寄托思亲、怀乡之情，此指故旧即高名衡。血指：手指出血。谓不善其事。高名衡以文履武，代职守汴，故作者“痛哭”。
② 亚夫：周亚夫，西汉著名将领，后坐事入廷尉，不食五日，呕血而死。
③ 蝥弧：春秋诸侯郑伯旗名。后借指军旗。
④ 指扮：指挥。
⑤ 旧劫灰：劫火的余灰。后指战乱。
⑥ 非熊：为姜太公代称。后泛指辅助国政的贤人。
⑦ 候火：烽火。孟陬：春正月。
⑧ 绛谍：《左传》宣公八年晋人获秦谍，杀之于绛市。
⑨ 罢棋屐齿：形容镇静自若。

冯仗天威须折简[①]，赤眉青犊[②]待君招。

明末，钱谦益门人汪乔年、段增辉与高名衡相继殉国。段增辉的事迹，《明季北略》卷十七记载：“段增辉，字含素，商邱人。以贤良辟召，不就。辛巳，贼至，率乡人捍御，贼再攻乃克，被执，不屈死。”汪乔年，字岁星，浙江遂安（今浙江淳安），历官青州知府、陕西按察使。《明史》记载：崇祯十五年（1642）二月十七日，李自成、罗汝才军攻襄城五昼夜。城陷，汪乔年手刃数贼被俘；见到李自成后拒不下跪，被挖出膝盖骨后，仍北拜骂贼；舌头被割后，仍以手指李自成含糊喷血唾之，最后在襄城西被五牛分尸。崇祯朝谥号“忠烈”，南明追赠“兵部尚书”。门人殉国而去，钱谦益作《三良诗》悼念。

《三良诗》序曰：

> 三良者，商丘段增辉含素，沂州高名衡平仲，遂安汪乔年岁星也。崇祯戊寅，贼陷商丘，含素谢贤良辟召，率乡人捍贼。贼再攻，陷之，与翰林马刚中俱被执，不屈而死。辛巳春，贼围大梁，平仲以御史巡方，乘城击却之，上特命以佥都抚豫。贼去，围我师于郾，岁星以秦督赴援，遇贼于襄城，力战死之。是冬，贼复围大梁，平仲固守经年，九月汴沈于河，平仲渡河而北，贼解去，得请归里。清兵陷沂，平仲夫妇骂贼死之。呜呼！是三君子者，皆余及门之士，余槁项黄首，视息牖下，观其接踵死事，横身殉国，有余愧焉。白乐天有《二良文》，余仿之以哀三君子，作哀三良诗。

《三良诗》之三《高侍郎平仲》曰：

平仲巡两河，揽辔出西台。
勍寇方燎原，宛雒荡劫灰。
移师围大梁，投鞍成覆敦。
登陴七昼夜，死守凭崔嵬。
累卵我势急，中目贼焰摧。
保汴唯汝劳，国功帝念哉。
遂膺全豫寄，旌节焕昭回。

① 冯：古通凴（凭）。折简：折半之简，言其礼轻。
② 赤眉青犊：西汉末起义军名称，后泛称农民起义军。

解严逾夏秋，悉众贼复来。
长堑截飞鸟，巨炮轰殷雷。
潜队穿地裂，梯冲舞风颓。
及堞骨相柱，熏穴尸成堆。
负户我告病，濡褐敌未衰。
是时诸道兵，左次大河隈。
半夜朱仙镇，十万溃喧豗。
沈城声援绝，馈运甬道隤。
擂石尽发栋，陈焦资炊骸。
噬指徒恸哭，大临谁告哀？
河伯为解围，洪流夜击礌，
我师既北徙，贼戈亦南回。
优诏许休沐，宠秩旌厥能。
还家甫抹马，虏入沂城隳。
抗辞骂凶丑，并命捐匹侪。
吁嗟忠壮士，纠缠罹凶灾。
贼锋乍撞摋，奴刃旋提捶。
自从兵兴后，屠溃自相偕。
金柝不夜击，和门尝昼开。
九攻敌已穷，三板志不乖。
方镇皆斯人，王略宁未恢。
何当大星陨，坐见长城坏。
我非哭其私，惜此天下才。

钱谦益是个思想和性格都比较复杂的人。尽管世人对他评价不一，但他对高名衡守汴之功一赞再赞，并将三位门生段增辉、高名衡和汪乔年誉为“三良”而哀悼之，这既反映了他对门生殉明重臣的敬重与爱思，也显示了文人身上民族气节特有的表现形式，还客观地佐证了高名衡殉明对当时的巨大影响。

青州王府两仪宾

明清两朝，高氏一族是沂水县南乡的望族，清末尚有沂水县“高刘袁黄”四大家之说。今沂南县沂河两岸的高家店子、大庄、神墩三个村落是高氏族人最早的聚居地，也是人才荟萃之地。明末，高家一族出了两个仪宾，令沂水县几大家族羡慕不已，特别是仪宾高炯更留下了许多逸闻，至今传说不断。

王府婚姻

明朝宗室封王，一般只有亲王和郡王两种爵位。亲王封号用一个字，又称一字王。郡王封号是两个字。明朝皇帝的儿子除太子外都封亲王。亲王的儿子，除嫡长子外都封为郡王。亲王和郡王都由嫡长子世袭。

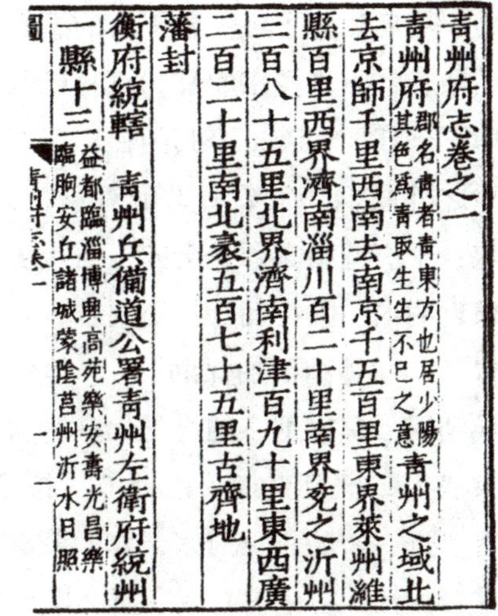
青州府志卷之一
青州府郡名青者青東方也居少陽其色爲青取生生不已之意青州之域北
去京師千里西南去南京千五百里東界萊州濰
縣百里西界濟南淄川百二十里南界兗之沂州
三百八十五里北界濟南利津百九十里東西廣
二百二十里南北袤五百七十五里古齊地
藩封
衡府統轄　青州兵備道公署青州左衛府統州
一縣十三益都臨淄博興高苑樂安壽光昌樂臨朐安丘諸城蒙陰莒州沂水日照

明嘉靖《青州府志》截图

明代青州府，辖1州13县，其中包括沂水县。

明代，曾先后有三位亲王分藩青州。

第一个是朱元璋第七子朱榑。朱榑受封齐王，洪武十五年（1382）就藩青州。

洪武年间曾参与北征，因此以军功自傲。建文年间，因罪而被建文帝借机削藩，废为庶人，禁锢在京城四年。靖难之变后，明成祖朱棣恢复其王位，并令其归藩，但数年后再度因行为不轨而被废为庶人，从此被软禁在南京至死。

第二个是明成祖朱棣第二子朱高煦。朱高煦受封汉王，先就藩乐安州（今山东惠民县），继改藩青州，后因谋反被明宣宗朱瞻基废为庶人，并筑室禁锢。

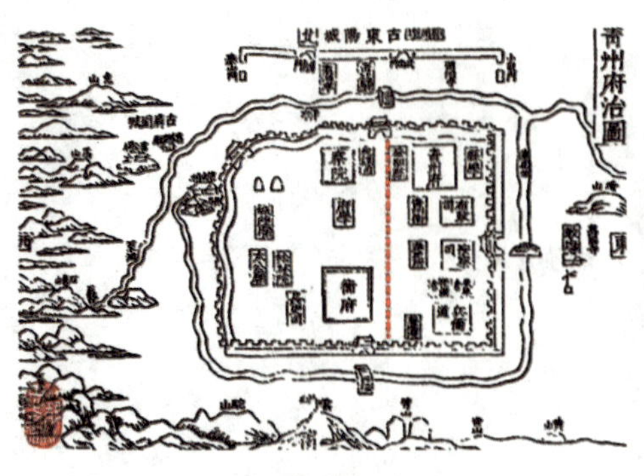

衡王府位置示意图

衡王府牌坊

第三个是明朝第八位皇帝宪宗朱见深的第五子朱佑楎[①]。成化二十三年（1487），朱佑楎被册封为衡王，同时建衡王府。弘治十二年（1499），朱佑楎就藩青州。至明朝末年136年间，共传了六世七王。

王室子女十五岁按例选婚。有明一代，宗室的婚姻制度是随着政局的变化而演变的。洪武到宣德期间，宗室选婚一概由朝廷包办，通过宗室的婚嫁联姻文武勋贵，以血缘和裙带关系来达到屏藩帝室的目的。从正统朝（1426—1435）开始，废弃了朝廷包办宗室婚娶的制度，改由各王府奏选。宗室婚娶权力下放后，为了规范各王府的婚姻行为，朝廷颁发了各种禁条，如：凡与王府结亲者，不许授京职官；京官已与王府结亲者，改调外任；王府亲属不得任要职，已任要职者，令其闲住；王府婚姻，须在封地内选择军民之家，不得与封地之外联姻；宗室所婚配对象，不得参与政事。为了有效地防止作弊，还规定：王府选婚必须先会同王府长史、承奉教授等官拣选，再由所在地的按察司核勘明白，具奏朝廷。还要求：长史、承奉教授和具媒证人等，要对核勘承担责任，"甘结重加保勘"[②]。必须"于本境内"拣选的用意很清楚，就是怕公侯朝臣借皇家姻亲的身份抬高身价，难以约束；也怕这些同宗王爷们借联姻扩大势力，危及皇权。由地方"按察司核勘"的用意，就是加强地方政府的监督，进一步防止王府宗亲作假蒙蔽朝廷。"甘结重加保勘"的用意，就是强调连带责任，防止王府宗亲擅自择婚。

明朝建立之初，沿用前朝对公主、郡主及夫婿的封号，分别称作"驸马"和"郡马"。洪武二十七年（1394），诏令更定公主郡主封号及驸马仪宾品秩，规

① 按：《明史》载："衡恭王祐楎，宪宗第七子。"明嘉靖《青州府志》卷十二《藩贤衡恭王传》载《册衡王制》曰："第五子佑楎。"又载《衡恭王圹志》曰："王讳佑楎，宪宗纯皇帝第五子。"本文从《青州府志》。

②《大明会典》卷五十七《王国礼·婚姻》。

定：皇姑曰大长公主，皇姊妹曰长公主，皇女曰公主，亲王女曰郡主，郡王女曰县主，郡王孙女曰郡君，郡王曾孙女曰县君，郡王玄孙女曰乡君。公主夫称驸马都尉，禄秩比从一品。自郡主夫至乡君夫，都授予宗人府仪宾职事散官。

朱元璋在《皇明祖训》中将皇后家、皇妃家、东宫妃家、王妃家、郡王妃家、驸马家（公主夫家）和仪宾家定作七种国戚之家，仪宾作为亲藩之婿，因为“仪从宗亲之国宾”，所以名仪宾。从此，“仪宾”也就逐渐成了郡主夫婿的专用称呼。《明史》记载，驸马都尉地位在伯爵之上。凡是婚配大长公主、长公主、公主，都称驸马都尉。那些婚配郡主、县主、郡君、县君、乡君的，都称仪宾。每年的俸禄各有差等，都不能干预政事。[①]

仪宾虽然不能出仕，但享受很高的官场待遇：官位从二品，年秩八百石；朝服、公服、常服花样与武官相同，钑花金带，胸背绣以狮子图案，持笏象牙；若与同品级官员一起，鱼贯而行时序于同品官员之前，并列行礼时位于同等官员之右位。

仪宾虽然有很高的官场待遇，但也必须遵守为其制定的钤束法规：新选仪宾须送到本处儒学读书习礼，不时考验，年至三十方止；须照将军等例，五日一次到所在州府签到画押。如果不到，州府即时差人查究下落。如果无故推托者，责成亲王量加罚治。如果累次抗违不到，由所在州府参奏朝廷处治。

高氏仪宾

明朝洪武元年（1368），改元代益都路为青州府，辖潍州、莒州、胶州3个州和益都、临淄、博兴、寿光、昌乐、临朐、安丘、诸城、蒙阴、沂水、日照、昌邑、高密、即墨、高苑、乐安（广饶）16个县。后将潍州、胶州、高密、昌邑、即墨划归莱州府，仍领1州13县。其中，沂水县辖区含今沂南县绝大部分境域。

明朝末年，高氏族人中先后有两人被衡王府招为仪宾。

在此之前，神墩高氏四世高礼就被

青州府志卷之一
青州府郡名青者青東方也居少陽其色為青取生生不已之意青州之域北去京師千里西南去南京千五百里東界萊州濰縣百里西界濟南淄川百二十里南界兗之沂州三百八十五里北界濟南利津百九十里東西廣二百二十里南北袤五百七十五里古齊地
藩封
衡府統轄　青州兵備道公署青州左衛府統州一縣十三益都臨淄博興高苑樂安壽光昌樂臨朐安丘諸城蒙陰莒州沂水日照

明嘉靖《青州府志》截图

① 见《明史·志》卷五十二《职官五》。

衡王府招为王爷侍从。据神墩《高氏族谱》言称：高礼，号浒，少好武，善擒拿，形貌魁梧，有胆略。壮从军，勇力过人，招为王爷侍从。一次王爷命高礼押金进京，行至沧州，有二农人迅速从锄裤中抽利刃逼近，欲行抢劫。高礼略展手段，将二人制服，又劝二人改恶从善，并赠金促其从良，从此路经沧州太平无事。

明末，北西流庄高礼的六世孙高可任被衡王招为仪宾。

神墩《高氏族谱》记载：

（可任）字道远，岁进士，青州衡王府仪宾，配朱氏郡主。晚年专攻医学，成为一代名医。

“岁进士”不是进士，是对“岁贡生”的一种雅称。高可任以岁贡生身份被招为仪宾，最终成为一代名医，也旁证了明代藩王姻亲不得出仕为官的规定。

仪宾高可任不能出仕为官，但与郡主生的儿子就没有这个限制了。神墩《高氏族谱》记载，高可任的儿子高奇，太学生，官至青州通判。太学是国家最高等学校，是国子监的俗称。太学生就是在太学读书的生员，是最高级的生员。国子监的生员从布政司（相当于省）、府、州、县学生员中选拔，高奇入国子监为太学生固然是自身具有优秀的素质，王府影响力也必定是有作用的。青州为府，是布政司以下的行政单位。行政长官称作知府，知府僚佐有同知和通判，同知为正五品，通判为正六品。

大庄高氏的七世高炯被青州衡王府选为仪宾。

大庄《高氏族谱》记载：

（高炯）字六韬，衡府仪宾，配朱氏郡主。

高炯是高大任的第六子。高大任本人虽未出仕，但也是个饱读诗书之人。高炯兄弟七人，大哥、三哥、四哥均未出仕，五哥高爆以贡生改武，授凤阳府护陵守备加都司。高炯本人没有功名，小弟高燻在庠还未中举，有前程而未定位（后来由进士任湖广兴宁县知县，升郴州知州）。所以，衡王选高炯为仪宾既体面又合法。而高大任攀上这门亲家，虽然对高炯仕途上没有什么实惠，但毕竟是“国戚之家”，社会影响也是可想而知的。

高炯是哪一代衡王的仪宾，大庄《高氏族谱》没有明确记载。根据高燻中进士出仕为官的情况，可以分析出个大概时间来。高燻，顺治五年（1648）

举人，九年（1652）进士。高爊排行第七，由此推断他六哥高炯的出生时间，大约在明天启末年或崇祯初年。末代衡王朱由棷是明崇祯五年（1632）四月袭封衡王的，至清顺治三年（1646）被杀，在位十四年。明朝宗室子女年及十五就选择婚配，选择仪宾，务要年纪大五岁以上、人物长成俊秀者，方许具奏成婚。[①]综合分析，高炯是末代衡王郡主的仪宾无疑。

大庄《高氏族谱》记载：原配朱氏郡主无出；继配尹氏无嗣；继配徐氏生子高垗，但高垗无传；继配刘氏又没生子，高炯只得过继了六弟高爊的长子高墀为嗣。民间还传说，朱氏郡主因难产母子俱亡。

对郡主亡故后仪宾的限制是逐步从宽的。弘治十六年（1503）规定：

> 仪宾因郡县主君故求回还侍亲者，不准。止许照天顺年例，移亲侍养。

郡主亡故后，仪宾还必须留在王府鳏住，不准回籍，但可以把父母接到王府侍养。万历十年（1582）议准：

> 仪宾禄米因于郡县主君。丁忧，仍全给。至妻亡之后，截日住支。若仪宾先故，不分有无子嗣、郡县主君等，亦止半给养赡。[②]

这时，仪宾的父母亡故，仪宾可遵古制回家守孝，守孝时照给禄米。但郡主亡故后，仪宾的禄米就停止了。从这些规定可以看出，朱氏郡主亡故后，仪宾高炯又能继配尹氏，显然是“妻亡之后，截日住支”了。

沾祸王府

高炯之父高大任，既因六子高炯被招为衡王府仪宾而荣耀，也因为沾了皇亲的光而不能出仕为官，只得终生在家“筑燕贻馆，振吾家诗书之泽”。在他精心教授下，清顺治九年（1652），七子高爊中进士，位列第三甲第二百五十名[③]，授兴宁县知县，升湖广郴州知州，诰授奉直大夫。高大任也因子贵而享受了诰赠郴州知州、奉直大夫的荣衔。奉直大夫是散官名，明代为四十二阶之第二十六阶，从五品。明制，给予存者封号叫“封”，给予殁者

---

①《大明会典》卷五十七《王国礼·婚姻》。
② 同上。
③《引得特刊》第十九号《增校清朝进士题名碑录》，哈佛燕京学社，1941 年版。

封号叫“赠”。由此可知，这时高大任已经过世了，只是为其增加了一个荣誉名称而已。

高炯被招为衡王府仪宾，父母、兄弟及后人虽没有在仕途上沾光，但也没有因为衡王府的被抄而沾祸。但仪宾高可任的后人，可就既沾荣耀又沾祸了。

明末，李自成起义军席卷全国，清兵频频越过长城到内地黄河中下游地区掠夺人畜和财物，大明王朝岌岌可危。崇祯十七年（1644），李自成起义军占领北京后，派部将姚应奉率兵占领青州。青州守将李士元杀死姚应奉，找到衡王朱由棷劝他即位称帝，挑旗抗清。但朱由棷不敢冒险，甘愿听天由命。清军入关迁都北京的当年，清廷派户部侍郎兼工部侍郎王鳌永任山东总督，设府青州城，招抚明朝残余势力。朱由棷向王鳌永递了顺表，归顺了清政府。清政府为了稳定大局，采取安抚政策，暂时让衡王府保留下来。

不久，一支原属大顺政权但与主力失去了联络的军队，在赵应元和投降了大顺政权的明朝官员杨王休的率领下来到青州，以入城拜会为名袭杀了王鳌永，欲劫持衡王朱由棷南渡。清廷得报青州事变后，立即派兵赶到青州，用计诛杀了赵应元、杨王休，招降了余党。

顺治二年（1645），清廷借口衡王子弟参与叛乱，将朱由棷召进京城，软禁起来。第二年，以叛乱罪诛杀了朱由棷，查抄了衡王府。衡王家族四散逃命，来不及逃走的被变卖为奴，富丽堂皇的衡王府被夷为平地。

这时，仪宾高可任的儿子高奇官居青州通判。高奇虽不是朱氏衡王子孙，也已被招抚归顺了清廷，但毕竟是朱氏衡王的血亲，为了避免遭受株连而举家外逃。高奇与长子高炼、次子高尚隐居到家乡西部山区的村落里（今孙祖镇境内），后来移居王坡鼻山之西的小南峪村。康熙朝中期，高奇后人析出自成村落，后世称作“高家围子村”（今属孙祖镇）。高奇三子高隆、四子高沪则隐居到了本县兴隆店村姑母家中（今苏村镇兴隆店村）。

高奇逃亡时在顺治三年（1646）前后，从他已是青州通判而且有四个儿子的背景，可以推断出逃亡时的年龄在四十岁左右。那么，他父亲高可任的年龄可认定为六十岁左右，即出生在1586年前后。若高可任20岁被选为仪宾，则时间即在1606年前后。这时间正是第六代衡王朱常㴋在位（1569—1627）期间，也就是说高可任是第六代衡王郡主的仪宾。

逸闻趣事

仪宾高炯没有沾祸于王府，但也流传下了几则逸闻趣事。

吃出来的驸马

山东境内广泛流传着一个有趣的故事——吃出来的驸马。潍坊市昌乐县朱翰村的高姓仪宾、青州市井塘村的吴姓仪宾、寿光县北关张氏仪宾和大庄高家仪宾，都有一个相似的传说：

青州衡王府的王爷最疼爱的小郡主，到了谈婚论嫁的年龄，王爷按照朝廷规定，在青州境内物色仪宾人选。到了选定的良辰吉日，各级保举或毛遂自荐的青年云集衡王府，等待王爷过目筛选，也等待着目睹小郡主的风采。一个出身比较贫寒的农家青年，虽然天生脸色黝黑，但身体结实，颇具男子汉的气质。在同龄人的鼓励下，他也去王府参加竞选活动。他心想，如果被选中那就改变了一生命运，如果选不上不仅没有什么损失，还能一睹郡主的芳容，又能赚顿好饭吃。因为他没有思想压力，也就既不紧张，又不急躁，大大方方，优哉游哉。而那些志在必得的白面郎君，不是走坐不安，就是佯装镇静。中午吃饭时，那些白面郎君，多是斯斯文文，吃饭如同做戏。农家小伙子无拘无束，旁若无人，不管粗细，狼吞虎咽，与旁边那些轻酌慢饮的白面郎君相比，更显出一股子阳刚之气。王爷的小女儿，因为姐姐嫁了个弱不禁风的白面书生，老早就守了寡，她接受姐姐的教训，下决心找一个身强力壮、能吃能干的小伙子做终身伴侣。结果，农家小伙子歪打正着，被小郡主选为夫婿，成为王府驸马。

这类故事不仅在山东流传，河南省林州市也流传着一个“吃驸马”的故事，而且还被改编成了戏曲《望京楼》广泛传唱。这个广为流传的故事，传说的成分很大，但也佐证了明朝关于王府婚配必须选取封内军民之家子弟的规定。

先行国法，后行家法

高炯与郡主完婚后，王爷批准郡主随同仪宾一起到婆家省亲。据李东阳等纂《大明会典》记载，永乐三年定郡主仪仗：

红杖一对　　清道旗一对

斑剑一对　　吾杖一对

立□一对　　骨朵一对

响节一对	青方伞一把
红圆伞一把	青圆扇二把
红圆扇二把	间抹金银交椅一把
间抹金银脚踏一个	间抹金银水盆一个
间抹金银水罐一个	拂子二把
翟轿一乘	行障二叶
坐障一叶	

高家是沂河两岸有名的大户，见过不少世面，但迎接王府仪仗还是第一回。这一下子既乐坏了高家族人，又忙坏了高家族人，也折腾坏了高家族人。按照规矩，在家里也必须先行国法、后行家法，即每天早晨先按国法全家人拜郡主和仪宾，然后儿子和儿媳再拜公婆，就像《红楼梦》描述的元妃省亲一样。几天下来，全家人被折腾得疲惫不堪。仪宾心疼父母，只得忍耐着熬到回府的那一天。

这就留下了在沂南境内广为流传的“先行国法，后行家法”的故事。

小玩笑大风波

在衡王仪宾府，高炯时时牢记父母嘱咐，既言行得体大方，又小心翼翼，处处讨得郡主欢心。夫妻和睦恩爱，虽然无所事事，但也快乐开心。据传说，仪宾曾因为一个小玩笑，闹出了一场不小的风波。

郡主黑眼球上有个白点，老百姓叫“萝卜花”，仪宾心知肚明，大婚后相当长一段时间里，从来不提及此事，也没流露出半句微言。但做夫妻时间长了，也就大胆了，一天夜里，仪宾开玩笑说：“你娘家真是富有，连你的眼里都镶上了宝石。”这句话正戳到了郡主的忌讳之处，大闹一通后还不解气，又跑回娘家找王妃告状，说仪宾有意侮辱她。王妃一听大怒，定要王爷追究不敬之罪。王爷左右犯难，向王府长史寻计。长史委婉地献计说：“请王爷问明，仪宾是在床上说的，还是在床下说的？”王爷恍然明悟了：“床下是君臣，床上是夫妻啊！”于是劝说郡主回了仪宾府。

从此，仪宾接受了教训，郡主也放下了架子，小两口恩恩爱爱，相敬如宾。

泉上庄里驸马府

仪宾高炯的大哥高爂生有四子，可谓人丁兴旺。据高氏族人传说，高爂三子高名寔喜好堪舆学，遍勘沂地山水，寻找风水宝地。经过多年寻找和比较，他最终选中了泉上庄（今铜井镇竹泉村）这个地方，带着老父落籍新地。

泉上庄背倚元宝山，左靠石龙岭，右临香山河，泉水喷涌，翠竹遍地，高名寔与老父临泉而居，与竹为友，以泉为邻，日子过得十分快活。

远在青州衡王府的仪宾高炯，平日无大事可做，又时时思念父母，还怕回家折腾父母，常常闷闷不乐。郡主看出了丈夫的心事，便出点子说："听说你三哥在泉上庄居住，那里山环水抱，风光秀丽，何不奏请王爷到那里游乐逍遥一番？"王爷心疼小女儿，欣然应允。小两口在泉上庄流连忘返，乐不思归，后来又奏请王爷在这里建了别墅，春季踏青，夏季避暑，秋季赏月，冬季玩雪，一年四季，时常来泉上庄居住。

老百姓分不清皇姑、公主和郡主，也分不清驸马、郡马和仪宾，村上祖祖辈辈都称作皇姑和驸马，档次不怎么高的乡间别墅也成了驸马府。

历史近于事实，故事长于想象。故事既符合时代的大背景，又蕴含着普通人的意愿及感情，所以普通老百姓宁愿相信故事而不去求证历史。这，就是传说故事的美丽和魅力所在。

第五章 东流起航

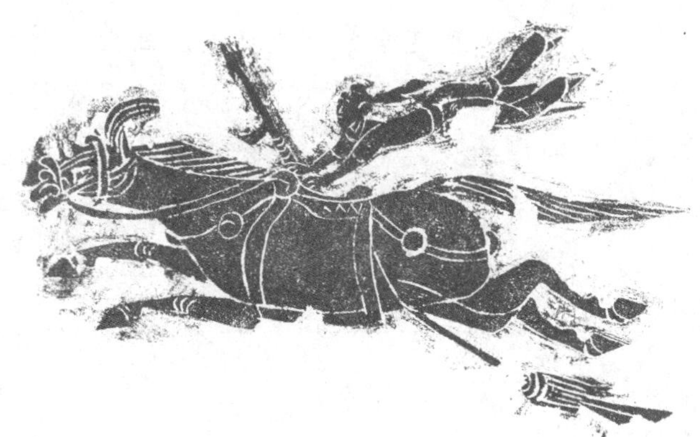

沂南县刘家店子村刘氏，明初落籍沂水县南乡沂河东岸东流店。经过上百年的文化积累，在嘉靖年间开始隆兴，到清朝中期出现了辉煌，特别是十三世刘友琴一脉成为刘氏翘楚：长子刘𡨴起步即跻身京城，以贡生出任中书科中书；刘𡨴之子刘子恭以贡生荣选翰林院待诏生；刘子恭长子刘恒泰以候补知县筮任江西，历任七县知县，万载县设生祠纪念，《万载县志》为其立传；刘恒泰之子刘策先，以军功荣获一品衔，官至湖北布政使；刘策先之子刘恩驻（字福航），先是由道台充任机械局总办，后创办济南电灯房，亮起了济南第一盏电灯，开创了山东民族工业的先河。刘氏几代人可谓父子接踵，相继辉煌，而且青出于蓝而胜于蓝，为店子刘氏一族绽放出了一片霞光。这片霞光虽是晚霞了，但毕竟灿烂辉煌，耀祖光宗，而且余光绵绵不断。

刘家店子村刘氏与大庄高氏同时迁到沂河岸边落籍，经过繁衍生息，又各自聚居成村，逐渐成为沂河两岸的大姓望族。高氏崛起于明代中叶，刘氏则辉煌于清中后期。刘氏一族在族风家训和仕宦事业方面，又有着独到之处。

落籍东流润根基

《东流村刘氏族谱》清雍正元年《序》曰：

> 刘氏一族其来远矣。然远者不可纪，纪其可纪者则自讳全配王氏者始也。全，常山人也。自常山迁于吾邑，遂卜居于吾邑之南乡河阳社东流村焉。

乾隆二十三年《刘氏族谱·序》也记载：

> 始祖讳全者，于明初避红巾之难，来自长山县野鹊窝庄，予未亲履其地，然历有传闻矣，因并记之。

同治十年续修《刘氏族谱·序》对迁出地也记载为："始祖讳全公，来自长山县，传其地曰喜鹊窝。"其后续族谱的表述莫不如此。

沂地各姓族谱，凡是将祖居地表达为"某某县野（喜）鹊窝"的，无一不是祖辈传说。实际上这是一种集体记忆，是对迁出地的一种具体而又模糊的表述。

关于刘氏一族的来源，桓台县同治十三年（1874）《刘氏世谱》记载：始祖刘穷，祖居地河北枣强刘家村，迁居地新城（今淄博桓台）县波扎店。桓台县《高氏族谱》也记载，明洪武四年（1371），高鹏远奉母与表兄刘泉离开新籍长山县，再次南行寻求理想的安居之地，最终在沂水"县治之南界曰东流店因籍焉，遂为会川乡东流社人氏"。由此可证，店子刘始迁祖刘全（泉），与店子高始迁祖高鹏远是表兄弟，落籍沂水县会川乡东流社东流店的时间是明朝洪武四年（1371）。

刘全落籍东流店后，单传一子刘端，刘端又单传一子刘腾。刘腾子三，长子刘科，次子刘秸，三子刘和。自此开始分为三大支。

嘉靖年间刘氏一族逐渐开始隆兴，标志就是第四代刘秸出任蓟州驿宰，而且自知甚明，在眼看出路不大之时，果断挂冠归里，潜心课子。

刘秸生于明正德元年（1506），其父家道已殷实，刘秸得以“少从塾师”。但当时父亲已老，“焉能待子其就他途”，刘秸只得遵父命放弃科举之路，谋得蓟州（今属天津市）驿宰之职。驿宰即驿丞，专事驿道上的接待工作。蓟州地当冲要，往来称繁。刘秸任驿宰接待得体，勤敏有声，又能律己廉、奉法公，因此调任淮安（今江苏淮安）仓使。

明代，淮安不仅是淮安府驻地，还是运河漕运枢纽，漕运总督就设在淮安。淮安仓，狭义上是一个独立的粮仓名称，广义上则是指淮安府署下属的几座粮仓。驿宰与仓使都是九级十八品之外的官，也称“未入流”“等外官”。“等外官”没有大小的区分，只有分工不同。“等外官”不属于官僚编制的范畴，但也可通过正规的渠道升迁。一旦升迁，吏部便会记录在案，并参加朝廷三年一次举行的大计考核，其后升迁之途与流内官同。不过，以“等外官”身份入仕者，毕竟不是科班正途出身，在仕途上也不会有太大的作为，能做到知县级别已经十分难得。

刘秸由蓟州驿宰调任淮安仓使，尽管还是“等外官”，但由于淮安位置重于蓟州，因此升迁“入流”的机遇更大了。其时，族人都认定刘秸宦业从此日益盛起。但刘秸却认为，家有良田足以自适，有游泮之子足以垂训，何必拘志束形，沿着他人的期望而行呢？他毅然放弃仕途，挂冠归里，专心课子，刘家书香自此益昌。

首先是刘秸长子刘伯祯以优秀廪生荣选国子监就读（荣选后未及入监病卒），继而孙辈出了两个县学生员，此后代代有生员入庠。次子伯祉虽未入学出仕，但治家严谨，处世平和，家道日趋昌盛。三子伯裕诗书传家，子孙皆有功名。

刘秸的这一弃官课子的举措，为子孙诗书仕进奠定了基础，也为后世树立了楷模。后来，刘秸的裔孙刘恒泰弃官而课子，子孙皆成才的举措，不能不说是有着先人刘秸的影响。

但总的看来，有明一朝，东流店刘氏虽有一定名望，但还没有成为当地望族。自清乾隆朝开始，十三世刘友琴一脉逐渐隆兴起来。刘友琴虽未入仕途便绩学早逝，但长子刘宸不负父望，起步即跻身京城，以贡生出任中书科中书[1]。乾隆年间，刘宸之子刘子恭以贡生荣选翰林院待诏生。据族谱记载，因

① 清代，中书科是直接为皇帝办文宣谕的机构，办事员称为中书，从七品。

为双亲年事已高“身不得离乎庭闱”，刘子恭没有出任待诏[①]，所以“名不得显于朝廷”。

刘子恭未出仕，终生以塾师为业，这也为子孙从小读书奠定了良好的家庭环境。从此，刘友琴一脉人才辈出。刘子恭长子刘恒泰，以候补知县筮任江西，历任七县知县；三子晋泰，历官山西五台、平鲁两县知县；族人震泰官至青州府学训导，需泰官任兖州提调，升泰议叙[②]六品衔。刘恒泰之子刘策先，更是族人中的佼佼者，以军功荣获一品衔，官至湖北布政使。刘氏几代人父子接踵，相继辉煌，而且青出于蓝而胜于蓝，为店子刘氏一族绽放出了一片霞光。这片霞光虽是晚霞了，但毕竟灿烂辉煌，耀祖光宗，而且余光绵绵不断。

① 清翰林院，设掌院学士二人，满、汉各一人，其下有侍读学士、侍讲学士、侍读、修撰、检讨、编修、典簿、待诏、庶吉士等。

② 对考绩优异的官员，交部核议，奏请给予加级、记录等奖励，谓之“议叙”。

异方启航刘恒泰

刘友琴一脉，十五世刘子恭生子三人，长子恒泰，次子豫泰、三子晋泰为孪生。刘恒泰，字象久，生于嘉庆十一年（1806）。刘恒泰虽大器晚成，但名载方志，生祠纪念；果断转身，异方启航，子侄隆起，事业辉煌。

半生苦读

据《刘氏族谱》记载，刘恒泰自幼天性笃诚，举止言动有成人风。六岁时，尚在外塾馆任教的父亲授其孝经一本、唐诗三百首，数月后记认无差，“群目为大成之器”。七岁入塾，每日偕同两个弟弟晨昏定省外，唯读书，无他务。八岁读《论语》，九岁读《四书》，十岁读《诗经》《书经》《唐诗》，十一岁读《易经》兼听讲《四书》，十二岁读《礼记》兼读古文学与时文试题帖，十三岁读《周礼》，十四岁读《左传》。塾学阶段顺利完成了必学的科目。

清代士人在应科举以求功名的路上，在完成了塾学阶段必学的科目后，要经过考取生员、考取举人和考取进士这三个步骤。考取生员要经过县试和府试两次考试，府试通过后还要参加院试。院试是为取得参加正式科举考试资格先要参加的一种考试，也叫“章试”。院试由省提督学政主持，考取者称“生员”（又称“庠生”“茂才”“博士弟子”，俗称“秀才”），分拨县、州、府学学习。刘恒泰20岁参加县试，同年参加府试。21岁参加院试，以第四名成绩分拨入县学，成为录名的生员。生员学习期间要参加科考。科考是乡试的预选考试，成绩分三等，其一、二等及三等的前几名可以参加乡试即省级考试。道光六年（1826），刘恒泰21岁，科试二等，取得了参加乡试的资格。

通过乡试后称为举人，可按科无限期参加礼部会试。清代乡试定为每三年一次，在各省省城（包括京城）举行，逢子、午、卯、酉年为正科，逢朝廷庆典增加一次，称“恩科”。道光八年（1828），刘恒泰23岁第一次应乡试正科，没有被录取，随后附馆沂水县袁家城，师从举人袁炼读书。

道光九年（1829），刘恒泰参加省学政巡回岁试，荣列一等。25岁再次参加科试，获一等举优。道光十一年（1831），26岁的刘恒泰第二次参加乡试，又未果。为了继续应试，乡试当年又到日照东湖刘家附馆学习，师从岁贡生费裕闇读书。27岁，岁试一等补廪，又附馆日照牟宅，仍师从费裕闇。28岁，岁试一等，因经岁、科两试成绩优秀，按制获得廪生资格，每月领取廪米六斗。当年参加恩科考试，虽“闱卷呈荐”，但还是未成功。道光十四年（1834），附馆莒州罗庄宋宅，师从日照举人马龙骧学习，未参加当年正科乡试。30岁时，赴沂州府琅琊书院修习课业，先后师从府学教授潍县进士郭璋、书院山长浙江举人孙仁寿。道光十七年（1837）丁酉，第三次赴省会考应乡试，再次落榜。

清代，乡试三次没有过关的生员，可以被推举为贡生参加朝考。贡生分拔贡、岁贡、恩贡、优贡、副贡。在五贡中，拔贡每12年逢酉之年考选一次，最为难得，一般应在国子监肄业一年以上，以应朝考。贡生名额有限，府学二名，州、县学各一名，由各省学政从生员中考选，保送入京。道光十七年（1837）逢酉，刘恒泰幸运地被选为拔贡。

道光十八年（1838），是六年一次的朝考之年，已33岁的刘恒泰以拔贡身份参加了朝考。朝考又称“大挑”。因为朝考除了参加笔试以外，还要由吏部面试。吏部的面试重在形貌与应对，要求体貌端正，言语流畅，于时事、吏治素有研究。在形貌标准上，相传有“同田贯日气甲由申”八字诀。长方面型为“同”，方面型为“田”，身体长大为“贯”，身体匀称为“日”，合于此四字形貌者为合格。而“气”指双肩偏一侧，“甲”指短腿，“由”指头小，“申”肚大两头尖，有一相类似即体貌不合格。因为朝考才貌双挑，所以又称为“大挑”。大挑过关后，一等任用为知县，二等任用为州府或县学的学官。在科举制度下，大挑出身的官员地位很低，只有多年不能中举的秀才才走大挑这条路。道光十八年（1838）朝考头场题为“片言可以折狱者其由也”[①]与“赋得荷珠”。刘恒泰《荷珠》诗“叶同花并美，小与大俱圆”句，呈皇帝御

①出自《论语·颜渊》。原文：子曰：“片言可以折狱者，其由也与？”“片言”是指诉讼双方中一方的言辞，即片面之词；“折狱”即断案。意思是，孔子说：“只听了单方面的供词就可以判决案件的，大概只有仲由吧？”

览时被丹毫圈赏，钦取一等第三名。复试题为“无以小害大无以贱害贵”[①]与“赋得政贵有恒”[②]，获第二等第二名。

筮任江西

刘恒泰因头场朝考钦取一等第三名，故授官知县，掣签分发到江西待补。掣签制是明朝万历二十二年（1594）吏部尚书孙丕扬创立的，方式是把确定的授任职位所在地区名称写在竹签上，杂置筒中，由选人自行掣签决定任职去向。清沿用此制，分散任用京外省官员时，掣签分发各省。清制，凡正途出身授任知县的一般为实授，而异途充任知县的，则一般先试授，经过历练，称职者方可改为实授。

当年十一月，刘恒泰奉旨到了江西省城南昌。因为是异途授官，所以刘恒泰并没有直接被任用为知县，而是于第二年春被委任谳局审案。谳局又称“发审局”，是清朝中后期为了适应经济、社会和人口的变化，各省地方政府设立的一个专门案件审理机构，审案即“案件审理员”。经过半年多的谳局审案工作，刘恒泰显现出了过人的才智及出色的办案能力。

清雍正年间，由广西布政使奏准，分定全国州县为“冲繁疲难”四类，以便因地而异任用相应的官吏。“冲”即交通要道，“繁”即行政业务多，“疲”即税粮滞纳过多，“难”即风俗不纯、犯罪事件多，极个别不靠交通要道而且社会安定、行政业务少、无税粮滞纳的县称之为“简”。也是因为才智过人、办案出色，当年九月，刘恒泰被委署到地处要冲、行政业务繁多的南安府大庾县任知县。这时，刘恒泰已经34岁了。

大庾县（今江西大余县），因地处大庾岭而得名，是南安府所辖四县之首。这里地处边境，地连广东，民风彪悍。刘恒泰履任之时，土棍蔡、查两姓争山滋事，借仇抢掠多达每日数十起。首犯蔡大罴一年多没有捕获归案，成为朝廷挂名的案子，因为久悬未果，前任知县因此被弹劾。刘恒泰到任第八天就将蔡大罴抓获，又五次带兵下乡清剿滋事余孽，大庾县境从此安宁下来。当年冬，刘恒泰卸任大庾县知县，回省城寓居候任。刘恒泰任大庾知县虽仅三四个月，但因办案清明利落，所以留下了良好的口碑。

道光二十一年（1841），36岁的刘恒泰转任广信府玉山县知县。玉山县与

① 出自《孟子·告子上》。
② “政贵有恒”出自《尚书》。

浙江省常山接壤，属于“冲繁疲难”四型俱全县份。当时浙江省英夷不靖，朝廷调袁州各府防堵兵丁千余人、广东大炮二十台、江西大炮十九台并军装火药过境，上下站都由水路到玉山县，再从玉山县转运近百里进入常山。转运路径曲折狭窄，运输极为困难，而军务急迫，刻不容缓，刘恒泰昼夜相继，仅月余就顺利完成了任务。

道光二十二年（1842）正月，刘恒泰卸任待命，当年五月被委任赣州府赣县知县。赣县属于“冲繁难”三型兼有类县份，突出的特点是积案甚多。刘恒泰到任后七个月断结207案，并抓获了邻境要犯。

当时，兴国、长宁两县出缺，一时没有人选补缺，刘恒泰以赣县知县代理两县事。长宁县虽比较平稳，但兴国县属于“难”类县，两县数年来又没有清结交代，当时还值湖北崇阳县土匪猖乱，省调赣州兵八百余名前往宜州防堵。刘恒泰担心兵丁在兴国、长宁两县境内耽延时间，滋事扰民，便代发兵丁过境口粮。事后两地都没有归还，刘恒泰只好自行赔垫。十一月他卸任赣县知县，自行赔垫兵粮款一事也就不了了之了。

道光二十四年（1844），刘恒泰被委任为南康府都昌知县。都昌县地临鄱阳湖，文风醇厚，名甲一郡，但地薄民悍，不易治理，属于“疲难”类县份。刘恒泰履职之后，主动除莠安良，境内肃然。时值湖水溢泛，水灾严重，刘恒泰除从速报灾请赈外，又带头捐俸以增加赈款。当年县试，刘恒泰照例为主考，录取生员胡元琛为头名。但胡元琛原来知名度不高，许多童生又素来未闻其名，因此产生异议。复试后，刘恒泰将胡元琛文卷公开展示，众童生既心服胡元琛文才，更钦佩主考官慧眼。胡元琛也未负众望，后中甲子科举人。因刘恒泰亲民重教，公正识才，奖掖人才，阖邑乡绅联名送“学道爱人”匾以表民意。

道光二十六年（1846）六月，刘恒泰转任袁州府万载县知县。清代，万载县的移民与土著矛盾深厚，不仅诉讼不断，而且经常发生激烈冲突。讼棍插手土、客冲突从中渔利，又更加重了土、客矛盾，县份类属“繁”“难”兼有型。刘恒泰到任后实力整顿，讼棍远避他方，数年不敢入境。有争讼者，分立区直，立予断结，不留积案。在任期间，江西省办理清查案，行文还未到达，刘恒泰就已将前任存库银八千余两扫数解清，本任经收各年正杂钱粮无丝毫短欠。各前任流摊之欠积累达八千余两，刘恒泰逐年代为弥补，袁州府保奏清查无亏奉。《万载县志》为其立传。传曰：

刘恒泰，字象久，山东沂水拔贡，道光二十六年知县。才智过人，下车受词，旧者两造具备即予判结，新者诘其情虚当堂掷还。摘伏发奸，出人意表。一时胥吏及堂下观者，群诧为神。甚有怀奸欲试，业经盖戳登号，见其英明，惮不敢上。初告期投诉率一二百纸，行之一月减去大半，及朞寥寥一二十纸而已。邑中势恶、土豪、盗贼、赌棍及一切积为民害，无一不在其胸中，因事到案，立予重惩，并发其他罪恶。由是，强豪屏息，盗风渐衰。凡稠人广众中，一识其姓名几于终身不忘。县试考入前茅者，十年之久遇之尚能面诵其文。在任三年，门墙峻而有学行之士礼遇极优，陶铸均而及寒畯之儒栽培独厚。当时惮其风采或有微词，去后思其勤求民瘼弊绝风清，乃皆叹服。至今则统前后数十年，廉仁勤干较其实惠在人，举无出乎其右。①

林培賢龍岡書院膏火並捐廉購十三經注疏牒存各義塾俾貧
講誦解任時猶諄諄以崇尚實學爲勖
陳文衡福嚴州進士道光間知縣廉明慈惠待士尤殷倜達方學
者貝笈雄觀於邑西大橋捐廉倡建東洲書院一切章程皆手裁
定並躬聯額勉以明體達用之學併逢縣試也高門留宿覆至五
六場所取皆一時知名士又於其中擇尤異者宴之分韻賦詩極
其優渥與其選者如登瀛洲至今傳爲盛事
劉恒泰號象九山東沂水拔貢道光二十六年知縣才智過人下
車受詞舊者兩造具備即予判結新者詰其情虛當堂擲還摘伏
發奸出人意表一時胥吏及堂下觀者羣詫爲神甚有懷姦欲試

辞职坐馆

咸丰元年（1851）二月，刘恒泰卸任万载知县，委署南昌府盐粮水利通判，兼署粮督同知。第二年又调署属于“冲”兼“繁”型的临江府新淦县。

当时，刘恒泰父母年事已高，自己也46岁了，子侄皆成年但还没有功名，因而早就有了陈情辞职的念头。又兼十余年连续辗转调任，所署县份无一是“简”，也无一是“冲繁疲难”中的单类，因此更感到身心交瘁，于是告病请辞致仕。经报请批准，于当年十月底卸任，暂在省城寓居南丰试馆，杜门谢客，亲教三子策庸读书。

咸丰三年（1853）正月，太平天国乱及江西，九江失守，省城戒严。刘恒泰携家眷经浙江、江苏，水陆兼程，辗转半年多回到了老家。

咸丰四年（1854）冬，因为万载、新淦两县离任时交代未结，刘恒泰奉命

①《万载县志》卷五《职官·宦迹》。

赴江西完善交代事宜。咸丰五年（1855）六月，至万载县境，老幼遮道欢迎，阖邑绅民陈请刘恒泰复任万载县事。刘恒泰以病体难支为由谢绝，邑人大失所望，挥泪送别，又立生祠以作纪念。七月份，到临江府，经核查，当时因军务告急，当事者无暇顾及万载、新淦两地，虽然未出具结论，但已核算清楚，统计有盈无亏。

交代作结后，刘恒泰于年底返回家乡，遂谢绝一切外事，在后庄设馆，亲自教授两个孪生弟弟和儿子策先兄弟三人。

刘家既是世代诗书之家，又是世代有志且自励之门。刘恒泰的父亲年轻时，在学业功名上就自我加压。他23岁时，寿登90的母亲无疾而终，他虽非其亲出之子，但待之如嫡母，因为自己读书尚未成名，便将母停柩在堂，以待自己获得功名后再行厚葬，最终以贡生荣选翰林院待诏。

受父亲的熏陶，刘恒泰不仅自己立志出仕为家族争光，而且为了孪生胞弟和子侄，年近半百之时又毅然辞别官场回家开馆亲自授课。他教育胞弟及后人说：

> 读书之道在绝交游，以专其功；去浮华，以实其功；屏游思杂念，以静其功。无弃天，无恃天，存心先求学问，功名听之自留下，读书真种子。[①]

在他的亲自督责教诲下，长子策先率先脱颖而出，以文涉武，顺利升迁。次子策勋、三子策庸等同辈兄弟相继录为邑庠生，并且都以优等成绩补廪膳生，一门父子、兄弟一时食廪膳者达六人，家乡之人无不争相羡慕，啧啧称赞是真读书人家。

之后，他的两个孪生弟弟都跻身仕途，豫泰由县学生员捐为训导，晋泰因军功授知县掣签山西，官历五台、平鲁两县县令后致仕归里。次子策勋以贡生授知县，掣签云南加同知衔；三子策庸以举人入朝会试“大挑”二等，选授东昌府博兴县训导，官至教谕；幼子策濂，县学生员，科考取一等第六名，由策先捐监应乡试入官号。

咸丰元年（1851），逢新帝登基覃恩，刘恒泰在职受封文林郎。59岁时，因长子策先以战功升迁，致仕在家时受赏二品封典。63岁时，因长子策先按察司记名并赏一品封典，受封光禄大夫。

同治十二年（1873），刘恒泰病逝，终年68岁，从祀沂水县乡贤祠。

①《诰封光禄大夫刘公象久年谱》。

青胜于蓝刘策先

刘恒泰与原配夫人生长子策先、次子策勋、三子策庸，49岁时，原配病逝，纳唐氏为继室。51岁时，生幼子策濂。

刘恒泰潜心课子，把自己未竟科举希望寄托在儿子特别是长子策先身上。刘策先虽在科举上屡负父望，但在仕途上却创造了刘氏家族的辉煌。

无缘进士

刘策先，字甲三，生于道光四年（1824），与孪生的二叔父、三叔父同庚。刘策先出生时，祖父刘贮生以贡生出仕在京任中书科中书，父亲刘恒泰第一次应府试和院试。道光十年（1830），刘策先与二叔、三叔一起入馆学习。叔侄同馆同师，相互砥砺，亲睦和谐，一时传为佳话。

道光十九年（1839）冬，刘恒泰将夫人及策先、策勋、策庸接到大庾县任所，兄弟三人开始了随父宦游的异乡生活。在大庾县，策先、策勋师从己亥举人邹夑钊。父亲卸任大庾县寓居省城眼光庙时，兄弟三人以父为师，勤学不辍。刘恒泰任玉山知县时，家眷继续寄寓眼光庙，唯将策先带在身边随任读书，以便随时教诲。道光二十二年（1842），刘策先回乡参加童试并授室完婚。当年童试合格，顺利录入县学生员。

道光二十三年（1843），刘策先参加乡试未得录取，在家与二叔父、三叔父再次同馆，继续从师读书。是年，原配朱氏夫人生女后病逝。二十四年（1844），刘策先第二次应乡试，又落榜。当年，他遵父母命续娶莒州大店大学士庄令训之女。二十五年（1845）秋，携新妇至父任所省侍，再次随父辗转任所，随地聘师学习。道光二十六年（1846），再次应乡试，闱卷备中，但仍落榜。当年冬，刘恒泰奉命到万载县任职，刘策先再次随父读书。鉴于刘策先三次乡试名落孙山，刘恒泰亲自严加督责，所作课艺兼请举人出身的万载县训导批阅。

道光二十八年（1848），刘策先回乡录科，准备再次应乡试。回乡后，附馆莒县大店庄宅，从举人盛梦龄学习。道光二十九年（1849），第四次应乡试，又未果。

咸丰元年（1851），刘策先科试一等补廪，举孝廉方正。举孝廉方正始自雍正年间。雍正元年（1723），诏直省每府州县卫各举孝廉方正，赐六品服备用，并规定以后每逢皇帝即位即荐举一次。乾隆五年（1740），定荐举后赴礼部验看考试，授以知县等官。为了获得正途功名，咸丰元年（1851）冬，刘策先与二叔父、三叔父和二弟策勋再次一起应乡试，结果是不仅刘策先与举人无缘，两个叔叔和弟弟也全部落榜。

咸丰元年（1851）十月，刘恒泰获准辞任致仕，暂时寓居江西省城亲教三子策庸读书。得知两个胞弟和两个儿子均名落孙山后，刘恒泰决心回乡设馆，全力教授两个孪生弟弟和三个儿子。咸丰三年（1853），刘策先岁试获一等。

咸丰六年（1856），已经33岁的刘策先放弃了由乡试再大考及第的出仕正路，接受了由孝廉方正授户部主事的捷径，走上了仕途。

以文就武

咸丰同治年间，太平军和捻军南北呼应，搅得大清朝廷焦头烂额。捻军是由北方苏、鲁、豫、皖等地的流民组成的反清农民武装，清朝官方称之为“捻匪”。捻军骑兵纵横驰骋于皖、豫、鲁、苏、鄂、陕、晋、直（冀）八省十余年，极盛时期总兵力达二十余万。

咸丰八年（1858），刘策先由孝廉方正授户部主事，遂携眷进京赴部供职。当年十月，以知府分发直隶省候补。后经直隶总督奏请，调至天津海口大营当差。至海口，又被委任北塘海口守护炮台。刘策先履职正值捻军横行，朝廷忙于剿堵之时，所以官授文职却以文就武，走上了前半生半文半武的仕途。从此，刘策先屡屡涉足军事行动，屡建战功，顺利升迁。

按清代官制规定，诠选职官，首先把各种官职定为“缺”，无论正印、佐贰或杂职，均列为“员缺”，另外将应选官员分为“班”，按资俸、进班时间等序，依次排列，等待补位。

咸丰九年（1859），刘策先因守护炮台办理海防出色，奉旨授官知府，不论班次，遇缺即补。次年，还未履职知府的刘策先，又以驻津办理海运兼办海防迭次出力出色，奉旨以道员身份带兵赴黄村防堵并缉拿土匪。清代的官阶制度，道员是省（巡抚、总督）与府（知府）之间的地方长官，是省级行政机构的派员，品等为正四品。咸丰十一年（1861），经直隶总督和钦差大臣奏准，刘策先被派赴直隶大顺至山东曹州一带，带兵剿灭教匪。不久，克复曲周、清河、辛县、冠县等地，因军功奉旨交军机处记名，遇有道员出缺，即行放任，并赏戴花翎。此事，《同治朝实录》有载。

同治元年（1862）四月，刘策先奉旨以道员身份行事。同治二年（1863）正月，受直隶总督派遣统兵剿灭捻军，力保南宫，克复武邑等县。三月，受直隶总督派往直隶东部剿捻，以战功卓著，记名盐运使简放，品等为从三品，并受赏“巴鲁图”（满语中“英雄”“勇士”一词音译）名号。随营作战的三叔父，也因此奉旨授予训导，不论单双月，出缺即行补用。喜报传至家后，父亲刘恒泰立即修书告诫儿子：

> 宁为儒将，勿为战将；宁为循吏，勿为能吏。带兵以安抚为先，不徒以剿杀为急。官至三品，恩愈重，报称愈难，当视国事如家事焉。子其勉之。①

同治三年（1864），直隶东部捻军被全部剿灭，境内肃清。旨谕“以直隶军迭次剿匪出力，赏道员刘策先二品封典”②，加布政使头衔。根据清制，刘策先父母及祖父母皆受二品封典。当年秋，署清河分巡道。布政使是省督、抚的属官，专管一省的财赋和人事，与专管刑名的按察使并称两司。分巡道主管全省提学、屯田等专门事务。此后，刘策先备受直隶总督青睐，遇有匪事必奏派刘策先统兵处理。

同治四年（1865），亲王僧格林沁在曹州一带剿办捻军时不幸阵亡，朝廷震动，敕令直隶、山东等处调兵把守黄河，以防捻军渡河北上。直隶总督奏派刘策先统领东路水陆马步官军驻扎东阿城，相机进剿捻军。

同治六年（1867）春，刘策先由河防回直隶省。当年九月，经兵部右侍郎通商大臣完颜崇厚奏请，调刘策先往天津督办天津河间两府及东南两路厅团练。当年冬，西部捻军张总愚纠集数十万众，由山西吉州东渡黄河围困保定省城。大学士正白旗蒙古都统官文奏请，调刘策先回省统率兵马守省城。当时，刘策先的三叔父、二弟策勋、三弟策庸、长子恩驻先后来到军营相

---

①《光禄大夫刘公象久年谱》。
②《清实录·穆宗实录》。

助。刘策先分派他们分别担任各营指挥，号称“策字营”，策字号大营一时威震直、鲁两地。

同治七年（1868）正月，刘策先奉命统领各策字营保护西陵（清代自雍正时起四位皇帝的陵寝之地）。夏秋之时，又会同皖豫淮湘各军扼守运河。因屡获大胜，肃清畿辅，升刘策先记名按察使简放，赏三代及本身正一品封典，赠封祖父刘贮生、父刘恒泰光禄大夫，赠封祖母和母亲一品太夫人。刘策先三叔父、二弟策勋、长子恩驻因随营出力有功，奉旨以知县发省分归候补，前先补用，并赏加同知衔。同知为知府的副职，正五品。这时刘策先三叔父、二弟策勋、长子恩驻虽然还是候补知县，但已享受正五品的名分了。当年秋天，刘策先移营正定城办理善后事宜。

当刘策先统军转战直隶、山东、河南之时，年已63岁的父亲刘恒泰再次修书告诫所向披靡的儿子：

> 尔每日行军驰驱百余里，辛苦不待言矣。所过之处绝无蹂躏，人言如此，我闻之甚喜。夫用兵之道，恤民为先。兵者何？所以剿贼也。剿贼者何？所以救百姓也。诚能申明纪律，约束兵丁，则军令必齐。军令既齐，则民心必固，则贼势必孤，荡平之机可计日而待也。

湖北施政

同治八年（1869），刘策先46岁，奉旨补授湖北等处提刑按察使司按察使。

提刑按察使司是元、明、清三朝设立在省一级的司法部门，主管一省的刑名、诉讼事务，对地方官员行使监察权，同时也是中央监察机关——都察院在地方的分支机构，主管称为“提刑按察使”，简称“按察使”，也简称“臬台”“臬司”，品为正三品。在此之前，刘策先先以道员赏二品封典，加布政使头衔，继之军功记名按察使简放，赏一品封典。补授湖北等处按察使，是以正一品的荣誉任正三品的官位。

刘策先赴湖北任职的当年冬，在家潜心教授子孙的刘恒泰特修家书再次教诲儿子：

> 臬台总理刑名，适轻适重，民命攸关。宜体钦恤之意，用副

（辅）弼教之思，严酷非所以培国脉，姑息亦非所以厚民生。毋枉毋纵，思为得之。

同治十一年（1872）二月，刘策先由按察使署移官湖北布政使署。清代，巡抚是一省的主官，布政使又称藩台、方伯，分管民政、财赋、户籍、钱粮等行政事，品级为从二品。父亲刘恒泰接阅官邸抄报后，又差家丁持亲笔书到湖北官署，剀切教诲：

理财用人是藩司专责，款项之出纳，官员之补署，经画既繁，怨仇易集。必须大公无私，通达政体，不沽名，不避怨，不辞劳瘁，布纲陈纪，力持其屏，以报天恩于万一也。

同治十二年（1873），父丧，刘策先丁忧回归故里。从此他无意出山，退老家居，步趋不入公门，唯率侄辈讲求实学，以继先人诗书之业。

光绪三十二年（1906），刘策先病逝，享年83岁。

刘策先的政坛生涯可分为前后两个时期。咸丰八年（1858）35岁出仕为官，至同治八年（1869）是第一阶段。这一阶段以文履武，捷报频传，不断晋升，是他人生的辉煌时期，《同治朝实录》中提及他的名字就达20次。从任湖北按察使开始，是他为官的第二阶段，这一阶段是短暂的，总体上没有记入史书的辉煌业绩。但刘策先的一生是成功的，也是堪为后世楷模的，这就是：由于有父亲的耳提面命和谆谆教诲，他以文履武踌躇满志之时，未沦为专嗜杀伐的战将，而成为屡立战功的儒将；在地方大员官位上，虽没有剿捻时的风云辉煌，但也总理刑名之时无枉无纵，藩司一方之时不沽名不避怨，恪尽职守。在人生辉煌之时，急流勇退，致仕居家，专心督学，不入公门，寿登耄耋，终老天年。其一生可谓青出于蓝而胜于蓝。

大放光明刘恩驻

刘策先19岁时授室，择本县里庄（今依汶镇朱家里庄村）太学生朱元瑞之女成婚，次年生一女。刘策先长女嫁莒州大店庄敏，庄敏官至知县。朱氏病殁后，刘策先娶莒州大店太学生庄令训之女为继室。道光二十九年（1849）与庄氏夫人生子金墩，但不幸夭折。咸丰四年（1854）正月，刘策先30岁，与庄氏夫人再生一子，以“恩”字辈取谱名“恩驻”，寓“永驻”之意。同治七年（1868），次子恩培生于直隶省城，由邑庠生出仕直隶候补知县。同治九年（1870），三子恩霖生于湖北臬署，学至监生。光绪十二年（1886），刘策先与侧室又生一子，取谱名“恩眷”，学至监生。老来得子，恩眷二字似乎带有“皇恩眷顾”之意，但恩眷并不领皇帝之恩，成年后自改名“佛缘”，终生也以佛缘为名。

恩驻与恩眷是同父异母的兄弟，兄为长子，弟列老幺。虽然二人年龄相差甚大，但都崇尚西学。最终，一个由朝廷命官成功转型成为山东电力先驱，一个从仕宦家族的少爷涅槃为毁家纾难的开明士绅，可谓“大放光明双子星”。

逐势弄潮

刘策先在直隶任上时，就把长子恩驻带在身边，以便于在延师课子的同时旦夕教诲。在湖北任按察使和布政使期间，刘策先曾延聘莒州籍进士、前任咸宁知县崔培元教授已进入学龄的恩驻。刘恩驻成年后，取表字“福航”。同治末年，以军功加同知衔，赏戴花翎，保举知县。光绪元年（1875），乙亥科举孝廉方正。次年，23岁的刘恩驻考取丙子科举人，补用知府，授后补道台衔。

刘恩驻不仅有领兵作战的经历、赏戴花翎的荣誉、乡试举人的功名、实授知府的官位、候补道台的职衔，而且因为自小随父亲宦游直隶、天津、湖北等地，经历丰富，眼界开阔，家族及亲属都期望他仕途如父，光耀刘氏一脉。但他受洋务派新思维的影响，热衷于化学、物理、机械制造、电气等自然科学和技术，对仕途不甚热心。

刘策先谢世后，刘恩驻随母庄氏在济南定居。当时，正值“洋务运动”时期，清朝政府颁发诏书，通令各省创办机器局即兵工厂，制造枪炮、子弹、炸药。山东巡抚丁宝桢于1875年创办了山东机器局。但当时所谓的人才，尽属科举制选拔出来的舞文弄墨或耍刀弄枪的人，懂自然科学、实用技术的人却凤毛麟角。为了解决人才匮乏之难，清朝政府一方面大量公派人员出国留学以作长久之计，一方面在国内广泛选拔新型人才以解燃眉之急。在这一背景下，36岁的刘恩驻脱颖而出了。

光绪二十四年（1898），经山东巡抚张汝梅推荐，慈禧亲自召见了刘恩驻，经过面试，任命为丁宝桢于1875年创办的山东机器局总办。此事，《光绪朝实录》记载，光绪二十四年十二月谕：

> 电寄张汝梅，本日召见之分省补用知府刘恩驻。据称素谙化学，著发往山东，交张汝梅派充机器局总办，认真讲求各项制造。随时查看，以资利用。

刘恩驻果然经营有方，业绩不凡，而且做出了发展规划。1904年，经山东巡抚周馥奏请清政府批准，刘恩驻花费18.2万马克，从德国购进42台新式机器，为清政府制造了大量单发步枪和“七九”子弹。刘恩驻励精图治，是在任时间最长的一位总办，深得清廷赏识。

当时，电力还是稀有的照明资源，山东仅有1900年德国人在青岛建立的电灯厂。在管理山东机器局的过程中，刘恩驻敏锐地看到了发展电力的商机和光明的前景。

刘恩驻像

1896年机器局大门

1901年到1905年，清政府连续颁布了一系列新政上谕，内容包括筹措军饷，训练新兵；振兴商务，奖励实业；废除科举，育才兴学；改革官制，整顿吏治；改革法制，修订新律等一系列措施，史称“清末新政”。

在这一背景下，光绪三十

年四月一日（1904年5月15日），济南正式开设“华洋公共通商之埠”，简称商埠。商埠区划定在老城西关之外，东起十王殿（今馆驿街西口），西至北大槐树，南沿赴长清大道（今经七路一带），北至胶济铁路以南，占地共4000余亩。其中东西长约5里，南北长不到3里。济南商埠虽然不大，但开创了中国内陆城市自主开放的先河。

商埠主业是商贸，不宜建厂，但开埠的举措为地方建厂带来了东风。早就看到了商机的刘恩驻开始行动。

1905年，刘恩驻自筹27.9万银圆购置了德国西门子洋行两台42千瓦蒸汽发电机组，聘请了德国人斯密特·哈姆随机来济南装机，配以3吨的锅炉，雇佣了40余名工人，在济南老城院后街“曲水亭”（现曲水亭街25号）建起了占地1.9亩的“济南电灯房”。济南的巡抚衙门、达官巨贾宅邸内从此用上了电灯。同时他在曲水亭街安装了18盏路灯。当年的电灯并非钨丝真空灯泡，而是碳极弧光灯，靠两电极之间拉弧而发光。因此，每当夜晚路灯亮时，都需有人爬上路边电线杆，调节电极之间距离，使之打着“火”，把一盏盏路灯“点”亮，待黎明天亮之时，再一盏盏地熄灭。这一盏盏不添油、不冒烟、不怕风、不怕雨而且奇亮无比的灯，被人们称作“神灯”。就是这些“神灯”，照亮了巡抚大院，开启了省城济南近代文明之光。

在山东近代史上，中国人自己办电灯房，刘恩驻可谓开天辟地头一个（青岛、潍坊也有，但那是德国人办的）。所以，在济南开埠后的众多“第一”中，他这个“第一”无疑是最“亮”的一个。山东巡抚吴廷斌上奏朝廷，褒奖刘恩驻在军需和民用实业方面做出的贡献。朝廷谕令扩充济南电灯房，注入官股予以支持。官方注资扶持，市场需求巨大，在两者的联合推动下，刘恩驻的电灯房一“明”惊人，获得了极好的效益。

1909年，刘恩驻在西门东流水对岸的顺河街，新购置了6亩土地，另设电灯房新厂。新开辟的电灯房，增添了两台英国生产的蒸汽锅炉，配备了两台德国生产的立式蒸汽发电机，总容量达到420千瓦，是原有电灯房发电量的5倍。供电范围也由老城巡抚院附近及西门里一带，跨出城外，西至商埠，南到南关部分区域。1911年，电灯照明区域扩展到商埠和全城。

1912年，中华民国建立，59岁的刘恩驻退出了山东机器局，专门经营他的电灯房事业。同年，为了充分利用西护城河的水力资源，刘恩驻选择东流水开辟新厂，可谓得天时和地利。东流水街是一条曾有600多年历史的古街，成书于1351年的《齐乘》中就有记载：“城西石桥北，城下……一名东流水。”街长

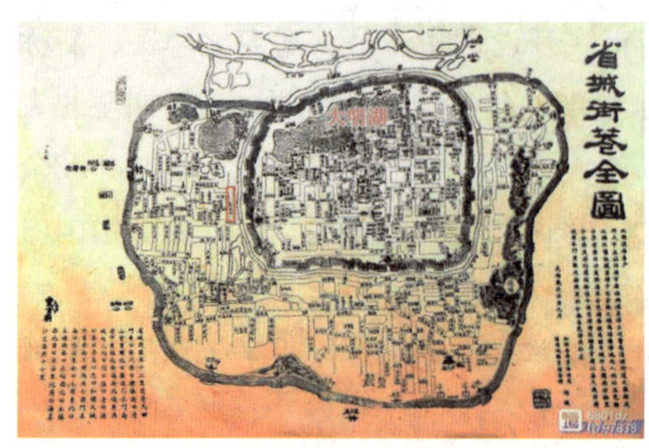

光绪济南街巷图

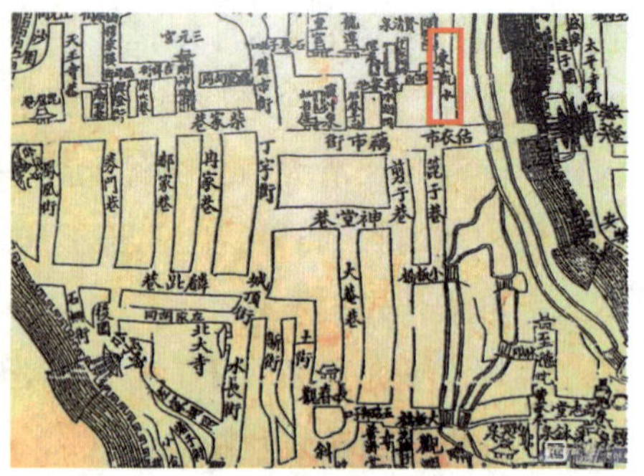

东流水街位置图

410米，宽4.5米。这一带古时是大明湖所在，后来湖水退去，人们在这里建园居住，朗园、漪园是有名的私家园林。东流水古称“船巷”，顾名思义，彼时街巷之间可通舟楫，颇有江南水乡的味道。后来称为东流水，是因此地名泉荟萃，夏日群泉竞发，东流护城河而得名。俗话说，有水就有财，泉源即财源。西门外水源富集的东流水一带，遂成为济南府民族工商业崛起的发祥地。刘恩驻家族属于“山东沂水东流店”刘氏，按风水先生的说法，这里注定也将成为刘恩驻的一块风水宝地。

东流水电灯房

引擎式锅驮发动机

1914年，济南举办山东第一届工业产品展览会，刘恩驻被聘为机器制作部评议员。为了表示对展览会的支持，他慷慨以500块现大洋的最高额购买了第一号入场券。当时的济南电灯公司本来就如日中天，刘恩驻的慨然之举更使他成了省城工商界众星捧月式的人物。

电灯给济南增添了新气象，记者纷纷采访报道，以宣科学，兼发评论。

《东方杂志》1917年第14卷第6号登载了童世亨《参观济南电灯公司记》：

济南市面，向推西关及西门大街为最殷盛，自胶济津浦相继通车，西关外之商埠亦日臻发达，马路宽坦，电话电灯之杆线，植立两旁，气象颇觉不寂。余于阳历四月六日游历至此，承同砚友许君衍灼介绍往观济南电灯公司。

甫入门，即见有高大之砖烟囱翘然特立，闻其建筑费约有三万元之巨，盖系德国某工程师之计划，预备将来添机时亦可应用者。公司中人莫不指此为太费，抑知在今日灯未点足，机未添置，固无需此大烟囱；一旦增加数机，其烟囱之容量，亦不能不随之增加，如过于狭小，届时因通风不足，势必至弃旧换新，另行建筑，则无宁当初稍筑高大之为得也。既入厂，见有三相交流发电机两台，与蒸气机关（即引擎）及励磁机同轴相连接，其电压之单位凡五千，电流之单位约七十二，周波度数得五十；而其电力为二百十基罗华脱，盖可供十六烛光金属纤灯一万盏之用，两台则可燃十六烛光电灯二万盏。闻今城厢内外点用电灯者，以十烛光计，不过一万盏，约合十六烛光六千盏，故只运转一台，尚觉绰有余裕也。发电机之左面，尚留二机之地位，预备日后扩充者。右置凝汽机，前置配电盘，线路接续图悬诸壁上，不难按图索骥。其后面为汽炉室，中有新式水管汽炉两只，每只热面积约得二千四百平方英尺，今只开用一只。照目前十烛光一万盏之灯数，冬夏平均每夜约耗煤四吨半。其煤多取诸博山，每吨价值不过五六元，以视沪上东洋煤价格，次货尚需银八九两者，诚不可同日而语矣。问何以不用中兴公司之峄煤，则称峄煤火力虽足，烟气甚重，不及博山煤之更为合用。惟博山采煤，尚恃土法，所得无几，未能广销国内，为可惜耳。

余观该公司厂屋之构造、机器之布置，俱井井有条，知非得专门工程师之指导，不能如此完备。倘他日有工校电科学生欲参观国内电灯厂者，余必劝其一往济南也。独惜创办之初，似无人深明电机之学，故其权反为德工程师所操而无如之何。仅仅四百二十基罗华脱之电灯厂，而耗资本四十万元，代价未免太巨。工事告竣，工程师已无所事事，每月仅到一二次，而犹月领干薪五百元，开支未免稍滥。问何故不辞，则似有契约之关系，未可为外人道者。因此之故，遂不得不增收电费，间接以取诸用户。按其章程，凡点十烛光者每月收费一元，十六烛光收一元六角，二十五烛光收二元五角，即每烛光收费一角，其余类推，毫无折扣。其用电力表者，则每一单位收洋三角五分，外缴表租按月一元五角，此其价值又视沪宁等处不啻增加一倍矣。是以城内各店铺尚多燃用煤油灯者，非不愿也，不合算耳。使其电费能减轻十之三四，吾知城内外大小店户必无不乐用电灯者，二万盏十六烛光金属线灯额，转瞬可满，惜其见不及此耳。其营业盈亏收支账略，余虽无从调查，要之照目前灯数，月有一万元之收入，能减省支出，未必无余利可图。惟闻诸道路，似尚负外债未易清理者，则非局外人所得而知矣。

1918年第23期《电气》杂志，刊载了《济南电灯公司参观记》一文，作者介绍当时的电灯公司计价收费情况：

济南电灯市街线路纯用木料电杆，电杆距离约间二十五步。所用变压器，多为油冷单相变压器。……公司营业分包灯用户和电表用户两种。凡安十烛光灯二十五盏或十六烛光十五盏以上者，始有租用电表之资格。且每表须收安装费十元，每月收租价一元五角。其每度之售价为两角五分。包灯用户则每烛光每月售洋一角。例如十烛光则月售一元。其安灯费，则以所安灯式而异。有挂灯、拉灯、水挂灯种种名目。挂灯每盏要五元五角，拉灯每盏要七元五角。

随着济南工商各业日趋繁荣，大规模扩容后的电灯房仍跟不上迅速增长的市场需求。1919年，刘恩驻又以电灯房资产为股本，向社会各界发起招股集资，共集得股资14.13万元，加原资产60万元，总计74.13万元。当年，刘恩驻又将济南电灯房作价60万元，平分给儿子刘筱航和二女婿庄式如，使他们成为主要股东；又招新股资40万元，将济南电灯房改为“济南电气股份有限公司”，刘筱航任董事长，庄式如任经理，德国人斯密特·哈姆任工程师。1922年，济南电气公司又购买500千瓦和1000千瓦发电机各一台，总装机容量近2000千瓦，其供电范围扩展到城厢四周及洛口镇一带。

1923年秋天，刘恩驻七十大寿，他在济南八旗会馆摆了一百多桌酒席大宴宾客，并从北京请来有京剧“冬皇”之称的女老生孟小冬戏班，连唱大戏三天。时隔不久，这位济南电灯房第一代创始人就病倒去世了。刘恩驻的独生子刘筱航接任董事长，女婿庄式如继续任经理。

筱航之航

同治十一年（1872），刘恩驻授室完婚，光绪十四年（1888），中年得子，起名“筱航”。“筱”意同“小”，多用于人名。刘恩驻字“福航”，为爱子起名筱航，其寓意显而易见，即子如其父，扬帆远航。但刘筱航却没有父亲敏锐的眼光和脚踏实地的创业精神，继任董事长后，这艘大船并没有能够继续扬帆远航，而是很快就触礁搁浅了。

正当电灯公司红红火火、蒸蒸日上之时，济南发生了震惊中外的“五三惨案”，日寇炮轰济南府城，到处杀人放火，杀人最多的西顺城根街，距电灯公司所在的东流水不过数十步之遥。刘筱航在“五三惨案”发生之前，就得知日军与北伐军要在济南开仗的消息，这位董事长便即刻委托当年的“伴读”林育均代为管理电气公司事宜，自己携全家躲到天津避难去了。刘筱航在天津英租界里一住就是三年多，开销由电气公司定期寄来。刘筱航的寓公生活十分潇洒。他的小汽车是天津上等的，还花重金买到了“1”号车牌，天津新建大桥落成时，必定是他的“1”号车优先通过。但是，由于董事长不在家，电灯公司内部董事之间便勾心斗角争权夺利，加之外部经营管理不善，企业出现严重亏损。庄式如不再给他往天津寄钱了，断了财源的刘筱航才携全家返回济南。

由于刘恩驻只有刘筱航这一个儿子，因此对刘筱航呵护备至。除了为独子留下了30万元的股份和一座豪宅以外，临终前将始终放心不下的儿子托付给几位老友。林育均曾是刘筱航的“伴读”，为人厚道，有主意，刘恩驻把他叫来，深情地说：“筱航年轻，他交的那些朋友都靠不住，将来你要多帮他啊。”刘恩驻还向老管家（失名）悄悄交代了后事，又让刘筱航给老管家磕了头。

刘筱航继承的豪宅在济南铜元局后街，占地七十余亩，有七进院落。院内湖塘山石、亭台屋舍、流林花圃，无所不备，号称刘家花园。进临街大门后，宅前为一方形大湖塘，夏日荷花盛开，内宅位于荷塘北岸，东西两溜花砖围墙，分为主仆两个跨院，主人一家住东院，内有前后两座花园。刘筱航爱好养狗和看戏，济南北洋大戏院和进德会里的戏院都是他经常光顾的地方。全国有名的戏班来济南演出，也必定到他家拜访。他爱好大场面，时常在府宅中唱堂会、搞聚会。

20世纪30年代初，有京剧“四大坤旦”之首“坤伶首席”美誉的雪艳琴，率领“成庆社”来济南北洋大戏院唱戏。雪艳琴原名黄咏霓，济南人，1910年生。8岁（一说10岁）时，她到北京从靳国瑞学戏，及长，又师从张采林、荣蝴仙、王瑶卿等名家深造，艺事大进，成名很早，是北京戏剧界早期女艺人中声誉较高的一位，名声直逼“四大名旦”。1933年拍摄的中国第一部实景有声电影《四郎探母》，谭富英饰杨四郎，雪艳琴饰铁镜公主。雪艳琴也闻刘筱航大名，便率班亲临刘宅拜访，以期得到这位董事长的捧场与关照。拜访后，主宾在刘家大院前花园合影。

刘筱航与雪艳琴合影

刘筱航

雪艳琴

此合影照中，左侧为刘筱航及亲属和政要，右侧为“成庆社”演员和刘筱航的太太。女中高挑身材着白旗袍者是班主雪艳琴，左一是其姐雪艳芳，右二是戏班老生锦遇春，右三是戏班花脸（失名）。前排左四穿灰色长袍、留短唇须者为刘筱航，前排左二是韩复榘时的济南公务局局长张子彬，其余男士有长房管氏太太的三兄管建侯、管建侯的大儿子管少侯、管建侯的助理陈仲范。

戏班以唱戏赚钱谋生，刘筱航不仅到剧院先睹为快，还请戏班搞堂会以显气派，宾朋免费看大戏，自然拍手喊好，巨大的开支却悄悄地消耗着刘筱航的金库。

刘筱航爱好汽车，家里有豪车四五辆。当时济南有三辆美国造的流线型轿车，两辆是韩复榘的，另一辆就是刘筱航的。这辆车平时不坐，只是偶尔开出去兜兜风，风光一下。

刘筱航的大姐夫闻建臣是旗人，清朝的候补道台，人老实，本事不大，唯一的二儿子又不成器，家势日颓，把济南芙蓉街金菊巷的宅子卖给了刘筱航，然后住进了刘筱航在于家桥的一所小四合院。刘筱航把闻建臣的旧宅租给了一位叫赵子俊的商人，赵在此开起了饭庄，后来发展为颇具盛名的“燕喜堂”。

刘筱航为人洒脱，出手大方，花钱如流水；再加上因管理不善，用户拖欠电费，军队、警察等有势力的部门更是白用电，公司亏损严重，已难以支撑。

刘筱航不仅面对举步维艰的电灯公司手足无措，一筹莫展，而且日常生活也成了大问题。正在万般无奈之际，当年刘恩驻“托孤”的那位老管家告诉了他一个秘密：“少东家不要愁，老爷在世时已经为你想到这一天了。他在后院埋了几缸银圆，嘱咐我到少东家走投无路时才告诉您。”几大缸银圆起出来了，刘筱航解决了燃眉之急。

刘筱航与庄式如的矛盾逐渐加剧，最终竟然对簿公堂。当时庄家的势力很大，刘筱航自知不是对手，便求助于父亲老友（又是股东）原两湖巡阅使王占元、山东督军张怀芝等人。在这些要人的支持下，刘家胜诉了，庄家下了台。但刘筱航既无电业知识，又缺乏管理经验，难以承担公司大业，后来又不得不与庄家妥协。

两家的矛盾闹得两败俱伤，电灯公司极不景气。山东省政府主席韩复榘借口电气公司股东间纠葛迭起，电力日形衰微，社会烦言丛生，电力为一市之专利企业，关系治安甚重，公司不能自行整理，组织临时整理委员会，于1934年12月进驻电器公司。山东省财政厅厅长张鸿烈任临时整理委员会主席，山东省建设厅厅长王向荣、济南市市长闻承烈任常务委员，济南市公安局局长赵广培、济南警备司令吴化文任委员，赵竹贤任经理，刘绍禹任法律顾问，斯密特·哈姆继续任工程师。临时整理委员会向股东们宣布：原董事会均不得过问公司事务，由政府代为管理，掌控处理一切。

临时整理委员会接管电灯公司后，对其进行了全面整顿，并为提高发电能力而新安装了一套5000千瓦的发电机组。1935年11月10日，新厂房落成，举行了隆重的落成典礼。韩复榘为之题写了四个隶书大字——“大放光明”。

其实，这台新发电机在1933年就已购买并运抵济南，因为原商股董事会的矛盾纠葛，新厂房兴建和发电机安装耽误了两年多时间。落成典礼之后，电灯公司宣布对外开放三日，供济南市民参观，一时成为众人街头巷尾、茶余饭后的谈资。

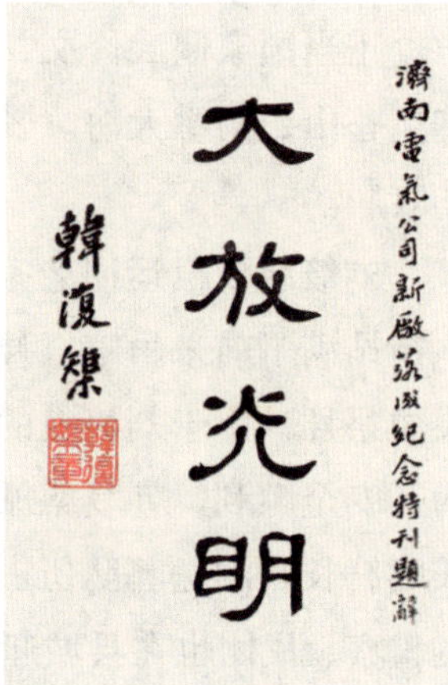

临时整理委员会名曰帮助整顿，实质上接管了电灯公司，电灯公司也结束了它的商股经营，改为民资官办，新安装5000千瓦发电机组也成了临时整理委员会的功绩。刘筱航既羞愧又恼怒，却不能言也不敢言，心情十分郁闷，不久即发现小便带血，

延请名医检查，疑为膀胱肿瘤。家人及朋友劝其到北京治疗，他因怕开刀未去，病情遂重，终于卧床不起。

1937年抗战爆发前夕，山东省政府临时整理委员会把电灯公司交还给了商股董事会，然而董事长刘筱航却未能等到这一天。1936年3月，刘筱航去世，时年49岁。

时任山东省政府主席韩复榘、沂水老乡北平政府市长秦德纯、平津卫戍司令宋哲元、青岛市市长沈鸿烈、上海市长兼淞沪警备司令吴铁城、湖北省政府主席何成濬、山东教育厅厅长何思源等政要人物及社会贤达，纷纷发电吊唁、致挽词以示哀悼，上海大亨杜月笙也发挽词“驾返蓬瀛”。

筱航先生像赞
繫維先生累葉簪纓席豐
履厚藴粹含清實業先導
大放光明光照萬户富冠百
城修文下召趣返玉京式瞻遺
像嶽峻淵泓

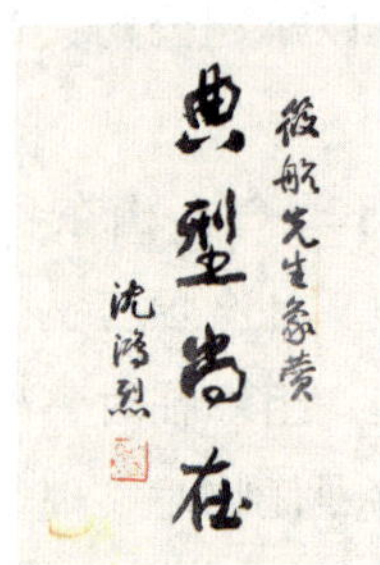

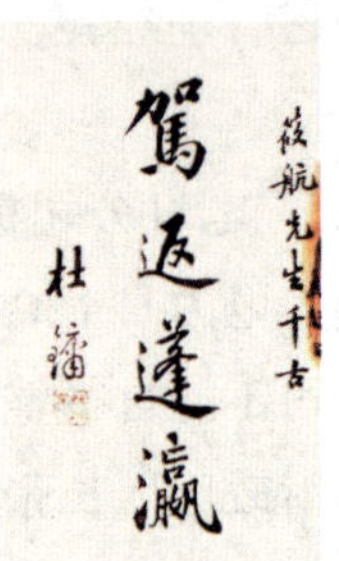

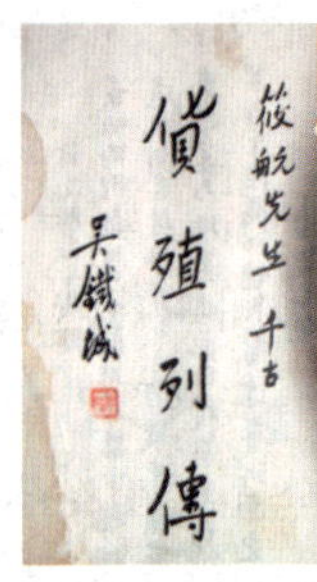

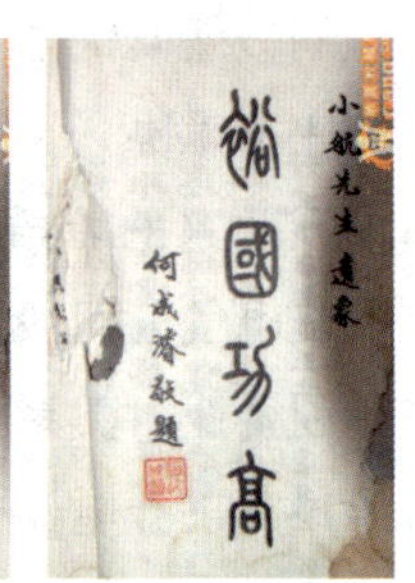

韩复榘《筱航先生像赞》和部分要人挽词

韩复榘《筱航先生画像赞》曰：

系维先生，累叶簪缨。席丰履厚，蕴粹含清。实业先导，大放光明。光照万户，富冠百城。修文下召，趣返玉京。式瞻遗像，岳峻渊泓。

韩复榘挽词的意思是：筱航先生世代高官，福运亨通，诚为精英和名流，是地方实业的先导；创办电灯公司，给千家万户带来光明，经济上也富甲一方。正当国家偃武修文，天下太平之时，先生却急速地升天了。敬仰遗像，如仰望苍山，俯瞰大海。赞语既有对刘氏实业的高度赞扬，也有对筱航过早去世的哀痛。

刘筱航灵柩运回老家沂水县刘家店子安葬。起灵那天，铜元局后街及东流水街站满了前来吊唁祭拜的人，亲朋、邻居、股东、电气公司员工代表陆续向灵位祭拜。由于刘筱航的灵柩需先用火车运至潍县，再换汽车运回老家，所以为了安全顺利，韩复榘派谷良民师的一个连护送。中午12点整，电灯公司汽笛长鸣，长长的送葬队伍占满街道。火车到了潍县后，灵柩转到汽车上，沂水县的警察、民团也在县城迎候。

济南电灯房第二代传人刘筱航之死可谓备极哀荣。刘恩驻开创的电力实业，为沂河岸畔望族刘氏带来了辉煌，但到了刘筱航时期毕竟是一片晚霞了。

航荪新生

刘恩驻的长女嫁给旗人候补道台闻建臣为妻，生有二女一子。长女曹淑英（曹轶欧），嫁诸城人张宗可（康生）。二女儿嫁莒州大店庄式如，生有两个儿子庄维屏和庄次封。庄维屏兄弟最初都在刘恩驻的电灯公司担任领导职务，1937年日寇进入济南后，庄维屏被迫担任了伪山东省建设厅厅长，日军投降后被收监。日军强迫庄次封担任伪山东省财政厅厅长，庄次封力辞不就，后任中日合作组建的济南电力股份有限公司中方经理，日本投降后被免职。

刘筱航先后娶了四房太太，第一房管氏，五莲小窑村人，她为刘筱航生有三个女儿。二房李氏、三房谢氏都没生育。第四房李氏，1924年冬为刘筱航生子刘航荪。刘筱航是刘恩驻的独子，刘筱航也只有一个宝贝儿子，所以刘航荪备受宠爱。“荪”的本意是古书上说的一种香草，起名“航荪”显然寓意着希望刘家独苗能继承家业，馨香流芳。

财富恰似过眼云，无情最是东流水。

刘航荪生于达官巨商之家，为济南城首屈一指的阔少爷。因为从小受到长辈们的宠爱，加上父亲的熏陶影响，刘航荪虽天资聪明，但只顾贪玩，在济南读小学时，大明湖、趵突泉、大观园、千佛山、小广寒电影院等都是常去的地方，反正是哪里好玩就去哪里。他爱好的范围很广，滑冰、打台球、打乒乓球、气枪打鸟样样精通，甚至从小就学会了开汽车。家里人为规劝他，在家门口电线杆子上贴上“劝君莫打三春鸟，子在巢中盼母归”的小标语，可骄纵惯了的刘航荪心不在焉，置若罔闻，依然如故。

刘筱航撒手人世时，刘航荪年仅12岁。刘筱航生前曾立下遗嘱，全部家产由独子刘航荪继承。但刘筱航死后，分家还得由长房说了算。这时，李氏已过世，家产按三七开分割，长房管氏与三个女儿分得七分财产，而刘航荪母子和谢氏只分得三分财产。刘航荪还小，母亲还要抽大烟，只能靠变卖家产度日。刘筱航大夫人管氏也是坐吃山空，日子也不好过。

1937年“七七事变”爆发，11月日寇逼近济南，12月韩复榘弃城逃跑。12月27日，济南沦陷，电灯公司落入日寇之手被军管。日本人来济南后，知道刘航荪家有钱，几次将他绑架到日本公馆，每次或由母亲赎出，或托人打点疏通才放出来。

刘航荪的大姐刘梦蓉嫁到天津，公爹陆洪涛曾任北洋政府的甘肃督军。刘航荪的母亲担心儿子安全，又怕误了前程，便于1940年送儿子到天津，进入天津达文中学读书。

1942年，刘航荪从天津辍学回到了济南。在济南，由家庭厨师刘庆东做媒，与原山东巡抚丁宝桢的重孙女丁泽琛结婚。这一年，刘航荪18岁，丁泽琛20岁。当时，丁家也早已败落，同刘家称得起是同病相怜，门当户对。

刘航荪与丁泽琛结婚照

由于家庭败落，居无定所，所以刘航荪通过父亲的老朋友托关系，由山东省建设厅厅长丁基实安排到济南社会救济性的一个处工作。但是刚过了半年就赶上了精简机构，刘航荪被精简下来，又过上了无业生活。济南解放前夕，刘航荪一家已是败落得上无片瓦，下无立锥之地了。

1948年9月，济南解放，曹轶欧（曹淑英）来山东担任中共山东分局组织部副部长。曹轶欧是刘航荪大姑家的长女，与刘航荪是表姐弟关系。曹轶欧打听到刘航荪的下落后，看望了刘航荪一家，并为刘航荪的母亲办理了每月12元钱的政府救济。

1949年，刘航荪报名上了北京华北人民革命大学，经过短时期的培训后，分配到平原省汤阴县（今河南汤阴）教小学。当时，刘航荪已有四个孩子，妻子做电业公司的抄表工，工资收入微薄，家境十分拮据。在大表姐曹轶欧的帮助下，刘航荪调回济南，安排到市卫生局上班。1957年“反右”，因刘航荪从小喜好运动，而不爱发表意见，当时还是市卫生局乒乓球冠军与先进工作者，所以安然无事。1958年大炼钢铁，山东省运输公司急需司机。刘航荪从小就摆弄汽车，见司机工资高，就一再申请去运输公司开车，经领导批准就改行干了司机。他开始在省汽运二队开货车，后来又调到市公共汽车公司开公交车。刘航荪还真是干技术活的好材料，他从大炼钢铁到“四清”开始这段时间里，年年被评为先进工作者。“四清”及“文革”期间，刘航荪被扣上了“地主兼资本家”的帽子，成了“黑五类”。1978年，他获得平反，摘除了“地主兼资本家”的帽子，补发了八年的工资，与夫人提前退休。[1]也许是少年打下的基础很牢固，“文革”前刘航苏就曾获得过济南市乒乓球比赛的冠军；2005年6月，“济南时报·玉泉杯”乒乓球等级联赛中，刘航苏还以82岁的高龄报名参加了丙级比赛。

刘氏家族由刘恒泰建立家业，刘策先提升了家庭的政治地位，刘恩驻把家业发展到了鼎盛，到刘筱航开始走向衰败，到了刘航苏这一代彻底败落。刘航苏这一代彻底败落是一个悲剧，但刘氏家族开创的电灯公司，却不仅是山东民族工业起点的标志，更是奠定了山东电业的基础。

从1905年创办济南电灯房到1923年去世，刘恩驻从一个封建官僚转变成一名资本实业家。他尝试着转变，即使不能改变中国的命运，但他也在艰难地维续着，让那个时代的中国看到了一丝光明。

中国传统文化中“八字”术语有“四合”，指天、地、人、己四面相合。刘福航（刘恩驻）事业的成功，可谓“四合”。所谓“天合”，即最新科技、领导潮流、供不应求；所谓“地合”，即独此一家、地区垄断、卖方市场；所谓“人合”，即官场背景、人脉雄厚、左右逢源；所谓“己合”，即本人既懂得声光化电又通晓官商之道，且眼界开阔、富于事业心。这种“四合”的成功模式，似乎是很难复制的。刘福航扬帆远航一帆风顺，刘筱航航行未远即触礁搁浅，刘航苏也未能振兴家业馨香流芳，也反证了“四合”对人生事业成功的重要性。

附文：

文明之辩

刘恩驻幼年学习的是儒家经典，在家庭耳濡目染的也是传统道德文化，但他中年接触的却是西方科学文化，因此对物质文明和精神文明的关系有着独到的见解。在致力于实业之余，他还曾为《大千图说》作序，阐述物质文明和精神文明的关系，以期遗教社会。

民国初年，济南出了个神童江希张。江希张的父亲是一位私塾老师，母亲上过私塾，后来就读山东省立女子师范学校。在文化气氛浓厚的家庭环境里，父母丰富的学问和对儿子有意识的培养，使江希张受到良好的启蒙教育。江希

① 刘恩驻及子孙事迹，参考隽桂德《山东民族工业的创始人刘恩驻家世考》，《春秋》，2011 第 7 期。

张到了3周岁时已经认识800多字，父母教的100多首唐诗都能背诵，4周岁的时候，学会了写作诗文。江希张童年时代就研读了四书五经等儒家经典，成为风靡一时的“神童”明星。

民国二年（1913），北洋政府学部大臣唐春卿召见6岁的江希张，令其读论语，并令作《立宪论》，江希张圆满应对，当场受到嘉奖。民国五年（1916），署名为“九岁童子江希张”的《四书白话解说》出版。北洋政府大总统黎元洪为其题词“大同先导”，印在书的扉页。民国五年（1916），有一本署名为江希张著的《大千图说》出版，作者在书中说他创立“三千大千世界之说”，是鉴于“近来物质家创无天帝鬼神之说，一时靡然从风，不知其贻害之大，将有使全球民物同归于尽者”，提出要使“天下人人莫不敬天畏天”。这本书曾风靡一时，多次再版。这本书，也曾经被鲁迅点名批评过。鲁迅于1918年10月15日在《新青年》第五卷发表文章说，“现在有一班好讲鬼话的人，最恨科学……于是讲鬼话的人，便须想一个方法排除他，其中最巧妙的是捣乱……捣乱得更凶的，是一位神童做的《三千大千世界图说》”，这本书“简直说是万恶都由科学，道德全靠鬼话；而且与其科学，不如拳匪了”。据江希张本人的回忆，《大千图说》一书是别人冒名而作的，自己也非常厌恶。《大千图说》是否为江希张所著，鲁迅批判得是否有道理暂且不论，轰动社会确实是真。

民国六年（1917），《大千图说》再版时，还受到道教正一派第六十二代天师张元旭和刘恩驻的重视，二人不约而同地为其作序，以示褒扬。

刘恩驻序言全文是：

> 孟子曰：所恶执一者，为其贼盗也，举一而废百也。观于近世科学家所创无帝神魂魄之说之流祸，而益信孟子之言为不可没灭矣。盖科学为物质文明，宗教为精神文明，科学以开知识，宗教以修德性。并行则福民，执一则祸世，二者不可偏废也。自历史观之，中世纪以前为宗教时代，静止太甚。近世科学兴而为激烈之奋进，人人偏重物质文明，至谓世界确无帝神管辖，人身决无魂魄轮回。其谓有此者，乃古帝王与各教主，故创此说，愚民自固，以为专制之利器。惑世诬民之害，有不可胜言者。幸逢专制运终，共和鼎新，迷信尽去，真理大昌，凡此荒怪陈腐，俱为进化大梗，非一洗而廓清之不足以福国利民，保世滋大也。然静思之，近三年来欧洲战祸，直为历史所未

有，人命财产不知损失几万亿也。究其致此之由，未尝不太息科学家所创无帝神魂魄之说之谬也。何者？科学之利，在讲物质文明，一洗乾坤之陋。然动力太剧，促人飞奔，若烧尾之牛，而不可遏止，其触人辄死。近世徒重权利，扫除道德，至成为今日战杀之世界，何一不由科学家首创世界确无帝神管辖、人身无魂魄轮回之说为之乎？乃欧西既中其毒，被其害，而亚东又不知取其长，弃其短，方判决为真理，俾人人皆奉为金科玉律。岂知形而下者谓之器，复有形而上者谓之道乎？明有礼乐，复幽有鬼神乎？务民之义，复敬鬼神乎？二者并行不悖，固不可缺一也。不然，国民程度尚低，既骤不能完备政刑，阳以制其身体，又不阴令敬鬼神以宰其灵魂。阳无所惩，阴无所惧，天地上下，毫无忌惮，其祸有百倍于洪水猛兽者，如之何其可坐视不救也。或曰：科学大进，真理弥昌，共和国家，人方得享文明幸福，讵可复事英雄欺人，如古帝王及各教主愚民自固，令人不得自由耶？曰：真理尚矣。使科学家所创无帝神魂魄之说果属真理，则有利即有害，固亦物理之常，人又何得归狱于科学。而讵知科学家所创无帝无神魂魄之说，仍似是实非，违背真理，举一废百之说也。余久病之，惟昔其无征不信，不信民将弗从也。幸矣幸矣，今有征矣。

历城江神童希张，手著有《三千大千世界图说》一书，洋洋十万余言，发挥阴阳之玄蕴，泄露天地之奥理，既升科学家之堂而知其当然，复入科学家之室而知其所以然。然后叹昔科学家所创无帝神魂魄之说，仅知器而不知道，犹为登堂未能入室，知其当然而不知其所以然也。或曰：江神童所言辩矣，恐出于理想，思救科学之弊，而终非实事也。曰：帝神魂魄，不能以实事持，以与人共见共闻。而江神童于一二岁即识之无，三四岁能弄翰墨，五六岁能注释经书，

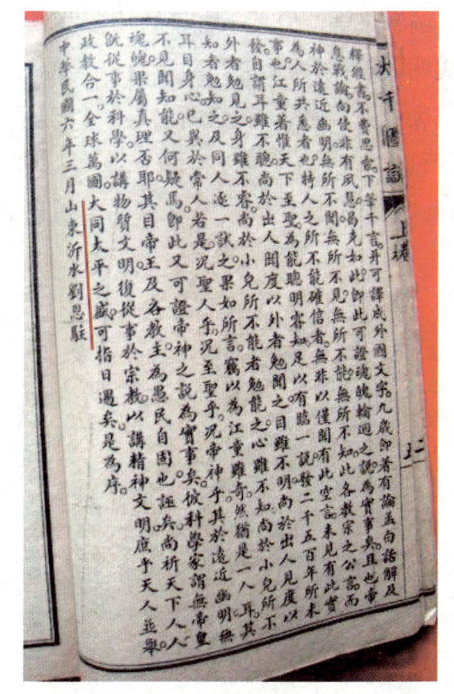

不费思索下笔千言，并可译成外国文字，九岁即著有《论孟白话解说》及《息战论》。向使非有夙慧，曷克如此？即此可证魂魄轮回之说为实事矣。且也帝神于远近幽明，无所不闻，无所不见，无所不能，无所不知，此各宗教之公言，而为人所共悉者也。特人之所不能确信者，无非以仅闻有此空言，未见有此实事也。江神童著惟天下至圣，为能聪明睿知，足以有临一说，二千五百年所未发，自谓耳虽不聪，尚于出人闻度以外者勉闻之；目虽不明，尚出于人见度以外者勉见之；身虽不睿，尚于小儿所不能者勉能之；心虽不知，尚于小儿所不能知者勉知之。及同人逐一试之，果如其。窃以为江神童虽奇，然犹是一人耳。耳目身心，已异于常人。若是，况圣人乎？况至圣乎？况帝神乎？其于远近幽明，无不见闻知能，又何疑焉。即此，又可证帝神之说为实事矣。彼科学家谓无帝神魂魄，果属真理否耶？其目帝王及各教主为愚民自固也，诬矣。尚祈天下人民，既从事于科学以讲物质文明，复从事于宗教以讲精神文明，庶乎天人并举，政教合一，全球万国大同太平之盛，可指日遇矣。是为序。

民国六年三月山东沂水刘恩驻

当年，刘恩驻把欧洲战祸归根为“科学家所创无帝神魂魄之说之谬”，当然有偏激之嫌，但近一百年的社会发展证明，他“科学为物质文明，宗教为精神文明，科学以开知识，宗教以修德性。并行则福民，执一则祸世，二者不可偏废”的见解，也有可取之处。至于刘恩驻提出的“尚祈天下人民，既从事于科学以讲物质文明，复从事于宗教以讲精神文明，庶乎天人并举，政教合一，全球万国大同太平之盛，可指日遇矣”，也不乏合理成分。

毁家纾难刘佛缘

光绪十二年（1886），刘策先与侧室生一子，取谱名“恩眷”。恩眷成年后自改名“佛缘”，终生也以佛缘为名。

刘佛缘像（山东博物馆收藏）

刘佛缘出生在显赫的仕宦之家，家中有30多顷良田和多处庄园。由于他在胞兄弟十一人中年龄最小，因此在社会上又有“十一少”的代称。

童年时代，刘佛缘接受的是私塾教育，四书五经、诸子百家是他的必修课。尽管是排行第十一的少爷，但因为他是庶出，所以在家族里并没有什么地位，而且还经常蒙受正房家人的奚落和歧视。这种处境，催生和强化了他的叛逆性格。随着年龄的增长，这种叛逆性格就具体化为对封建宗法意识的憎恶。刘佛缘20岁时，他同父异母的哥哥刘恩驻已在济南创办起了山东第一个电灯厂。这一年，他走出家门奔赴济南，开始追求四书五经以外的新知识，从此走上了救国之路。

东渡求学

在济南，刘佛缘受到了先进思想的影响，决心东渡日本求学，学习现代文化。这一决定，理所当然地受到了家庭的反对，但他从小生成并逐渐强化了的叛逆性格，决定了他的行动就是冲破家庭的阻拦，毅然东渡日本。在济南，他先潜心补习日语，为东渡做准备。

1907年，刘佛缘考入了日本早稻田大学法律系，专修法律专业。在日本求学期间，他认识了正在日本的革命先驱孙中山，并受孙中山影响加入了中国同盟会。孙中山先生很赏识他的才华和革命意志，赠给他一支日本手枪，以示鼓励。他极为珍爱，经常带在身边。当时，他一面读书一面从事革命活动。除读法律外，他还读了《国富论》《资本论》《共产党宣言》等进步书籍。孙中山的影响和革命理论的启蒙，对他的思想发展起到极为积极的作用。

每年暑假，刘佛缘都会以归省老母为名，回国进行革命宣传。他能言善辩，言辞富于煽动力，宣传对象不分男女老幼，活动场所不拘学堂集市。后来被官府察觉，正要下令缉拿他时，幸好有人事先透露才逃过一难。据史料记载，沂水县城瑞麟小学的师生，在辛亥革命中之所以能成为一支反帝反封建的革命力量，与刘佛缘在这里进行的一系列革命宣传工作密不可分。

辛亥革命后，刘佛缘从日本回到济南，就任山东省法政专科学堂（山东大学前身之一）教师、山东省议会议员，并开办律师事务所从事律师工作。他经常利用省议会议员的合法地位，对封建军阀卖国求荣、认贼作父、贪赃枉法、横征暴敛、热衷内战的行径痛加抨击。在法庭上，他以律师身份千方百计为进步人士义务辩护，因而遭到反动当局的仇视。

辛亥革命推翻了延续两千多年的封建君主专制制度，建立了民主共和国，这在中国历史上是一个伟大的进步。但是，这次革命没有完成反帝反封建的任务，代清王朝而起的是封建军阀的反动统治。刘佛缘十分惋惜辛亥革命的果实被军阀窃取，更羡慕俄国十月革命的胜利。1925年，孙中山先生不幸逝世，蒋介石、汪精卫等在北伐战争胜利进展的重要关头，相继背叛孙中山先生的遗教，血腥镇压共产党人和广大革命群众。国民党分化为左右两派，作为老同盟会员，刘佛缘坚决站在左派一边，忠于孙中山的革命思想。他曾潜赴武汉与邓演达联系，坚持反帝反封建斗争。当时，蒋介石正疯狂屠杀革命志士，白色恐怖笼罩全国，革命转入低潮。山东军阀张宗昌、孙良诚、韩复榘也疯狂围剿共产党和进步人士，刘佛缘被迫离开济南，隐匿故里，观察形势，待机而动。

毁家纾难

1937年7月7日，卢沟桥事变爆发，日寇发动了全面侵华战争。刘佛缘眼见日寇大举入侵国土，沦陷区人民陷入水深火热的灾难之中，“国家兴亡，匹夫有责”的责任感，使他再也不埋头书斋，潜心学问了。在八路军尚未开进沂蒙山区之前，他就变卖部分家产组建了抗日游击队一个营，在沂河两岸拆桥破路，灭匪除奸，阻敌南下。

这种毁家纾难救国救民的抗日正义行动，得到了广大人民的拥护和支持，与此同时，也遭到当地土豪劣绅的敌视咒骂。刘氏家族中也有人对他的壮举很不理解，责骂他是“疯子”“败家子”，挖苦说“什么早稻田毕业的，是糟蹋钱大学毕业的”，但他义无反顾，依然率领抗日游击队活跃在沂河两岸，保家卫国。

当时，沂蒙山区局势十分混乱，汉奸、土匪、国民党顽固派各据一方，刘佛缘的抗日武装兵精粮足，富有实力，因此成了各派政治势力争取的对象。战时的国民党山东省主席沈鸿烈，多次派员到刘家店子游说，以高官厚禄引诱刘佛缘归属，国民党第57军军长缪徵流也派副官常驻刘家店子“双松堂”。他们软硬兼施，耍尽花招，均遭到刘佛缘的严词拒绝。为此，国民党顽固派暗中指使当地土匪对刘佛缘搞突然袭击。在一个深夜里，趁其不备，匪徒200多人包围了他的庄园，抢走了数百支枪，并抢走了他珍藏多年的孙中山先生赠予的手枪。

这件事震动了整个南沂蒙。面对国民党顽固派的淫威，刘佛缘进一步看透了国民党的反动本质，更坚定了他抗战到底的决心。他又变卖了自己的一部分田宅，再次购置了大批军火，重新组建起了抗日游击队，并起名为“沂蒙抗日独立营”，他自任营长。这支队伍后来与中国共产党取得了联系，在共产党的协调下，刘佛缘与沂蒙山区其他各县的抗日队伍联合起来，组织起了抗敌自卫军，刘佛缘当选为抗日协会省会部执行委员，他的队伍也被编为自卫军第一团第一营。后来这支队伍又改编为八路军第一一五师六八六团。

沂蒙抗日独立营纳入共产党领导的正式部队序列后，已年过半百的刘佛缘离开了他创建的队伍，留在地方继续从事地方抗日革命工作。1940年秋，共产党领导并组织的山东省第一届各界人民代表联合大会在青驼寺（今沂南县青驼镇驻地）召开，刘佛缘被选为代表出席了会议，在会上被选为山东省临时参议会驻会议员兼沂临边联县参议会参议长，负责统一战线和文化宣传教育工作。当时八路军第一一五师、山东纵队、鲁中区党委、鲁中军区等都在沂蒙山区活动，经常有党政军首长前去拜望他，对他毁家纾难、一心抗日的精神给予高度评价。他的事迹一时被传为佳话，《大众日报》《鲁中日报》对此都做过专题报道。

霞光满天

刘佛缘的长子刘泽纲早在1937年就病逝了，刘泽纲年幼的孩子全靠妻子王裕智抚育。在刘佛缘进步思想的影响和动员下，王裕智也参加了革命工作。刘佛缘创建沂蒙抗日独立营后，队伍的一切费用均靠变卖“双松堂”的田产来解决。王裕智不但要抚养未成年的孩子，还担任独立营的后勤工作。后来，王裕智随刘佛缘的抗日武装投奔沂南县抗日政府，在定居地沂南县北沿汶村（今沂南县张庄镇北沿汶村）担任妇女识字班教员。

刘泽纲与王裕智生有二子一女。长子谱名“刘善一”（后改名“康牛”），女儿刘希麟，次子刘佛荪（后改名“刘晓刚”）。刘佛荪之名是刘佛缘起定的，别人不解，他开玩笑地解释说：“佛缘之孙当然是佛孙嘛！”其实刘泽纲的次子真名是“佛荪”而非“佛孙”。刘佛缘为孙子起名佛荪，与大哥祖孙三代名字为福航、筱航、航荪有着异曲同工之妙。

在刘佛缘的动员和王裕智的支持下，1941年康牛参加八路军，先是入山东公学读书，毕业后在鲁中文艺辅导团从事美术宣传工作，解放战争中任《鲁中大众画报》编辑、主编。刘希麟参加八路军后也是先在山东公学读书，毕业后分配到鲁中文艺辅导团做宣传工作。1944年1月，刘希麟被调往鲁中大众报社，先后在报社和新华社鲁中分社做译电员。王裕智在北沿汶村工作期间，刘佛荪在与北沿汶相距五里路的大惠家庄抗日小学读书。1945年1月，14岁的刘佛荪参加了八路军，改名“刘晓刚”，在鲁中大众报社做美术工作，从此与报业美术工作结下了不解之缘。

刘晓刚木刻画

布衣议员

留学回国后，刘佛缘曾教过书，当过律师和省议员，工作体面并且拥有可观财产的他本可以过着富贵安逸的生活，但是具有斗争精神的刘佛缘有侠义风尚，他不忍家国被侵害，百姓流离失所，便不惜毁家纾难、保家卫国，在乱世中创造了令人称赞的一生。

山东博物馆收藏着一件看似平凡的布包。这件布包墨绿色的身上斑驳渐黄，蓝色的部分也褪色成灰，满是岁月的痕迹，不再年轻。经无数次手掌的摩擦与常年开合，受损的背包越来越脆弱，原本就普通的料子反复缝缝补补，更见岁月划过的沧桑痕迹。

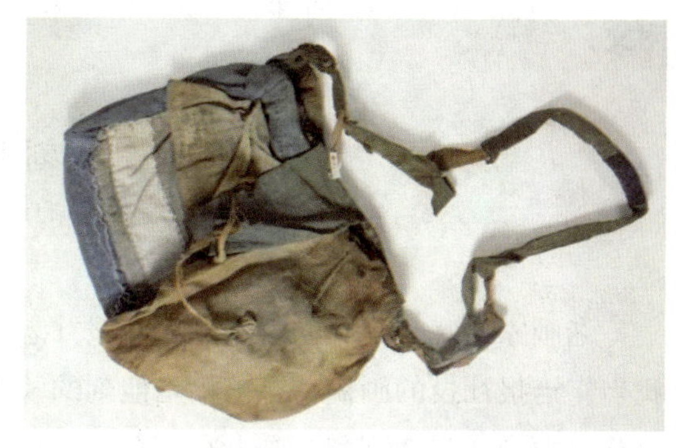

刘佛缘的布包（山东博物馆收藏）

生来富贵的刘佛缘从不养尊处优、奢靡生活，反而艰苦朴素、布衣蔬食。在战争年代，领导让他骑马他坚持步行，让他吃小灶他却和大家一起啃煎饼。他就是这样，不穿细布穿土布，不吸纸烟吸旱烟，穿着打扮也总是一副平凡朴实的旧式老农民的样子。这个拥有庞大家产但从来不搞特殊的人，始终过着克勤克俭的质朴生活。这件布包就是在这样的情况下为他使用，见证了他勤俭节约的生活状态，见证了他毁家纾难、赤心奉国的热血行为。

这件布包其貌不扬，但对于主人刘佛缘来说作用不小，陪着他从二八年华走到迟暮之年，从赴日留学的翩翩少年成为一名外表朴素的“老农”，多年来跟着他斗争在黑恶与正义之间，活动在救国救民之路上。在对八路军的援助中，与敌军的对峙中，同国民党的抗衡下，这件布包出现在各种场合，或装入情报信，或放着真金白银，或存着学术文集，在残破的身躯中总是蕴含着无限力量。

1949年新中国成立后，刘佛缘担任山东省政协委员、省文史馆馆员、沂南县人民代表，对政府工作、统一战线、经济建设、文化发展等各领域提出了许多很有价值的建议，为当地的建设和发展做出了新的贡献。1959年10月，刘佛缘因病医治无效与世长辞，终年73岁。

刘佛缘已逝去半个多世纪了，但“十一少”“刘佛缘”的故事还继续在沂河两岸流传着，有些年过八旬的老人还依稀记得当年曾广泛流传的顺口溜：“延安出了个李鼎铭，山东出了个刘佛缘！”①如果说，刘策先是刘恪亭一脉的中天之日，那么刘恩驻就是刘恪亭一脉的辉煌晚霞，而刘恩眷（刘佛缘）则是刘恪亭一脉新的朝霞，而且子孙相继，霞光满天，为刘氏家族开启了一个新时代。

① 本节内容主要参考刘晓刚、刘泽秀撰：《毁家纾难为国为民——记著名抗日爱国民主人士先祖刘佛缘》，《人民政协报》，2011 年 3 月 24 日。李鼎铭，中国著名开明绅士、陕北爱国民主人士，先后当选米脂县参议会议长、陕甘宁边区参议会副议长、边区政府副主席。

附文：

时时刻刻刻木刻

苗得雨

老画家刘晓刚是我的沂南老乡和报社老同事，还是我学美术的老师之一。我当年给报社投的画稿，有一幅是他刻的《儿童立功：学习带放哨》，15岁儿童苗得雨画，刘晓刚刻。画上是一个男孩和一个女孩坐在树下，男孩一手握红缨枪，一手在地上写字，女孩在读《鲁中大众报》，远处有成年人在耕地。

他那时发的木刻画稿，有时署名"小刘""小刚"。我想，再小，总比我大不少，一起工作后，才知他只比我大六个月。他老家就在我村南边的刘家店子，是个出秀才的地方，我们那一带有好些关于秀才"刘大人"的故事。他是老秀才——老革命刘佛缘的后代。画家康牛是他哥哥，也是我学画的老师。他大我一岁，已经是很老练的"老八路"，咱还是"小八路""小土八路"。他说："我给你刻那幅画时，莱芜战役刚结束，孟良崮战役还没开始，到处炮火连天，报社行军到一个新地方，背木头背得肩膀、胳膊都痛。没刻走样吧？"我说："没有。比《文化翻身》那幅彩色石印的《儿童团送粪》还原样。"他们行军行李重，就因为还背着木头。他同事顾朴是个聋哑人，在行军中要求一点声音不出，那位老兄，"咚"地放了一个响屁，自己听不见，别人却捏把汗，怕有动静被敌人发现。有人悄悄往那老兄背包里放石头，以示提醒。

他的工作室像个木匠铺，横一块竖一块的梨木、棠棣木，每用一块，现用木匠家什切割。木刻家也得当木匠。我在采通室那段，时常趁去伙房舀水喝的工夫，溜到木匠铺看看。我用家乡话说："你又在刻木刻啊！"他笑说："我在刻木头。别缠我时间长了，我正在赶任务。"报纸那些年要求"大众化、通俗化、画要多、字要大"，一个"画要多"，他就得刻多少木头！大幅的，连环的，还有各种报头、题图，有扭秧歌的，有说"武老二"的，有的太阳刚出，有的雄鸡正啼……报纸的"图文并茂"，全是他那把木刻刀"茂"出来的。他说："一幅画，总得上千刀，任务急，时常跑刀，戳伤了手指，我的手常血糊淋拉的。住处多农家，晚上在油灯底下刻，把头发都烧焦过。有一年冬天，刚下完大雪，屋里暗，我用草绳捆着大衣，穿着蒲鞋，零下20度，我在屋门口刻，脚冻麻了，脊梁上却出汗……"有一次为配合十月革命节，一幅列宁像已刻好，交通员等着往印刷厂送稿，一幅斯大林像，怎么也弄不像。社长宫达非急了眼，拽来区党委宣传部部长于寄愚，于部长参加工作前上过美专，懂画，他走到跟前："小刘，我看看！"经于部长几个指点，一幅斯大林像刻像了。有领导送他一句写照：刘晓刚当年"时时刻刻刻木刻"。

1949年冬，报社编采通合一，我们一起在副刊资料组，王作颖当组长，鲁绩搞资料，我忙文字稿，他和李景桂刻木头。在一组，天天见，不用再抽空去瞅了。印刷厂能制锌版后，他的工作才轻快了些。

到了济南，在《大众日报》下属的《农村大众报》时，我们仍在一起。我后来转行文艺界，他一直在报社，是六七十年的老报人。他没进过科班，后来画的国画、水彩画等等，都已被称为高水平。他全靠独自钻研、八方吸收、发奋提高。新中国成立初期，他和单应桂一起报考中央美术学院，想深造。他报的油画系，偏油画系收学员少，有一幅石膏像他又未画好，考试不过关，没去成。他总感到这是久久的遗憾。

近年各报纸介绍他的多幅战争时期的木刻作品。这些作品，我当年都看过，记忆犹新。那娴熟的刀法、雄浑的笔力、精美的描画所表现出的浓厚生活气息、时代气息，以及艺术上的无限想象力，都让人陶醉入迷。我手头还有些他本人没有存稿的。如《耩地》："老头扶耧，妇女撒粪，儿童捞牛，男女老少齐下手，按时耩上地"，还有连环画《张大娘翻身报仇》。

木刻家手中的刻刀，就是战士手中的武器，晓刚老友是使唤过各种武器的"老八路"。

［苗得雨（1932—2017）：沂南县人，时任山东省文联名誉主席。本文原载于2011年8月6日《中国艺术报》］

第六章

八楼刘氏

沂南县西部刘氏大多数称“八楼刘”，严格地说应是“芦阳北埠刘”，即发源于孟良崮山系（旧称芦山山系）南麓北埠庄的刘氏。明清时期北埠庄隶属于沂水县，1940年划归沂南县，1956年划归蒙阴县。现在，沂南县西南部刘姓，基本上都是北埠庄刘氏一脉。

明末，芦阳北埠庄刘舜孝一支隆兴起来，三个儿子皆出仕，其中长子按察使记名简放，并赏三代及本身正一品封典。分家时，刘舜孝三个儿子互相谦让，最终按孙子辈八兄弟均分家产，八座楼也是八兄弟每人分一座。由是声名鹊起，誉称“八楼刘”。“八楼刘”虽是“北埠刘”的一个分支，但“八楼刘”之名逐渐取代了“北埠刘”。

“八楼刘”是一个奇特的宗族文化现象。它一诞生，就在芦阳北埠刘氏家族中和社会上产生了积极而深刻的影响。

海州迁沂落芦阳

元朝至正二十三年（1363），抗元起义领袖张士诚在苏州建立根据地，自称吴王，与同是抗元领袖的朱元璋抗衡。张士诚依仗着近海交通便利，又时有日本倭寇力量暗中支持，地盘最大时南到浙江绍兴，北到山东济宁，西到湖北，东到海。在元朝末年抗元起义领袖中，有“友谅最桀，士诚最富”之说，即陈友谅军事实力最强，张士诚经济基础最雄厚。因此，朱元璋战胜了陈友谅之后，张士诚便成为他的最大心患。1367年，张士诚兵败被俘，在金陵缢死。1368年，朱元璋在南京称帝，改元洪武，建立明朝。朱元璋为巩固政权，下令将苏州城内原来支持和拥戴过张士诚的士绅商贾的家产全部没收，责令全家迁徙到外地垦荒屯田。

张士诚死后，他的余部逃亡海岛，一方面继续与朱元璋为敌，不肯降明，一方面勾结倭寇，抢掠沿海，扰乱边境。为了断绝内陆人民与张士诚残部的联系，洪武年间实行了空前的海禁政策，朝廷下令沿海地区“片帆不许入海”。不仅如此，还实行了迁民政策，将沿海岛屿居民强迁到内地，以彻底断绝沿海居民与张士诚残部的海上联系。在这一时期，正值朝廷从江南迁移大量人口到苏北一带进行垦荒，历史学家称之为“洪武赶散”。因朱元璋的部队头扎红巾，故民间称之为“红巾军”“红军”，“洪武赶散”也被称为“红巾赶散”或“红军赶散”。后世人分不清是“洪武赶散”，还是其他强行迁移，都称之为“洪武赶散”。因为迁民官军头裹红巾，老百姓把他们比作讨厌的“红头苍蝇”，所以就讹化成了“红蝇赶散”的传说。

海州（今江苏连云港）是沿海迁民的重点地区之一，“八楼刘”的祖先当时就是来自海州。至于海州刘氏的来源，沂地《刘氏族谱》普遍记载：海州刘氏祖先是东汉光武皇帝刘秀的长子恭王刘强。刘强封地是东海郡，刘强的后裔有一支定居到东海郡海州。明初迁民时从海州迁出的刘氏，本兄弟五人，其中一人迁到山东济南府青城县（今淄博市高青县田镇），一人迁到沂州白旄（今临沂市临沭县白旄镇），一人迁到沂水县芦阳北埠庄（今属蒙阴县垛庄镇）。

沂地《刘氏族谱》对始迁祖的记载多少带有些传说性。近年来日照市东关刘氏续修族谱时，经过多方考证认定：

长安五陵人氏，汉献帝三十三年，有祖为官江南海州边郡代管山东琅琊郡长。待曹丕篡汉乱世，吾祖遂罢官入籍东海，劳守田园，修理族谱，未回长安五陵，为东海人氏。

这一认定，否定了东海刘氏祖先是东海恭王刘强之说。日照东关刘氏，还根据明朝天启年间，先人刘桂在东海教书时抄录的《海州刘氏族谱》一至十五世名讳，认定：

明洪武二年（1369）吾族奉旨迁民，东海当路村十五世族兄弟十人椿、梅、槐、样、桧、柱、相、榆、枕、格，除了椿、槐、榆留本地，其他七人先后分迁日照、诸城、沂水、莱阳、安丘、安徽砀山、胶南碌碡等地。[①]

日照市东关刘氏，据此寻根探源，在青岛胶南和吉林通化发现了海州十八村明朝以前的两部内容相同的刘氏老家谱。家谱上明确记载着，明初从海州十八村移民迁出的同辈十人中，“刘样迁居山东沂水”。

这些资料，原始久远，来源可靠，认证严谨，可资引证之据。

洪武二年（1369）从海州迁居沂水的刘氏，只有芦阳北埠庄一家。刘样迁沂水的记载，可以佐证沂水县芦山之阳北埠庄刘氏来自海州（东海）之说，也可确定为洪武二年迁来定居芦山之阳。

明代，落籍芦阳的刘氏一族创修了《刘氏族谱》，由于战乱，始修族谱及续修族谱都已毁于战乱。康熙五十年（1711），刘氏后人刘棪“于族中搜得旧存草谱一册，上溯自失名祖所自出，祖讳璟，璟子五人，失名祖居四。长支五传后无考，三支一传后无考，二支、四支、五支并列”。刘棪等尊已知最早先人刘璟为始祖，再次创立了《刘氏族谱》。道光十四年（1834）续修《刘氏族谱》序曰：

搜得旧本，得八世舒章祖所集草谱一册，有康熙五十年序、五十五年志语，概言来沂之祖不可稽，所共尊者惟璟祖，故推始焉。

《刘氏族谱》还记载：

刘氏起家寒素，自来沂后，世业耕读。越数传，族姓日盛。

---

① 山东日照东关刘氏续谱办公室《公告》。

声誉鹊起八楼刘

到明朝万历年间（1573—1620），芦阳刘氏已经落籍200多年，是枝繁叶茂的沂邑西南乡大族了。

这时，刘璟一支传到了四世刘舜孝。刘舜孝生三子，长子刘不竭，次子刘弼明、三子刘翰明。

据《刘氏族谱》记载，刘不竭字望海，性英异，志气豪，因守卫畿辅屡屡获大胜，因功奉旨以按察使记名简放[①]，并赏三代及本身正一品封典。刘弼明字梦筑，明万历年间例贡，官任光禄司署丞[②]，素以孝友著称，尤乐为善，创置义塾，延聘名师，刘氏族人及乡里子弟大都受益。刘翰明字翊之，明崇祯年间拔贡，入清授陕西华阴县知县，升直隶真定府同知、大名府知府，诰封中宪大夫。按照明朝赠封制度，刘翰明的父亲刘舜孝"诰赠中宪大夫大名府知府"，刘翰明的祖父刘士科"貤赠中宪大夫大名府知府"。

刘舜孝长子刘不竭生有刘庆、刘瓆、刘璨、刘玗四子；次子刘弼明生有刘瑗、刘琔、刘璩三子；三子刘翰明生有一子刘琈。刘庆之子刘令闻，官至长洲知县、敕封文林郎。刘翰明之子刘琈，官至宁阳县教谕、候选行人司司副[③]。《刘氏族谱》记载，刘琈"躬自俭约，崇实戒华，日教耕课读，范子弟于规矩中"。刘舜孝一脉人丁兴旺，"族属繁延，人文蔚起。或策名朝宁，润色鸿猷；或蜚誉庠术，师表后进；至保家世、务本业者，比户而然"[④]。

刘不竭、刘弼明、刘翰明三兄弟各自子孙满堂，但当时还是一个共有土地和家财的大家庭，需要分家立户了。按照传统分家方案，三兄弟应该先按三

---

① 清代，按资历或劳绩核定官职的授予或升迁后，派任道府以上外官叫"记名简放"。

② 例贡：清代科举制度中贡入国子监的生员之一种。因为不由考选而由生员援例捐纳，故称例贡，不算正途。光禄司署丞：文职京官，从七品，属掌酒醴膳馐类官员。

③ 行人司司副：文职京官。长官称行人，初置时正九品，左、右行人，从九品。后改行人为司正，左、右行人为左、右司副，升品秩，司正正七品，左、右司副为从七品。掌传旨、册封等事。凡颁行诏敕、册封宗室、抚谕四方、征聘贤才，及赏赐、慰问、赈济、军务、祭祀，则遣其行人出使。

④《刘氏族谱》，载莒州大店庄瑶《刘氏家乘小引》。

支平分家产，然后各支再按各自人口二次重分。刘翰明认为，按照传统方案分家，因为后辈子孙数量不一，必然出现贫富不均的现象，团结和睦的家庭局面将受到影响。在刘翰明的提议和坚持下，实施了下辈伯叔兄弟八人一次均分的方案。具体方案是，八兄弟每人一份土地，每人一座楼。刘翰明仅有一子刘琈，这种分法显然是吃亏。因此，刘不竭提出“屋瓤子”即室内的财产家具等不再分配，全部归刘翰明独子刘琈所有。

由于八兄弟一次分家，财物上互谅互让，体现了少有的和睦家庭关系，又是八兄弟八座楼，刘舜孝一脉以和睦之名享誉乡里，本族其他支族人恭称为“老四支八楼”，外姓乡人则誉称为“刘八楼”或“八楼刘”。由于“八楼刘”声誉鹊起，所以后世芦阳刘氏族人，不论是否系八兄弟后裔都自称“八楼刘”，“八楼刘”也逐渐成了芦阳刘氏的标志性称谓。

人才辈出

“八楼刘”不仅家兴财旺、远近闻名，而且人才辈出、名耀乡里。

历史上，沂南县西部那些富甲一方的大财主、名堂号、功名英杰，多数出自“八楼刘”一脉。垛庄的燕翼堂，侍郎宅的德胜堂，岸堤的光裕堂、德裕堂，南岩路的广和堂，柳行岔的利源堂，隋家店的懋德堂，安乐庄的安乐堂，南寨的荫学堂、积善堂、庆和堂、伴公堂、福禄堂及朝仙桥、大山寺、西师古、上高湖、兴旺庄、西波池、夏庄、金佛院等村的刘姓望族，都属于“八楼刘”一脉。其中，垛庄的燕翼堂尤为著名。

燕翼堂是清代沂水县西南乡垛庄村刘姓的堂号。燕翼是“燕翼贻谋”的缩语，出于《诗经·大雅·文王有声》：“武王岂不仕，贻厥孙谋，以燕翼子。”在传统启蒙读本《幼学琼林》的卷二“祖孙父子类”中，转化为“燕翼贻谋，乃称裕后之祖”。后以“燕翼”代称善为子孙后代谋划。旧时常以“燕翼”为建筑厅堂、楼宇、山庄等立名、题额用字，取其深谋远虑、荣昌子孙的美好寓意。燕翼堂鼎盛时期有土地5800亩，山林上千亩，另有酱园、酒店、油坊、百货等店铺，并在上海、济南等地设有商号，在沂蒙山区可谓首屈一指。

得沐天恩刘芳龙

明清两朝，芦阳刘氏始终信守传承“耕读继世、忠厚传家”的家风，三百多年间，有功名者近600人，秀才、举人500余人，其中进士3人。清沂水县大山寺（今蒙阴垛庄镇大山寺村）刘氏一脉的刘芳龙一支，更是先后五人科举及第。为此，嘉庆帝降旨褒扬。

刘芳龙，刘氏十一世，清乾隆乙亥（1755）科武举，任职高密千总。刘芳龙之子刘步庭，字殿一，号瀛川，清乾隆壬子（1792）科武举，癸丑（1793）科武进士，受蓝翎侍卫，任湖南省河溪营都司。乾隆年间，刘步庭家族先后五人科举及第。因此，嘉庆十四年（1809）皇帝降旨褒扬，以励臣子。光绪年间，刘芳龙后人将圣旨恭刻于碑，以光宗耀祖，激励后世。此碑现仍立于跺庄镇大峙孙刘家大林。

碑文识读：

奉天承运皇帝制曰：

宠绥国爵，式嘉阀阅之劳；蔚起门风，用表庭帏之训。尔刘芳龙，乃湖南河溪营都司刘步庭之父。义方启后，谷似光前。积善在躬，树良型于弓冶；克家有子，拓令绪于韬铃。兹以覃恩，赠尔为昭武都尉，锡之诰命。于戏！锡策府之徽章，洊承恩泽，荷天家之庥命，永贲泉墟。

制曰：怙恃同恩，人子勤恩于将母；赳桓著绩，皇朝锡类以荣亲。尔石氏乃湖南河溪营都司刘步庭之母，七诫娴明，三迁勤笃。令仪不忒，早流珩瑀之声，慈教有成，果见干城之器。兹以覃恩封尔为恭人。于戏！锡龙纶而焕彩，用答劬劳。被服以承庥，允膺光宠。

嘉庆十四年正月初一日

光绪庚子科恩贡生候选直隶州判王者民拜书[1]

① 录自刘乃印的博文《进士刘步庭圣旨碑》。原文无句读，本文作者标点。

这通御制碑由碑座、碑身、碑首三部分组成，其中碑身高3.2米，碑首高0.6米。碑首刻有二龙戏珠图案，中间竖刻“奉天敕命”四字。

碑文译文：

遵照天意并继承新生的气运，皇帝发布命令：国家要对有功之臣进行抚绥，规制也要求对功大资深的有功劳之臣进行嘉奖；尉然兴起臣工的家风，为的是表彰臣工的父母教子有方。刘芳龙，你是湖南河溪营都司刘步庭的父亲。教子走正道，为子孙开辟通向光明的道路，为祖先争光、为后代造福。积善成德于自身，在继承父祖的事业上为子孙做出了好的榜样；子孙能继承家业并在武略与兵法方面的业绩有较大的拓展。现在朝廷广施恩泽，封你为昭武都尉，以这道皇家的圣旨作为赏赐。啊！赐给你皇家嘉奖的命令，再次接受皇家给你的恩惠；承受皇家美好的命名，将使你的门庭永久地得到荣耀。

皇帝诏令：父母享有同样的恩典，做儿子的要常想到赵括母亲的忠告；威武雄健、战功卓著，朝廷赐给功臣父母以相似的荣耀。石氏，你是湖南河溪营都司刘步庭的母亲，遵守妇女的“七诫”之规，文雅明理，像孟子的母亲那样一心一意为教育子女创造良好的环境。这种美好的风范从来不曾改变，家庭和谐的声誉早就流行于乡里；慈母的教育很有成效，果然培养出了卫国保疆的栋梁之材。现在朝廷广施恩泽，封你为恭人。啊！赐给你圣旨，让你光彩焕发，是为了答谢培养子女的辛劳；穿上贵妇的礼服，以享受美善，永远承受朝廷给你的荣耀。

碑文释词：

制曰：皇帝发的命令文书有“诏书”和“制书”等形式。“诏曰”是诏告天下。凡重大政事须布告天下臣民的，使用“奉天承运，皇帝诏曰”。“制曰”是皇帝表达皇恩、宣示百官时使用的。凡是圣旨中表达皇恩浩荡时，都以“奉天承运，皇帝制曰”开头。“制曰”只为宣示百官之用，并不下达于普通百姓。

弓冶：语出《礼记·学记》：“良冶之子，必学为裘；良弓之子，必学为箕。”后用弓冶指父子相传的事业。

令绪：语出《尚书·太甲下》：“今王嗣有令绪，尚监兹哉。”指伟大的功业或事迹。

韬铃：古代兵书《六韬》与《玉钤篇》的并称，后因以泛指兵书；借指用兵谋略或武将。

昭武都尉：清代武散官名，正四品。散官是指有官名而无职事的官称，以示尊崇。

锡：赏赐。

七诫：东汉班昭撰写的一篇教导班家女性做人道理的私书名《女诫》，包括卑弱、夫妇、敬慎、妇行、专心、曲从和叔妹七章，又称“七诫”。

三迁：相传孟轲幼年时，邻里环境不好，孟母三次迁居，使孟轲得到比较好的学习环境。

不忒：其容貌举止丝毫不差。

恭人：古时命妇封号之一，用以封赠中散大夫以上至中大夫之妻，高于宜人而低于令人。

对于刘芳龙和刘步庭的事迹，道光七年（1827）《沂水县志》记载：

> （武进士）刘步庭，乾隆癸丑进士，由蓝翎侍卫任湖南河溪营都司。
>
> 刘芳龙，以子步廷，诰封昭武都尉，妻石氏诰封恭人。

另外，马山村（今属费县）刘氏一脉的刘存义亦进士及第，光宗耀祖。隋家店（今沂南县依汶镇隋家店村）刘氏一脉的刘遵和不仅以进士出仕光耀八楼，更是以惠及乡里的人品名垂百年，成为“八楼”翘楚。

宦海跌宕刘遵和

刘遵和在“八楼刘”族人中官位虽不算最高，但却以“主事老爷”之名和“惠及乡里”之誉冠盖家族群英，名垂乡里。笔者曾在拙著《沂南古史钩沉》中，以《八楼翘楚刘遵和》为题做了专门考述。原文有些地方考述不到位，表述也欠严谨，本文仅根据《刘氏家谱》所载王榕吉[①]作《子中刘公家传》（以下简称《刘公传》）和有关史料，将旧文仕途部分补苴罅漏，以弥遗憾。

艰难出仕

刘遵和，字子中，号春台，清乾隆四十四年（1779）生于沂水县西南乡孙奴社隋家店（今沂南县依汶镇隋家店村），兄弟五人，刘遵和为长。他自幼聪慧，六岁入家塾，除率弟晨昏定省外唯读书，心无旁骛。塾师祖建安是邻村双泉峪子人，道光七年（1827）《沂水县志》卷八“耆寿”条记载：“祖建安，嘉庆元年恩赏匾、坊、银、缎。享年九十五岁。”光绪二十年（1894）《祖氏族谱》记载：“建安，字平伯，年臻百龄，五世同堂，亲见七代。恩赐八品寿官‘耆龄世瑞五世同堂’匾。”祖建安学识渊博，教授有方，在他悉心教授下，刘遵和11岁便能顺诵十三经及文选诸书，12岁开笔为文即落落千言，乡里赞誉为“少年骆宾王”。17岁时应县试，获第一名。次年入府学，岁科三试，两列优等，一冠其军。

嘉庆六年（1801），刘遵和预选拔贡。

拔贡是从本省生员中考拔出来，贡入京师参加朝考的优秀生员。拔贡类似于现在的特招生，与恩贡、副贡、岁贡、优贡合称“五贡”。选拔最初无定期，乾隆七年后定为每逢酉年进行一次。录取名额一般为每府学二名，每州、

① 王榕吉（1810-1874），字子莪，号荫堂，山东长山县人。道光二十四年（1844）进士。官至顺天府尹、大理寺卿。

县学各一名。经朝考合格，入选者一等任七品京官，二等任知县，三等任教职。对于未录取者，《清史稿·选举》记载："嘉庆以后，凡朝考未录之拔贡及恩、副、岁、优贡生，遇乡试年，得具呈就职、就教。"意为凡朝考未录的"五贡"，遇乡试年，就不用参加考试，只需学政会同巡抚验看，主要看年龄和身体状况，如年力精壮者，即可依照科分名次先后注册，恩、拔、副贡优先选为教谕。

拔贡虽逊于进士，但也是正途的一种。嘉庆六年（1801）岁次辛酉，刘遵和时年22岁，幸逢12年一次拔贡而且顺利获选。但根据《刘公传》仅记载"于庚申岁预选拔贡，时年二十二岁"，而未记朝考结果推知，刘遵和只是顺利通过了省学政考试，但在朝考时没有过关，所以也就没有录取任用。刘遵和没有等待乡试年的"教谕先用"，而是把目标锁定在参加会试考取进士上。

回乡后，刘遵和开启了负笈求学、博取进士之路。这期间，他先是越穆陵关就教于临朐窦傅岩，后又远赴潍县麓台书院师从于高守训。

高守训，字覲甫，号拙斋，生于清康熙末年。潍县高氏文脉久远，明清两朝人才辈出。乾隆五十九年（1794）高守训中进士，授任江苏宜兴知县。他曾在潍县浮烟山麓台书院师从"宋学"名家韩梦周，致仕后又回到在麓台书院执教，而后，又受潍县知县孙敦的诚邀，掌教于潍阳书院。高守训既得韩梦周真传，又剖析诸家学说之异同，融会贯通，是当时名传遐迩的教育家。刘遵和慕名求教，受益匪浅。

刘遵和游学从师期间，先后五次参加乡试。《刘公传》记载："其间，应京闱二，省闱三，凡四荐卷。"乡试是省级考试，被录取者为"举人"。每逢子、午、卯、酉年举行，是为正科。若遇庆典，有时加科，是为恩科。乡试在秋天举行，故又称"秋试"或"秋闱"，因在省城开科所以也称作"省闱"。顺天府乡试，生员不限于直隶州，其他各府、州、县学的生员与贡生，经过上一年由学政主持的科考合格者，甚至官职未入流者经有司举荐，均可参加。顺天府位处京畿，因此顺天府乡试又称作"京闱"。"荐卷"是考试中被选荐的试卷。清代科举，考生答卷须经考官阅卷、荐卷、评阅三道程序。阅卷后，按照一定比例选荐试卷，再由内监试处分送四总裁评阅，四总裁评阅后按录取数量确定录取结果。刘遵和五次参加乡试，前四次仅以荐卷而终。最后一次参加嘉庆十三年（1808）顺天府乡试，荐卷通过四总裁评阅，考取了举人。

嘉庆十四年（1809），因皇帝五十大寿开恩科，刘遵和参加会试，结果落榜，遂回乡开馆授徒，同时教授几个弟弟读书。此后，十年间又四次应会试，虽四次获荐卷，但终未如愿。

为了给多次会试不中的举人以出路，自乾隆十七年（1752）定制，举人经会试三科（原为四科，嘉庆五年改）未中者，可以参加大挑。所谓大挑，就是不考文章辞赋，只根据形貌及应对选拔录用的一种选官制度。具体程序是，每逢大挑之年，具备资格的举人先要找同乡京官担保印结（要出印结费），由礼部造册，注明年岁，送吏部待挑。届期，吏部堂官（尚书侍郎）先对大挑举人过堂查验，然后再请旨派王爷、大臣面试挑选，条件重在形貌与应对。

嘉庆二十二年（1817）为大挑年。这时刘遵和已39岁，面对大挑机遇，心情很矛盾。如若放弃大挑机遇，会试前景也难以预测；如若被挑为一等，考取进士的心愿也许就此搁浅了。面对现实，思量再三，他还是参加了大挑，结果先被定为一等，后又被改为二等。对此情况，《刘公传》记载：

> 丁丑大挑前期，就教职，恐倘挑一等即不得遂成进士志也。果挑一等，改二等。人或为公惜，而公则适如所愿。

大挑制度规定，获挑二等者不能像一等那样直接分发各省，需要等候铨选教职。乾隆朝时曾规定，在原籍候选的举人，可以向本省督抚登记，一旦有教职缺出即可暂时委署。刘遵和在原籍候选，嘉庆二十三年（1818），被指派为淄川县教谕，时年40岁。

县教谕虽是县学的最高学官，但俸薄而官卑，还必须参与授课。刘遵和学养深厚，授课勤奋，登门求教者应接不暇。他始终未放弃考取进士的理想，在做好教谕之余，继续为参加会试做准备。

嘉庆二十四年（1819），因嘉庆帝六旬大寿而提前开科，谓之恩科。刘遵和应试会试，获分房校阅吴孝铭荐卷，又顺利通过总裁评阅，终于如愿以偿，考取了进士。据姜庆柏《清朝进士题名录》（中华书局2007年出版）记载，本科共录取第一甲3名，第二甲99名，第三甲132名。刘遵和名列第三甲赐同进士出身第102名。

增校清朝進士題名碑錄

嘉慶二十四年己卯恩科　第三甲

97. 席光縉	陝西朝邑縣	6. 羅士菁	雲南石屏州*	46. 程式金	順天府大興縣
98. 鄭永修	山西崞縣	7. [illegible]	江蘇高郵州	47. 章沅	江蘇上元縣*
99. 曲世淳	山東掖縣	8. 方用儀	江西南昌縣	48. 萬[illegible]	江西新建縣*
100. 德亮	正白旗滿洲	9. 賈克慎	山西陽曲縣*	49. 吳慶祺	江蘇吳縣*
101. 趙光蕙	廣東增城縣	10. 劉俊德	江西德化縣*	50. 戴成寧	安徽無爲州
102. 劉遵和	山東沂水縣	11. 許應藻	雲南石屏州*	51. 楊際春（改名慶琛）	福建侯官縣
103. 鄧步鯉	福建德化縣	12. 陳啓伯	湖南善化縣	52. 徐三寶（改名寶善）	安徽歙縣*
104. 呂步飛	江西德化縣*	13. 吳式敏	山東海豐縣*	53. 韋德成	鑲黃旗漢軍*
105. 劉[illegible]	廣東番禺縣	14. 金光杰	湖北黃陂縣*	54. 陳之珮	安徽阜陽縣
106. 陳[illegible]	貴州黃平州	15. 吳其泰	河南固始縣*	55. [illegible]	直隸南皮縣*
107. 蔡以倬	湖北監利縣	16. 胡希周	江蘇元和縣		

嘉庆二十四年恩科进士题名录截图

清代，对新科进士一般按照录取档次，分类授予官职，有些还要“归班”等候“铨选”。对本科进士的任用情况，《嘉庆朝实录》记载：

> 嘉庆二十四年闰四月丙申……引见新科进士。得上谕曰：一甲三名陈沆、杨九畹、胡达源业经授职外，孙起端……翟发宗、刘遵和，俱著分部学习。胡培翚……蒋廷恩俱著以内阁中书用。周曾毓……王天锡俱著以国子监学正录用。王星榆……孙述庭，俱著交吏部签掣分发各省，以知县即用。刑部候补郎中萧秉莹，著以六部郎中即用。工部额外员外郎王世绂、候选员外郎贾大夏，俱著以六部员外郎即用。余著归班铨选。

刘遵和在即时叙用行列，发往户部任候补主事。户部是清朝管理户籍和财经的部门，主事是初级官员，官位为六品。候补主事是见习期，还不是正式的官员。

刘遵和虽还是候补主事，但标志着已入政界，是年41岁。

此段经历，《刘公传》叙述详备，无须多考述。

户部主事

刘遵和发往户部任职的第二年即嘉庆二十五年（1820），嘉庆帝驾崩，爱新觉罗·旻宁以嫡长子身份继承皇位，次年，改年号道光。

嘉庆二十四年（1819）至道光七年（1827）期间，刘遵和在户部的履历情况，《刘公传》记述仅有“己卯会试成进士，用户部主事”一句话。“用户部主事”是概言之，其实这九年间，其官位是有升迁变化的。如道光七年（1827）《沂水县志》记载：

> 刘遵和……己卯陈沆榜。现任户部江西司兼广东司主事，军机处行走。

清代，户部管理全国疆土、田地、户籍、赋税、俸饷、财政等事宜。其内部办理政务按地区划分为江南、江西、浙江、湖广、福建、山东、山西、河南、陕西、四川、广东、广西、云南、贵州十四个清吏司，职官设有郎中（正五品）、员外郎（从五品）、主事（正六品）。各司除了掌核本省钱粮以外，亦兼管其他衙门的部分政务，职责多有交叉。刘遵和所任的江西司兼管各省协饷（协济邻省经费）动支，广东司兼管全国矿政、钱法（币制）及内仓出纳。刘遵和的实际职务是江西司主事，兼广东司现审处捐纳房主管。

捐纳房是清代户部内部机构，各司均设司职官员。捐纳就是用钱买官。自汉代开始就有“纳粟拜爵”，历代多沿用其例。清代中叶以后，此风尤甚。清制，凡无考中录选者所规定的身份、资格的文士捐纳贡生、监生衔，文武官员捐升衔加级，或捐请封典，或平民捐职衔，称为“常例报捐”。为筹集军饷、工程费用等特开的捐纳，称为“特开事例”。两种捐纳，都由户部具呈交银，给予执照。捐纳房设满汉司员各六人，由尚书在郎中、员外郎、主事、七品小京官内派委，每两年更换一次。

军机处亦称“军机房”“总理处”，是清朝中后期的中枢权力机关，参与军国大政，辅佐皇帝处理政务。军机处设军机大臣，称为“军机处行走”“军机大臣上行走”，无定员，多者六七人，一般以特选的大学士、尚书、侍郎等官充任。

《沂水县志》所记刘遵和“军机处行走”，实际是“军机章京补用”。此事，清梁章钜、朱智《枢垣记略》卷五《除授·四》记载：

> （道光五年）九月二十六日旨：方铭彝、郑乔林、许球、何汝霖、王藻、李涵、汤鹏、江绍僖、董基诚、刘遵和、郑瑞麒，俱著记名以军机章京补用。谨按：此次李涵、董基诚、刘遵和三名俱未经行走。

《枢垣记略》是梁章钜与朱智二人合著的有关清代军机处的专著。军机章京的选任，据《枢恒纪略》卷七载：“汉军机章京由内阁中书、六部郎中、员外郎、主事、七品小京官（由进士、举人出身者）兼充。满军机章京以内阁中书、六部、理藩院郎中、员外郎、主事、笔帖式兼充。”军机章京正式任用，称为“军机章京上行走”。“行走”的含义是“入值办事”。刘遵和“未经行走”即最终没有实职到任入值办事。

那么，《沂水县志》所记刘遵和“现任户部江西司兼广东司主事”之“现任”是指哪年呢？

《沂水县志》是道光六年（1826）开始纂修，道光七年（1827）竣工的。虽没有记载刘遵和任职户部两司主事的具体时间，但肯定是在道光七年之前。结合《枢垣记略》记载的“军机章京补用”时间，可以认定：刘遵和任户部江西司兼广东司主事的具体时间，与记名以军机章京补用的时间相同，即道光五年（1825）九月二十六日。

刘遵和任户部主事后，经例行考核加二级；因办理陵差（为皇帝谒陵服务）又额外加一级；参与“皇帝实录”校订，告成，纪录一次。

加级、纪录，是清代对官员的奖励。纪录有三等：纪录一次、纪录二次、纪录三次。纪录四次，即可加一级。获奖励者，依照所加之级支俸；加级给予升衔者，依照所加之级换给顶戴（晋升官职）。加级、纪录是官员的政绩，又是定期考绩的重要条件。加级可以抵消降级、罚俸等处分。

刘遵和“记名军机章京补用”，就是定期考绩优秀的结果。

丁忧回乡

道光六年，刘遵和夫人高氏病亡。

道光七年，父亡，刘遵和丁忧回乡。丁忧次年，母又亡。

丁忧又称丁艰。根据儒家传统的孝道观念，朝廷官员在位期间，如若父母去世，则无论此人任何官何职，从得知丧事的那一天起，必须辞官回到祖籍，为父母守孝二十七个月，叫作丁忧。关于清朝的丁忧制度，《清会典》规定：“内外官员例合地制者，在内（北京）由该部具题关给执照，在外（地方）由该抚照例题咨，回籍守制。京官取具同乡官印结，外官取具原籍地方官印甘各结……开明呈报，俱以闻丧月日为始，不计闰二十七个月，服满起复。”还规定，匿丧不报者，革职。

刘遵和丁忧期间，正值沂水知县张燮续修《沂水县志》。纂修工作自道光六年（1826）八月开始，至次年闰五月历时十一月而粗具规模。期间，刘遵和被聘为参阅绅士。他恪尽参阅之责，精严校其舛误，钩沉补其遗漏，一丝不苟，不遗余力，深受参与纂修者赞誉。

刘遵和丁忧期满的时间，《刘公传》记载为“辛卯服阕”，即道光十一年（1831），前后跨越四个年度。由丁忧“不计闰二十七个月”的规定推知，刘遵和因丁忧第二年母亡，丁忧时长增加了约一年。

道光十一年（1831），刘遵和携眷赴部续职。

大案牵连

道光十年（1830），朝廷处理了一起私卖捐纳假证大案，已年过半百又刚刚丁忧期满的刘遵和受到牵连，被降职使用。这段历史，《刘公传》仅记载："因照案失察，降二级候补七品京官。"

"照案"是指发案于道光十年（1830）的私卖捐纳假证照案。

按清代捐纳制规定，用钱从户部捐得监生、贡生学历而获得相应官衔的人，由户部发给证件作为凭证。道光十年（1830）闰四月，在安徽发现个别捐纳职衔者并无户部档案。经咨取部文核对，捐纳职衔者所持凭证与户部咨文版片式样迥异，而且无捐纳者身家清白册结。凡此种种，均与捐纳惯例不相符。朝廷大为震惊，道光帝谕令大学士、协办大学士、军机大臣会同户部、刑部严查，并一再发出谕旨，令各省督抚追缉案犯。数月后，查出户部捐纳房书吏蔡绳祖等人私自雕刻部监假印，私办贡监职衔封典文照一万多张。将案犯蔡绳祖等追解归案后，审出户部、国子监等衙门捐纳房贴写办理假照经过，从而得知经办过假照的官员达数百人，得银数万两。不仅户部如此，各部皆同。此案涉及地域广，涉案官员多，涉案时间长，道光帝谕令上溯止于嘉庆二十一年（1816）。这15年期间，已经办假捐监贡照3477人，办假职衔加级照1223人。这是继嘉庆十九年（1814）假照案后，又一起严重事件。

经过六个月的查办，假照案结案。道光十年十月戊戌（1830年11月28日），道光帝谕准部议，按照"失察冒捐名数多寡不同"予以"分别示惩"。在这一案件中，往任工部侍郎英和失察3117名，现任户部侍郎兼管国子监事务顾皋失察3196名，为数最多。英和因为此前已缘于其他案件发遣黑龙江，本案未再追加处理。顾皋因为在案发前已以病辞职回乡，本案给予"降四级顶戴休致"的处分。其他凡与此案有职责关联的官员，无一幸免，因此案而革职、降职、调职的各部堂官、司员达数百人。

对于主事等司员一级官员，道光帝也予以严厉谴责。《道光朝实录》记载：

> 司员承办事件，是其专责。乃于贴写私办假照，毫无觉察。其各省送到捐生身家清白册结，并不核对，迨至将假底加捐各项，又不详查照簿库收，率据扣改稿件及呈验假照批符，以致蔡绳祖等肆行无忌，非寻常疏忽可比。

因为此案中的司员"非寻常疏忽可比"，根据部议，凡在任三年者降四级调用，在任二年者降三级调用，在任一年者降二级调用。刘遵和等人的处理情况，《道光朝实录》记载：

> 德成额……刘遵和（注：共45人）俱在任一年以上，均著照部议降二级调用。……方玉璞业经告病，病痊又经丁忧；庆玉已丁忧孝满，在户部员外郎上行走；魏成宪、邵桓均已告病；刘遵和系候补之员，又经丁忧，均著于补官日降二级调用。

东山再起

刘遵和丁忧期满回京后，按照早已准奏的处理意见降二级调用。具体调用及调用后升迁情况，《刘公传》有记载。大体经历如下：

一年后，补太常典簿，充则例官纂修。此官职为普设性低阶官职，主要从事太常寺掌奏文书的起稿校注等文字工作，官秩为正七品或从七品。

又二年，始捐复原官回户部。捐复，即捐银恢复受处分降革的原官职。清朝捐复制度始于康熙朝，《清史稿·选举志七》记载：“（康熙）三十五年，帝念降革留任人员，因公处分，辄停升转，诏许捐复。”《刘公传》记载：“其捐项，皆同年寅谊佽助者居多。”

又数年，补缺转员外郎。员外，本指正员之外的郎官。清代，各部员外郎，位在郎中（部正职）之次，分别冠以各司之名号，从五品。刘遵和补缺何部员外郎，史籍没有详细记述，根据刘遵和的实际情况判断，应该是户部员外郎。

身后哀荣

道光二十七年（1847），刘遵和因眼疾致仕还乡。

咸丰二年（1852），刘遵和病逝，享年74岁，追封朝议大夫（从四品）。清制，从四品概授朝议大夫。朝议大夫是文职散官名，是有官名而无职事的名誉职衔。

刘遵和任京职，前后近30年。因为长期在“主事”位置上，所以后世尊呼他为“主事老爷”。其仕途之外，孝悌兼优、嘉惠后学、仁及乡里等逸事佳话，今人之述备矣，不再赘言。

文集传子弟

刘遵和著有文集《求友堂小题制艺》。

这一罕见珍本，是沂南县高军先生于2008年秋在沂水县院东头大集一古玩小贩手中购得收藏的。《求友堂小题制艺》收录刘遵和文30篇，每篇四五百字，短小精悍，文笔隽永，篇后皆附作者题记；道光十八年（1838）春刻印。文集前有吴孝铭序，吴序后夹带庄瑶的手书序文。吴孝铭，字伯新，江苏阳湖人，嘉庆十四年（1809）进士，选庶吉士，授工部主事，充军机章京，累迁郎中。庄瑶，字琪园，清莒州大店（今莒南县大店镇）人，嘉庆二十二年（1817）进士，曾任工部都水司主事、营缮司员外郎、都水司郎中、湖北荆宜施兵备道等职。庄瑶时官职低于吴孝铭，而庄瑶与刘遵和又有表亲关系，所以未用庄瑶序文，仅夹带在吴序之后。刘遵和在自序中写道：

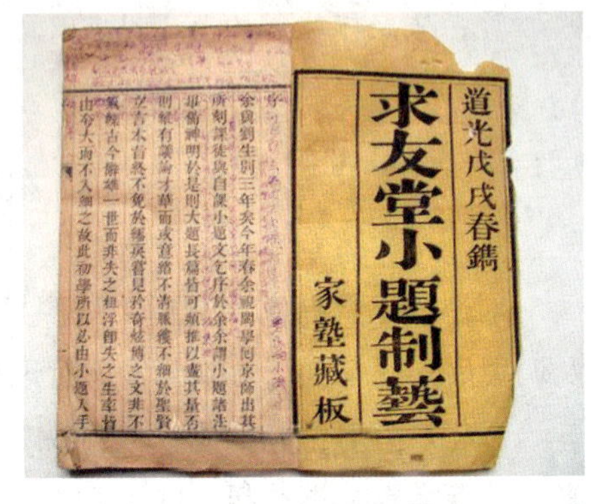

《求友堂小题制艺》

> 余自从师及授徒必由小题文入手，所作亦随时散置，旧箧中捡出，稍有心得者略存数首，为家塾子弟便阅。

此书为家刻本，非为书肆发行文本，是以刻印少，今存世文本实属珍稀。

王榕吉在为刘遵和所作《刘公家传》中，对《求友堂小题制艺》给予了很高的评价："一出争先快观，不胫而走，后进皆奉为圭臬。"同时称赞他的诗说："所刻《素位轩诗》亦脍炙人口。"《求友堂小题制艺》有刊本传世，遗憾的是《素位轩诗》未见传世刊本。虽未见《素位轩诗》真容，但清末人吴峻德曾抄录了刘遵和的十二首诗作并流传了下来。这些诗作，是否为《素位轩诗》的部分内容，在没有发现《素位轩诗》传世刊本前还难以定论。综观刘遵和的这十二首诗，大约可以分为以下四个方面：

一是写出了农家生活的一个个侧面。刘遵和出身农村，对农村生活甚是熟悉，所以他写的农家题材的诗歌作品，风格显得清新可喜。如《田家即事》：

田家五月似秋忙，种豆锄瓜打麦场。
今日偷闲缘雨大，破蓑齐补短篱旁。

诗中农家五月繁忙的景象接踵写出，作者随即笔锋一转，写终于因为下大雨有了一个偷闲的日子，可是勤劳的农人们却聚集在篱笆旁边补缀着毁坏的蓑衣。本诗渲染了环境氛围，写得意趣盎然。

二是写出了一些生活哲理和人生感悟。如《戏咏栗蓬》：

都识蓬中栗满科，层层包裹刺仍多。
从来利实终难秘，莫恃人无奈尔何。

短短四句诗，揭示出有利处的果实是秘藏不住的，就是仗恃着满身毛刺，也不要认为人们对此无可奈何。寓于鲜活形象中的哲理，能让人产生思想的震动。

三是写出一种闲情逸致。如《水皮一棍》：

手把长竿击碧流，一声惊破五湖秋。
千层细浪开还合，万颗明珠散复收。
波内鱼龙沉海底，江边凫雁起滩头。
早知此处难垂钓，再整丝纶别下钩。

起笔大气，写景富有特色。表面好似有一种后悔之情，其实写的是一种开阔胸怀。这些诗刻画细腻，描写形象，既是客观的，又体现出诗人的主观感情与个性。

四是明志诗。这类诗歌最突出的是《感梦》，前面有一段很长的序言：

戊辰举京兆后留京，梦一铁面僧曰："汝吾胞弟也，当元季家焚，长安同从渤海真人于铁锁，连孤舟山后，汝复出作元戎，致非命，临难时，师命往救，吾知天意难挽，人心难回，不如不救以全始终，至今抱歉。"又梦一神人曰："汝今生实渤海送下，羡汝之质，欲使终归佛门，汝可不必当以忠义，以成前世志。"幻耶？真耶？因此作此，以自矢。

作者连续做了两个关于自己身世的梦，并且都是引导向佛的，醒来后他作了这首诗表明自己的心志：

几时出世几时人，那记黄农过去春。
空感宿因通梦幻，常凭壮志胜前身。
圯桥石上书三卷，铁锁山边水一津。
但是男儿由自立，此番生本为君亲。

命运跌宕，宦海沉浮，犹如经历了几世几劫，这也许是宿因所致，但作者以张良受辱于圯上老人而自励，志在君事亲事，唯忠唯孝。①

刘遵和起始风顺，中年波折，但他笑对人生，初衷不改。由于经历所致，他的诗作看似信口而出，平白如话，却是将无形心境融于有形场景之中，深含苦涩。由此看来，刘遵和的这些诗作似是写于宦海沉浮之时，抑或东山再起之后。

刘遵和致仕后回到故乡，一生藏书放置于三间东屋，箱柜触及房椽，后世视为珍宝，悉心珍藏。1940年，日寇大“扫荡”侵入隋家店，其收藏被毁之一炬。

年谱概要

乾隆四十四年岁次己亥（1779），1岁。

嘉庆六年岁次辛酉（1801），预选拔贡，23岁。

嘉庆七年岁次壬戌（1802）至嘉庆十二年丁卯（1807），三次应乡试皆荐卷，但未果，24—29岁。

嘉庆十三年岁次戊辰（1808），顺天恩科乡试举人，30岁。

嘉庆十四年岁次己巳（1809），应恩科会试未果开馆授徒，31岁。

嘉庆十六年岁次辛未（1811），应会试未果坐馆授徒，33岁。

嘉庆十九年岁次甲戌（1814），应会试未果坐馆授徒，36岁。

嘉庆二十二年岁次丁丑（1817），应会试未果坐馆授徒，39岁。

同年部试大挑一等改二等坐馆授徒，39岁。

嘉庆二十三年岁次戊寅（1818），授任淄川教谕，40岁。

嘉庆二十四年岁次己卯（1819），进士授候补主事，41岁。

道光五年岁次乙酉（1825），任户部江西司主事兼广东司现审处捐纳房主管、记名军机章京行走，47岁。

道光六年岁次丙戌（1826），妻亡，48岁。

① 以上四点，参照高军的博文《刘遵和与他的诗歌创作》。高军，山东省作家协会会员，山东省小小说学会副会长，沂南县作家协会主席。

道光七年岁次丁亥（1827），父亡丁忧回乡，49岁。

道光八年岁次戊子（1828），母亡继续丁忧，50岁。

道光十年岁次庚寅（1830），谕准部议以“失察”罪“著补官日降二级调用”，52岁。

道光十一年岁次辛卯（1831），服阕回部候职，53岁。

道光十二年岁次壬辰（1832），降两级补太常典簿，54岁。

道光十四年岁次甲午（1834），捐复户部原职，56岁。

道光二十七年岁次丁未（1847），以眼疾致仕，69岁。

咸丰二年岁次壬子（1852），病逝追封（从四品）诰授朝议大夫，74岁。

纵观刘遵和的一生：求学阶段，县试第一，府学岁科三试，两列优等，一冠其军，可谓少年风顺；入仕阶段，一拔成贡生却未通过朝考，经四次乡试才得举人，历五次会试方得进士，可谓仕进艰辛；年近半百，先遭妻亡，又遭父逝，继遭母丧，可谓中年命舛；因候补主事期间“失察”而被降职，服阕归部一年后才得以补缺，又二年才靠“捐复”而归原级，可谓宦海跌宕；官复原级时已近花甲，虽东山再起，但已日薄西山，可谓壮志空存；虽无显位佳绩可垂史，却有嘉言善行可流芳，又可谓无愧于先人。诚如《刘公传》作者王榕吉评曰：

> 子中公之事亲，自幼而承欢，仕而迎养，以至送终营葬，可谓孝能竭力矣；且教诸弟俱成名登仕，训子侄各因才造就，何友与慈之兼至欤？立身则卓卓不苟，待人则霭霭可亲；至出其所学，嘉惠后进，则非成己仁、成物智者孰能之？虽宦途坎坷，未遂初志，即此数者，亦足以不朽矣！

第七章 团山袁家

在沂南县，老一代几乎没有人不知道袁钿和袁家戏班的。但很少有人知道，是袁氏父子相继苦心经营才使袁家戏班唱响了华东；更很少有人知道，袁顺斋为抗战毁家纾难而义无反顾，归于平民后以行医为业而无怨无悔，最终叶落关外。20世纪上半叶，袁氏父子在界湖这个社会舞台上，共同打造出了一出出精妙绝伦的京剧大戏，也各自演出了一场场可点可赞的人生大戏。可谓父子相继唱大风，人生舞台各辉煌。

袁氏慧眼瞩界湖

元末明初，黄淮流域水灾、旱灾、蝗灾等接连不断，疫病流行，导致山东、河南等地的人口数量急剧减少。明朝初年，燕王朱棣和建文帝朱允炆为争夺皇位，在济南、德州一带进行了惨烈的拉锯战，当地人口四处逃散。当时，山西却是社会安定，经济繁荣，人丁兴旺，加上难民涌入，很快成为人口稠密地区。为巩固新政，从朱元璋就开始了移民战略，朱棣夺得皇权后，又继续推行移民战略。在前后近60年的时间里，从山西等地强行迁出了大约70万人，充实到山东、河南等18个省份。河北枣强县既是山西大迁徙的集散地，也是迁徙的输出地，外迁人口不计其数。清代日照、莒县、沂水三县的望族袁氏，就是明初从河北枣强县迁徙而来的。

落籍沂水县

乾隆十八年（1753）日照傅家疃《袁氏族谱》记载：

> 我袁氏乃直隶省冀州枣强县向义村人也，自大明洪武十二年己未（1379）始，祖兄弟三人徙居山东，长支居青州府日照县傅家疃（今五莲县高泽镇汪崖村），二支居青州府沂水县袁家庄，三支居青州府莒邑九里坡。

实际上，兄弟三人分徙三地是个笼统的说法，大致的脉络是先在日照落籍，后又分迁到沂水县和莒县。正如傅家疃袁氏同治十二年（1873）重修族谱时谱序所云："其族居日照者，吾祖之留贻也，其徙自日照者，吾祖之分脉也。"

道光二十年（1840）沂水《袁氏族谱·家传序》云：

> 袁氏之先，直隶枣强人也，明初迁沂，生、讳、卒、葬俱无可考，

至讳自当祖，始有可记，奉为始祖，居沂南门外……五世祖文芳，字汝芬，号兰轩，别字抱一子，庠生，晚年厌城市喧嚣，徙居苗氏村，即今袁家庄也。

民国十一年（1922）莒县《袁氏族谱·弁言》称：“考吾先祖自明之初由河北枣强县迁居日照，后由日照分居莒县袁家疃、九里坡等村。”

莒、沂两地袁氏族谱，印证了其与日照袁氏为同宗。

瞩目界湖集

迁居沂水县的袁氏传至七世时，有兄弟二人迁居到了沂水县南乡的界湖，成为界湖及周边袁氏的开山祖。据沂水《袁氏族谱》记载：明末战乱，七世兄弟四人绝意进取，侍父进入西山，待十余年后兵火消弭时，才出山回到袁家庄，七世二支允寀因“见颓垣败址，满目荆榛，不可以居，惟界湖室宇虽焚，墙尚屹立，乃葺而居之”，便与三弟允谷迁居界湖（今沂南县城），时在清康熙五年（1666）前后。由“界湖室宇虽焚，墙尚屹立，乃葺而居之”的语义分析，当时界湖的房屋似乎是沂水袁家的产业，也就是说更早时沂水袁氏就涉足界湖了。

团山庄《袁氏族谱》记载：沂水袁氏七世袁允寀生有三子，第三子袁崎有子袁惟珊。袁惟珊，字佩瑚，自界湖迁居团山庄，其家人丁兴旺，代有传人。十二世袁珍，字怀聘，生有三子五女。长子袁玉璘，字香石，太学生。袁玉璘之子袁钿，“字金田，一字雨亭，候选巡检，保举五品衔……配金佛院刘氏，一女；副室张氏，一子承泰，三女；侧室李氏，二女；侧室杨氏，一女”。袁钿少时在本村上私塾，稍长后便跟随父亲学点小手艺，20多岁时，随父远出到新疆、青海、内蒙古一带做贩马生意。[①]袁钿没有沿着父亲的生财之道走下去，他积累了资金后就着手置买良田，过起了地主生活。

团山庄是一个濒临平原紧靠山岭的小村落，而临近的界湖则是个小平原上的集市村。界湖的立村至迟在北宋之前，这里因为西边有山，东部有岭，历史上中间曾有大片湖洼，村庄处于中间高地，界于湖、洼之间，故名“界湖”。界湖早就有了定期交易的市场，清朝康熙初年已成为全县21个主要市集之一了。道光年间，界湖成为里社的治所，称为“界湖社”。当时有3条交通要道从

① 袁钿随父贩马一事，参见《沂南县界湖“长春富贵”京剧科班史略》。

界湖向外辐射着，一条向东南经大庄、南左泉、莒南十字路到达青口（今江苏赣榆）；一条向东北经杨家道口、苏村、齐家店子、湖头、薄家店子奔莒县、日照；一条是向西经依汶、隋家店、岸堤到蒙阴。界湖集市逢四排九，还有春秋两次山会，骆驼商队来回经过界湖，自北往南带来的是犁、锅等铁器，自南返北运走的是食盐等，人口、物流丰富多彩。因此，有眼光的地主和商贾都看到了商机，纷纷来到界湖，发展工商业。当时为了防止战祸和盗匪，界湖以大户高家为首，集资在四周筑起了圩子墙，四面各有大门早晚就像城门一样按时启闭。各个大户还在大圩子墙内修筑了自己的小圩子。

走过南闯过北的袁钿，早就敏锐地看到了界湖的商机。他有了一定的资本实力后，将资金逐步转化成了13顷（1300亩）土地，而且花巨资先买下了界湖小圩子里袁明烈的一个有130多间房屋的大院，后又购进了大圩子内外180多间房屋。袁钿不仅搬到界湖小圩里居住，而且利用购进的房屋开办起了油坊、酒店、制丝店和杂货店、鞋铺等商行，成为界湖社会舞台上的大角。但袁钿并没有因此而浮华起来，而是恪守勤俭持家的祖训。据袁家后人说，每年除夕，袁钿全家都要吃一顿豆腐渣，以追忆先祖自河北枣强县落籍鲁地时以卖豆腐为业的艰辛，教育后人要勤俭持家。

长春富贵唱大风[①]

清乾隆年末期，南方的徽剧三庆班、四喜班、和春班、春台班（俗称“四大徽班”）陆续进入北京演出。道光年间，湖北汉剧戏班进京，带来了汉调（楚调、西皮调）。徽剧、汉剧逐渐融合，并吸收了秦腔、昆曲、梆子、弋阳腔等剧种的优点，加上“京音”特色，形成了“皮黄戏”。清光绪二年（1876），上海的《申报》称之为“京剧”，从此京剧之名逐渐得到社会的公认。京剧迅速发展，艺术水平在中国戏曲中名列前茅，所以又被誉称为“大戏”。山东是徽班进出北京的必经之地，山东帮商人又是北京经济活动的重要力量，因而山东很早就有了京剧戏班的演出活动，清末传入后，很快在境内流行起来。

创建戏班

到袁钿入住界湖时，界湖已有众多的工商铺号了。咸丰四年（1854）仲夏立的《重修南路西沟碑记》中记载的堂号有几十个，现在还能清晰辨认出的就有观利典、占吉堂、聚源号、广盛号、公信号、复泰坊、来顺号、隆泰号、永盛号、广聚号、义和号、广盛坊、恒盛坊、德盛坊、顺兴号、广德堂、广益堂、兴盛号、济源号、同盛号、全生堂、保善堂、源盛号等23个堂号。这些堂号大多数是界湖本村的。随着社会新的经济因素的出现，界湖也产生了小市民性质的社会阶层人员。有了大量的流动人口，发达的商业经济，小市民阶层的消费需求，戏班便应运而生了。

光绪二十六年（1900），袁钿典出2顷好地筹集了资金，派专人到外地购回了7大箱140余件戏衣，同时又请巧匠名师制作了枪、刀、剑、戟、斧、钺、钩、叉等大小50多种道具，开始了办戏班的历程。

① 本节主要参考材料为唐天佑《界湖梨园概况》，出自《沂南县政协文史资料》第三辑。

袁钿办戏班不是一次聘足名角，而后开锣唱戏。他采取延聘名师，招收艺徒，自己培养演员的方式，打造属于自己根植本土的戏班。他规划了“长春富贵”四个科班，计划待第一班“长字班”艺徒能独立登台演戏时，再招收第二班“春字班”，然后是“富字班”“贵字班”。

袁家戏班第一班“长字班”，每个艺徒的艺名都是前面冠以一个“长”字，后面缀上一个吉祥字。一般规律是，学旦角的艺名多是“梅”“凤”之类的阴柔吉祥字，其他行当的艺名多是“兴”“盛”之类的刚劲吉祥字，艺徒出科登台后也以这个艺名挂牌传世。久而久之，人们往往只知艺名，而不知本来的姓氏及名字了。“长字班”的艺名是“长明”“长春”等，后续班次艺徒的艺名也是依此类推。这些艺徒大多是佃户和贫困人家的孩子，农忙时为袁家干杂活，农闲时学戏。按照契约，艺徒五年之内没有正式工资，学艺期间只管吃穿，年底发几吊钱作零花用。其实，艺徒能独立登台演出，一般只需要二三年的时间，契约未满，登台演出也是为主家白卖力，只是图个早出名。学戏是极其艰辛的，不仅需要吊嗓子、练身段、学唱腔，而且背不熟台词或唱不准音调或展不准身段，就挨戒尺抽打。因此有句行话说：“戏是打出来的。”在封建社会，唱戏的俗称“戏子”，被视为贱民，死了都不准进祖林埋葬。不是为了指望学个本事混上一个饭碗，没有人舍得让孩子学戏当戏子。

艺徒虽然艰辛，也因艰辛才训练出了一些功底过硬、技艺精湛的名演员。“长字班”里擅长饰刀马花旦的长凤就很有名气。长凤姓梁，水浒套村人，嗓音清亮，身段优美，尤其是他那武功戏中叫“犀牛望月”的独立平衡动作更是一绝。据说他脚大，男扮女装时很难掩饰一双大脚。为了弥补缺憾，他自制了一双木头的“三寸金莲”，演戏时把特制的“三寸金莲”套在前半脚掌上，整个演出过程全靠脚的前半部分保持身体的平衡，有时候还故意延长亮出小脚的动作，绝艺一露，整个演出现场便掌声雷动。因为他身段滑溜，人送外号“一滴油”。当时民间曾有“长凤不到，退钱十吊”这种说法，足见其演技的精湛和魅力。“长字班”出名的演员还有长明（武生）、长启（花脸）、长龙（官生）、长法（场面）、长连（二花脸）、长标（花脸）、长和（须生）、长田（花脸）、长春（小生）、长兴（武花旦）、长奎（花脸）、长廷（小花脸）、长征（旦角）等。

一鸣震遐迩

光绪二十八年（1902）春，“长字班”在界湖大圩子外搭台做了第一次公演，演出了《白水滩》《探金山》《空城记》三出戏，方圆30多里的民众都带着板凳和饭来看戏。这次演出连续进行了3天，观众达3000多人，可谓一鸣惊人，声震遐迩。从此以后，“长字班”除了逢年过节、庙会演出以外，还经常到附近村庄卖票演出。

1904年（一说1905年），袁钿办起了“春字班”，招收艺徒约60人。“长字班”的长凤、长启二人进位为老师，与原聘的老师一起教授“春字班”的艺徒。“春字班”培养出的出名演员有春法（二花脸）、春海（武生小花脸）、春德（官生）、春祥（武花旦）、春顺（小花脸）、春礼（小生）、春正（须生）、春景（花旦）、春兴（大花脸）、春楼（花脸）、春响（小生）、春和（武老生）、春荣（老生）等。1910年，“长”“春”两个班配合，在界湖圩子里为庆贺袁家续家谱，演出了《铁公鸡》《黄金台》《铁板桥》等剧目，观众累计超过万人。

1907年，袁钿连续办起了“富”“贵”两茬艺徒班。“富字班”培养的出名演员有富奎（小生）、富仁（官生）、富标（须生）、富法（小花脸）、富生（老生）、富兴（武生）、富和（小生）、富明（武生）等人。“贵字班”培养出的出名演员有贵明（二花脸）、贵福（官生）、贵团（小花脸）、贵红（旦角）、贵兴（二花脸）、贵春（旦角）、贵民（武生）、贵凤（刀马旦）等。贵凤，小河人（今张庄镇小河村），本名李承余，因家贫且母亲在袁家戏班做针工，故有机会接触戏班。16岁时入“贵字班”学戏，以求以艺谋生。3年后出科登台演出，扮相俊秀，功底扎实，能扎着大靠从叠起来的三张八仙桌上一个空翻下来，干净利落地稳稳落地。一杆大刀在他手中，被要得出神入化，犹如杂技表演，非常吸引观众。但遗憾的是天不假年，贵凤40岁时因病去世了。

从1901年到1920年这20年的时间里，袁钿一手经办起了四茬戏班。这期间，袁家戏班的演员个个身怀绝技，演出阵容强大，场面气派恢宏。戏班不断到外地演出，在省内外享有很高的声誉。袁家班的“长春富贵”名扬四方，戏班进入了第一个全盛时期。

子承父业再辉煌

清末民初，军阀混战，土匪蜂起，社会很不安宁。从1911年开始，蒙山沂水间也出现了土匪。先是界湖西南的郯城、兰山一带土匪开始兴起，随后界湖以西的蒙阴、费县多股土匪也为虐一方。一向富庶的界湖成了土匪们抢掠的重要目标。1919年农历十月，费县土匪头子李堂刚率领一股匪徒洗劫界湖，绑架了圩主“高没鼻”和袁钿的妻女。袁钿为了救出妻女，卖掉了部分田产，凑了近7000块大洋的赎金才把人赎了回来。人虽赎回来了，但袁钿一气之下病倒了。

违心接班

当时袁钿的独生子袁顺斋正在北京师范读书。袁顺斋又名“袁承泰”，生于1903年，自幼习读于家塾。1917年，袁钿在北平买下一座房子，供袁顺斋就近上洋学，并雇用人伺候着。当时，北平政治运动风起云涌，袁顺斋当时就读师范，深受新文化、新思潮的影响。1920年袁钿病危，按照封建礼教，作为儿子的袁顺斋不得不辍学归家，亲侍汤药。1923年袁钿去世了，作为独生子的袁顺斋不仅必须按照封建礼规承祧发殡，而且无可抗拒地承担起了继承祖业，特别是亲事经营袁家戏班的重任。20岁的袁顺斋，本来是一个接受了反帝反封建的革命思想，立志改革社会的热血青年，但终究难以挣脱封建礼教的精神枷锁，成了袁家的继承人。

袁家本来是界湖周边方圆数十里的首富，但待到袁顺斋继承家业时已经今非昔比了。因为，清朝末年袁钿为了捐个五品候补巡检的空衔，曾经卖掉了一部分当铺和部分田产；民国初年又因筹集赎金，变卖了大量田产；办班养戏的初期也耗费了大量资金。年轻的袁顺斋一时难以克服理想与现实之间的矛盾，终于有一天离家遁走了。妻室及贴近他的人也没有任何预感，四处寻访也没有任何音信，袁家乱作一团。正在惶惶不可终日之时，一个月后的一天夜里，袁顺斋带着一身疲倦和惆怅悄然归来了。事后才知道，袁顺斋从小上学，就没有一点持家的才能和心理准备，面对突如其来的巨大持家压力，深感无力承受，所以才悄然出走，决心二次赴北平复读师范。因为学校不收留，只好带着自己寄存在学校的书籍和收藏的字画，带着满腹的惆怅和无奈回到了挣脱不了的家。

振作继业

袁顺斋很快振作起来了。虽然家庭经济状况有所下降，但他对戏班确实情有独钟。他不仅从诸城聘来了工匠，花费2000多块大洋为戏班制作了新的头饰，花费500多块大洋增添了高档的戏衣，还从海阳县请来了武小生、官生、花脸及旦角等行当的10余名当红名角，以充实戏班，增添生气。在理顺充实原有戏班的基础上，又新招了一批艺徒，取名“荣字班”，还计划继续办“华字班”，期望在“长春富贵”的基础上更进一步，达到“荣华”的境地。但没等“荣字班”艺徒功满艺成，抗日战争就爆发了，袁家戏班也因之解散了。“荣字班”没有响起来，民间俗称“小五班”。“荣字班”虽然没有正式登台展演，但这班艺徒因为有了出自正途的扎实功底，所以有不少人或通过继续拜师学艺或自悟探索，逐渐成熟了，成了民间京剧的种子。

袁顺斋接手戏班以后，演出水平又上了一个档次，演出足迹到达了上海、南京、徐州、东北景阳县和本省的青岛、潍县、东海等地。戏班声誉高涨，上座率很高，袁家戏班进入了第二个鼎盛时期。

1937年卢沟桥事变后，形势急剧变幻，社会动荡不安。由于民不聊生，社会又不安宁，所以袁家戏班外地演出活动逐渐减少，演出活动多为本地的小型演出，人员也开始逐渐流散。勉强维持到1938年，戏班不得不宣布解散了。

袁家戏班由袁钿于1900年开始筹办到袁顺斋接手经营，前后长达近40年，招收艺徒260多人，先后有演员200多名。上演的剧目有《甘露寺》《古城会》《水淹七军》《华容道》《捉放曹》《白水滩》《黄金台》《空城计》《失街亭》《斩马谡》《彩楼配》《状元谱》《劈山救母》《宝莲灯》《定军山》《阳平关》《三娘教子》《武家坡》《汤怀义》《珍珠山》《申公豹》《勘玉川》《玉堂春》《追韩信》《斩黄袍》《徐策跑城》《打龙袍》《狸猫换太子（全本）》《南阳关》《钓金龟》《水淹泗州》《反徐州》《群英会（火烧战船）》《华容道》《二进宫》《黄鹤楼》《反西凉》《八大锤》（一名《朱仙镇》；又名《王佐断臂》）、《赶花船》《庆顶珠》《打桃园》《南天门》（又名《走雪山》）、《沙陀国》《陆安州》等，还有《谭河参》《白虎葬》《谭金山》《战马城》《抱状盒》《铁板桥》《阴阳告》《凤阳盒》《打瞎子（三大弦）》《铁板桥》《曹庄打柴》等。据不完全统计，至少有126个剧目。

余音绕梁

袁家戏班解散后，演员四散自谋生计。1939年的农历正月十五，袁顺斋组织起原四大班的骨干演员，在大圩子南门外，与当地玩友共80余人，进行了一场公演。也许是袁顺斋心中已预料到这是袁家戏班的最后一次演出了，他亲自登台演出了《南天门》中的朝夫，还在《八衣徒》（老人回忆，此剧名待考）饰花脸，得到观众好评。观众编歌谣说："圩子箱主戏路宽，唱了一出《南天门》，响到东海边。"1940年3月中旬，中共南沂蒙县委在界湖成立了"沂蒙国剧社"宣传抗日。袁顺斋将几十年来积攒的价值3万多元的衣箱、服装、道具全部献给了沂蒙国剧社[①]。

袁家戏班解散后，四个科班的艺徒和演员就流散在民间了。但正是流落在民间，这些艺徒和演员就像成熟的种子一样，又逐渐发芽开花结果了。

袁家戏班解散不久，界湖民间京剧爱好者自发组织起了国剧社，继续演出京剧剧目。国剧社除了袁家"贵"字班的武生贵民（姓夏）以外，其余没有一个是科班出身的。但袁家戏班已深深影响了一代人，培养了一大批戏迷。界湖人不管识字还是不识字，老老少少大都能听懂戏文，有些戏迷还能模仿名角惟妙惟肖地唱出许多名段子，走出几步像模像样的台步。因此，尽管国剧社只有一个科班出身的人，但很快就锻炼出了一批名角，如专长老生的马廷献，专演皇帝的张庆，专饰赵云的魏清，擅长演包黑的张顺修，还有既能演老生又能客串旦角的尹连科等。

1949年后，沂南县成立了专业京剧团，不仅国剧社的一些成员加入了剧团，而且国剧社演员的子女有的也走上了京剧舞台。1958年，沂南县撤并归沂水县，京剧团随之撤销，有些演员投奔了郯城县京剧团，继续追寻着自己的京剧梦。

① 民国北京改称"北平"，因此民国时期京剧改称为"平剧"。北平沦陷后，平剧又改称为"国剧"。

在袁家戏班、界湖国剧社和沂南县专业京剧团的影响下，境内许多村庄先后自办或联办起了京剧班，散落到社会上的袁家班艺人又有了用武之地。在众多的民间京剧团中，和庄村和小河村（现在都隶属于张庄镇）的剧团最为活跃。两个村比邻，演出剧目一偏武一偏文，相得益彰。

和庄村京剧团成立于解放战争年代之初，聘请的教师是袁家"贵字班"擅演二花脸的贵明（姓崔），担纲任教的还有周玉派、于彦山二人。因为老师擅长的多是武戏，所以和庄村剧团的剧目以武戏居多。张庄一带至今流行说："和庄戏，从北来，不是八大锤，就是虎头牌。"这也是和庄村剧团擅长武戏的一个佐证。

解放战争期间，和庄村京剧团就很活跃，因为曾随军南下更是声名远播。1948年，沂南县组织了3000多人的"沂蒙担架团"支援淮海战役，同时抽调和庄村剧团的11名中青年演员，与兴旺庄等村的业余剧团文艺骨干，组成了随军剧团，跟随华东野战军南下，做宣传鼓动工作。随军剧团历时8个月，先后到达江苏、安徽、河南、上海等地，为部队和当地群众演出420多场。演员们除演出外，还运粮草、送弹药、抬担架、救伤员、押俘虏，深受部队指战员欢迎。解放上海后，随军剧团胜利完成了使命。1949年6月20日，中国人民解放军第20军政治处在上海举行了隆重的欢送仪式，奖励给随军剧团一面锦旗，旗面题词是："服务在前线，鼓舞民工进军江南。"这面锦旗在和庄村珍藏了50年，于1999年捐赠给沂南县档案馆。

在这面锦旗的鼓舞下，和庄京剧团不断培养青年演员，在沂南县村级京剧团中延续时间最长，"文化大革命"期间还排练了《红灯记》《沙家浜》等现代京剧。

小河村的剧团是1951年成立的，老师是袁家戏班"小五班"的荣福和荣宝。荣福姓李，埠子村人（今属张庄镇），与小河村李姓是同宗。荣宝也姓李，是本村人。由于两个老师都是旦角出身，所以学习的剧目以文戏为主。当时文化生活匮乏，大多数人是"看"戏而不是"听"戏，所以就有了一句评论话："光有好生无人听，有了好旦有人看。"小河村戏班经常演出的剧目有《五女兴唐》《赶花船》《穆柯寨》《独木关》《佘塘关》《辕门斩子》等十多出，能演三天三夜不重样。演出大多是在冬季，演出范围达到方圆十几里，最远南到里洪（今属砖埠镇），西到孙祖。

有一年在孙祖集上，小河、和庄、北沿汶（柳子戏）三个村的剧团，各自搭台拉布围子卖票，唱对台戏。小河戏班因为看的人多，布围子容纳不下，干脆撤去了布围子，免费公开演出。

小河剧团“文化大革命”前还排练了吕剧《小姑贤》，“文化大革命”后期又排练了现代京剧《沙家浜》，但当时大多在本村演出，属于自娱自乐了。

可以说，袁家戏班不仅唱遍了华东地区，辉煌了半个世纪，而且培养出了一大批京剧种子，这些种子仍在繁衍。京剧之音，至今余音绕梁。

开明士绅①

袁顺斋继承父业后成了名副其实的地主，但他毕竟受过新式教育，接受过革命思想。他的这些新思想不仅停留在理论上，而且经常表现在行动上。在日常生活中，他不赌、不嫖、不吸大烟，生活简朴，乐善好施。在看待家业上，他常对佃户们说，这份家业不是老祖宗创下的，而是各代“客家子”（客，当地方言读keí）给创下的，还说什么“天下为公，耕者有其田”。当时共产主义理论还未传到沂蒙山区，佃户们听了这些话都感到奇怪。更奇怪的是，袁顺斋对他的佃户们施舍出手大方，视钱财犹如粪土。如：凡是他的佃户有婚丧嫁娶之事，他都赠送钱财，有的还赠送田地。又如：土匪横行时期，为了加固圩子墙，圩主常组织农民担当无偿劳役，而凡是袁顺斋的佃户参加劳役，他都给予钱粮报酬。周边村庄的地主都讥笑他是“袁家的败家子”。袁顺斋不摆阔气，平易近人，还登台客串演出，因此深得艺徒及演员的敬重，也深得社会平民的尊重。

袁顺斋爱好书画，热心中医。他遁走复归后，在管理商铺、戏班之余，不仅埋头钻研父亲留下的中医和中草药书籍，还虚心向大庄村著名中医高海观请教。高海观是清末秀才，当时国家政治腐败，他无意仕途，前期专心教育事业，教学之余潜心钻研中医，四十岁后弃教从医，在当地享有盛誉。袁顺斋深得高海观的赞赏和指导，并相与切磋医疗技艺。后来，袁顺斋成了界湖一带很有名气的中医医师，他凭着精湛的医术为人治病，却从不收费用。也许是高海观秀才行医的志向和心境，深深地熏陶了袁顺斋那颗年轻的心，他最终行医济世、自食其力的选择，就有着高海观的影子。

抗日战争爆发前，军阀韩复榘统治山东，袁顺斋被委任为沂水县第五区区长。这种官，说起来冠冕堂皇，但实际是个为上级政权征敛田赋钱财的差事，

① 本节主要参考资料：袁钟秀口述、唐天佑整理的《忆开明士绅县参议员袁顺斋》，出自《沂南县文史资料》第四辑。

完不成任务就得掏腰包垫上。对这种官位，贪得无厌的地主、富商视为可中饱私囊的肥缺，而老奸巨猾的守财奴却推拒躲闪，千方百计不沾边。袁顺斋涉世不深，不谙官场，又有安乡护民的满腔热情，就被推举到区长的位子上了。为了维持当地社会事务管理，他不得不经常自家垫补所征田赋的不足部分。界湖首富高经五讽刺他说：“像抬死驴似的把你抬上来，你连挣也不挣一下。”其实，袁顺斋担任区长，这里面也有共产党地下组织的工作。袁顺斋的秘书袁映秋就是党组织派遣的中共党员，因此袁顺斋在任区长期间，受到了共产党的好多影响。

1938年8月，中共苏鲁豫皖边区省委来到岸堤，八路军第一一五师从山西东进抗日也来到这里，岸堤成了山东的小延安。当时，沂河以东是日军、伪军和国民党顽固派盘踞的地盘，界湖处于敌对双方的前沿。袁顺斋在界湖一带影响很大，各种各类反动势力都极力地拉拢他。但在共产党的争取下，袁顺斋却自觉地倾向了共产党。

1939年，在共产党员徐洪恩、袁印秋等人的帮助下，袁顺斋借助于国民党专员张元里委任他为游击支队长的招牌，自己出钱、出人、出枪，组织了100多人的抗日武装。队伍建立不久，袁顺斋就带着队伍到汶河西岸的洪观寺进行整训。这支刚建立起来的队伍，本来就军事素质不高，又恰逢日军“扫荡”，在整训期间突然遭到日军从河东牛尾巴山射来的迫击炮，队伍四处逃散。事后，袁顺斋收容了原部的三四十个人，向西转移去投靠八路军的山纵八支队。结果，他们一直找的蒙阴境内的陡山沟也没找到，不得不暂时散去了。

1941年，袁映秋在山东纵队八支队独立营当教导员，袁顺斋加入了独立营，担任营参谋，正式参加了革命队伍。独立营活跃在界湖、依汶等地，袁顺斋积极为独立营筹集粮饷、动员兵员，做出了很大贡献。

后来，袁顺斋患了眼疾，经领导批准在家疗养。因为发现左眼完全白内障，右眼视力也减退，不便再随军活动，就转为地方工作了。在地方上，袁顺斋积极支持民主政权的工作，为抗日毁家纾难。反“扫荡”时，民主政府向他家征集粮食，他把家中一切值钱的物品以及所有林果行的树木砍掉变卖，购买了12万斤粮食交给政府。山东纵队非常体谅他为抗日做出的最大努力，专门派干部来看望他。在界湖成立抗日小学时，他卖地购置了课桌和办公用品以支援学校，并将袁家大院南部划出一部分房屋做校舍。

1945年，袁顺斋被选为共产党领导的县参议会参议员。动员参军时，他以参议员的身份登台演说，明确表态：“谁参军就赠送给谁五亩地。”为动员参军，他累计捐献出了近80亩土地。

返璞归真

1946年土改运动开始，袁顺斋最先主动将一切地契文书在袁家大门外当众焚烧掉。县委书记高富隆、县长翟翕武、副书记李子超等领导共同研究决定，留给袁顺斋全家生活用地五十亩，划出袁家大院中几间瓦房给袁顺斋全家居住。袁顺斋表示感谢党和政府的关怀，执意将瓦房让给翻身的贫雇农，自己率全家五口迁回团山庄故居的旧草房居住。袁家在界湖拥有的工商字号不动产、生产资料等收归国有时，因为袁顺斋有中医专长，县里把他录用到界湖药社（界湖卫生所的前身）任医师。从此，他由一个封建地主变成了一个自食其力的人。

1947年，国民党反动派进攻老解放区，不少原来的地主、富农纷纷南逃投靠了国民党反动派，而袁顺斋则一如既往地维护着药社的利益，自始至终地肩挑药担子，在解放区内走乡串村，为民治病。

1954年，袁顺斋响应政府移民支边的号召，迁往东北，在黑龙江省甘南县落户，以行医兼开中药铺为业，默默地继续着他为民治病的追求。

1956年，这位学生时代向往天下为公、青年时代将袁家戏班推向辉煌、壮年时代为抗战毁家纾难的袁家大院第二代主人，走完了他54年的人生历程，悄然无声地叶落关外。

第八章

美诗佳词

阳都历史源远流长，阳都文化积淀丰厚。阳都山美水美，阳都人杰地灵。上下两千多年的历史中，高贵者若皇帝达官，清雅者若文人骚客，钟情阳都者代不乏人，也留下了不少美诗佳词。自晋朝废省阳都县后，阳都之名逐渐湮没于历史的尘埃之中，这些美诗佳词也不可避免地随之淹于史籍文海之中。但揆之史籍方志，还可以略见一斑。

历代帝王赞武侯

在我国古代许多杰出的历史人物中，诸葛亮是最为声名煊赫的一个。虽然诸葛亮终生致力于谋求天下统一的事业未获成功，却仍然受到历代极大的褒扬。达官贵人仁者见仁、智者见智的论述之言，可谓俯拾皆是；文人骚客的诗词歌赋，更是汗牛充栋。历代帝王对诸葛亮的评价虽然背景不同、角度不同、评论的目的不同，但有一点是共同的，那就是褒扬之意溢于言表。

晋武帝示崇敬

诸葛亮后半生致力于北伐，魏国多次以司马懿为主力抗击诸葛亮伐魏的军事行动。但魏灭蜀后，司马懿之子司马昭立即命将军陈勰“学围阵用兵倚伏之法”，并表示可用“武侯遗法教五营士”，将诸葛亮的军事思想作为国家军事制度推广。

司马炎做了皇帝后，还亲自向蜀汉降臣樊建请教诸葛亮治国之方。樊建回答说：“（诸葛亮）闻恶必改，而不矜过，赏罚之信，足感神明。”司马炎感叹：“善哉！使我得此人以自辅，岂有今日之劳乎！”

其实，司马炎的祖父司马懿也是胸怀大度之人，由衷地称赞诸葛亮为“天下奇才”。可以说，晋代开国的司马氏祖孙对诸葛亮的推崇，给后世尊崇诸葛亮开了先河。

唐太宗赞忠勤

唐初，唐太宗不仅本人励精图治，而且多次对臣下称道诸葛亮治国的忠勤。他一再向臣下说：凡是阿谀逢迎、搬弄是非的人，都是危害国家的败类。他们巧言令色，私结朋党，如果君主昏庸无能，就会被他们蒙蔽，忠义之臣就会受到排挤打击，蒙受不白之冤。“昔蜀后主昏弱，齐文宣狂悖，然国称治者，以任诸葛亮、杨遵彦不猜之故也。”[1]唐太宗这么说，不光是为了激励臣下学习诸葛亮的忠勤，同时也是勉励自己杜谗任贤。唐太宗称诸葛亮为“贤相”，赞他为政“至公”。唐太宗对房玄龄等人说：“为政莫若至公。昔诸葛亮窜廖立、李严于南夷，亮卒而立、严皆悲泣，有死者，非至公能如是乎！”[2]唐太宗认为诸葛亮治蜀“十年不赦，而蜀大化”[3]的根本原因正在于此。他要房玄龄、杜如晦这班大臣效法诸葛亮“公平”治国：“卿等岂可不企慕及之。”[4]这足见唐代这位创业之主对诸葛亮的推崇。在唐太宗的倡导和影响下，整个唐代自上而下莫不对诸葛亮赞颂备至。

唐敬宗赞持衡

唐敬宗李湛是个无为而短命的皇帝，在位仅二年就被宦官谋杀了，但他对诸葛亮等古代名相是非常推崇的。

他在《授裴度司空平章事制》中，赞扬萧何制法能较如画一，曹参治国能兼容并蓄，诸葛亮做事能持衡公平，蔺相如能顾全大局避让廉颇，认为“率彼四子，足为成人”，要裴度向他们学习。[5]

明宣宗撰传略

明宣宗朱瞻基是明朝第五位皇帝，他任用贤臣，虚心纳谏，体恤民情，励精图治，与其父明仁宗朱高炽被后世并誉为“仁宣之治”。他为激励和警诫群臣，在即帝位的当年就谕令辑录春秋迄金元人臣足为鉴戒之事编为《历代臣鉴》。《历代臣鉴》按善恶分为“善可为法”“恶可为戒”二类，《诸葛亮》是善可为法的典型。他亲自作序，将《历代臣鉴》颁赐勋戚臣俾，并告谕道：“吾惟治天下之道，必自亲亲始；至文武诸臣，亦欲同归于善。前事之不忘，后事之师。所以于暇日采辑其善恶吉凶之迹，汇为此书，以示法戒。其择善而

---

①《贞观政要》卷六《杜谗邪》。按：杨愔，字遵彦，北齐文宣帝高洋时期任尚书右仆射，史称“主昏于上而政清于下”。
②《资治通鉴》卷一百九十二《唐纪八》。
③《贞观政要》卷八《赦令》。
④《贞观政要》卷五《公平》。
⑤《全唐文》卷六十八《授裴度司空平章事制》。

从，以保福禄。”①

朱瞻基雅尚翰墨，尤工绘事，山水、人物、走兽、花鸟、草虫无不臻妙，常作画赐予重臣。朱瞻基曾作《武侯高卧图》赐老臣陈暄。《武侯高卧图》作于朱瞻基登基的第三年，当时朱瞻基才20岁，陈瑄已60有余，赐画的直接目的是激励他效法前贤为国鞠躬尽瘁，其中也蕴含着明代前期皇室特别是朱瞻基对贤才的渴求心情。原图横40.5厘米，高27.7厘米，现存北京故宫博物院。

清三帝褒纯臣

清代康熙、乾隆、嘉庆三代皇帝，都对诸葛亮推崇备至。其中康熙帝对“鞠躬尽瘁，死而后已”领悟境界最高，乾隆帝对诸葛亮的褒扬最多。

《康熙起居注》记载了康熙十六年（1677）四月康熙帝爱新觉罗・玄烨与陈廷敬一段对话的情景。当时，陈廷敬正给康熙帝讲述伊尹辅佐商汤的历史，当讲到“伊尹之在有莘，诸葛亮之在隆中，惟其处而无求，所以出而能任”时，康熙帝问：“诸葛亮可比伊尹否?”陈廷敬答：“此一章书是论人臣出处之正。三代以下，亮之出处最正，所以比之伊尹。”康熙帝又问：“伊尹圣之任者也，以其君为尧舜之君，亮能之否?”陈廷敬说：“先儒谓亮有王佐之才，亮虽不及伊尹，然其学术亦自正大，后世如此等人才诚不易得，但其所遇之时势不同，所以成功不及伊尹。”康熙帝认为陈廷敬说得很对。②

康熙帝认为“诸葛亮乃纯臣”，“鞠躬尽瘁，死而后已”，不仅人臣要如此，“人君益当如此”。大学士等“撰拟废斥皇太子告祭天地、太庙、社稷文”呈奏，康熙帝阅后批示：“尔等所撰文未尽朕意，朕亲撰一文抒写悃诚，尔等不可改移一字。”大学士等将康熙帝亲撰文翻译成汉文再次呈奏，康熙帝阅后召见大学士等谕曰：“朕所撰文内有‘鞠躬尽瘁死而后已’，乃用诸葛亮出师表之语。尔等殆谓此语惟人臣可用，而人君则不可用，是以变其文而译之。朕每谓诸葛亮乃纯臣，亮之此语，非特人臣当如此，而人君益当如此。朕常为诸臣言之，为人臣者犹有可诿，为人君者将安诿乎？惟当敬天勤民，鞠躬尽瘁而已。”③

康熙帝还说：“三代明圣之主，而欲致海宇升平，人民乐业，孜孜汲汲，

①《明实录・宣宗实录》。
②《康熙起居录》。
③《清实录・圣祖仁皇帝实录》卷二百三十四《康熙四十七年》。

小心敬慎，夙夜不遑，未尝少懈。数十年来殚心竭力，有如一日，此岂‘劳苦’二字所能概括耶？前代帝王或享年不永，史论概以为酒色所致也，皆书生好为讥评，虽纯全净美之君，亦必抉摘瑕疵。朕今为前代帝王剖白言之：盖由天下事繁，不胜劳惫之所致也。诸葛亮云‘鞠躬尽瘁，死而后已’，为人臣者，惟诸葛亮能如此耳。若帝王仔肩甚重，无可旁诿，岂臣下所可以比拟？臣下可仕则仕，可止则止，年老致政而归，抱子弄孙，犹得优游自适。为君者勤劬一生，了无休息之日，如舜虽称无为而治，然身殁于苍梧，禹乘四载，胼手胝足，终于会稽，此皆勤劳政事。巡行周历，不遑宁处，岂可谓之崇尚无为、清静自持乎。”①

康熙帝虽然不是专文赞扬诸葛亮，但从他认为人臣中只有诸葛亮的“鞠躬尽瘁”可与帝王的“劳苦”相比这一只言片语中，可以窥见他对诸葛亮人格、能力与功业由衷褒扬的心态。

乾隆帝爱新觉罗·弘历对诸葛亮以文章诗歌形式褒扬的最多。他撰写《蜀汉兴亡论》，指出蜀汉兴亡的原因在于是否用贤人。他分析说：“刘备……英雄不得用其武，狼狈奔走几十年。既得孔明，于是待以股肱，寄以心膂，用其计谋，而得荆州诸郡之地，有涪城、成都之险，以成鼎足之势。然终不能克复天下，尽得一州者，固缘曹孙强胜，立国既固，不能卒灭，亦以不专于图魏、忿兵伐吴所致也……昭烈之失也。延及后主，信用孔明，成都大治。守父之余烈，保土安疆，七纵之威，六出之锐，敌国畏之如虎。迨孔明殁，黄皓、陈祗用事，殄民误国，而汉祚告终。当昭烈之狼狈奔走，以未得孔明故也；后主之克守前烈，为敌国所畏者，以孔明在相位故也；其用黄皓、陈祗而丧国败家者，以孔明既殁故也。贤人为国之宝，岂不信哉！”②

乾隆还有多篇赞美诸葛亮的诗文。如《读〈诸葛武侯传〉》诗赞曰：

尽瘁终身翊赤符，岂虞一本不胜扶。
陇中已走生司马，地下何愧鬼董狐。
南北未忘先主志，桓文不道仲尼徒。
锦官城外森森柏，丞相祠堂尚有无？③

诗作首句中的“赤符”是“赤伏符”的简称，这里指汉朝的符命。战国

①《清实录·圣祖仁皇帝实录》卷三百《康熙六十一年·遗诏》。
② 转引自《诸葛亮研究集成》上《评论卷》。
③ 转引自《诸葛亮研究集成》下《诗词曲赋卷·诗歌》。

时齐国的邹衍宣称，每一个朝代都有与金木水火土“五圞行”[①]相应的德，他说：“虞土、夏木、殷金、周火。”木克土、金克木、火克金、水克火、土克水，由此推论接替周朝的秦朝应是“水德”（水克火）。汉代在刘邦时，认为秦国祚太短且暴虐无道，不属于正统朝代，应该由汉朝接替周朝的火德，所以汉朝之正朔应为“水德”。到汉武帝时，又认为秦属于正统朝代，汉为“土德”（土克水）。直到王莽建立新朝，方才采用刘向、刘歆父子的说法，认为汉朝属于“火德”。刘秀建立东汉之后，正式承认了这种说法，从此确立汉朝正朔为“火德”，东汉及以后的史书如《汉书》《三国志》等都采用了这种说法。因此汉朝被称为“炎汉”，又因汉朝皇帝姓刘而称“炎刘”。“翊”通“翼”，本义是翅膀，引申为翼助、辅佐。“赤”为红色，是火的颜色，“赤符”代指“炎刘”。“翊赤符”就是辅佐汉室的延续人刘备。第二句中的“虞”是忧虑的意思，“岂虞一本不胜扶”整句的意思是诸葛亮没有因为刘备势单力孤而动摇自己的信念，坚定地认为刘备是恢复汉室的坚定实施者。第四句中的“董狐”是春秋晋国太史，亦称史狐。董狐记史秉笔直书，开我国史学直笔传统的先河。在这里，董狐代指历史。第六句“桓文不道仲尼徒”，典出《孟子·齐桓晋文之事》：“齐宣王问曰：‘齐桓、晋文之事，可得闻乎?’孟子对曰：‘仲尼之徒无道桓文之事者，是以后世无传焉，臣未之闻也。无以，则王乎?’”翻译成现代汉语，就是齐宣王问孟子：“齐桓公、晋文公称霸的事，我可以听听吗?”孟子回答说：“孔子的学生中没有称道齐桓公、晋文公的事情的，因此后世失传了。我没有听说过这事。如果一定要说，那么还是说说行王道的事吧！”乾隆皇帝引用这个典故的意思是，诸葛亮遵王道，做事不越君臣之礼，行君事而国人不疑。

《读〈诸葛武侯传〉》一诗，高度赞扬了诸葛亮辅佐刘备恢复汉室的鞠躬尽瘁的精神，认为诸葛亮活着时北伐使曹魏处处陷于被动，他死了以后可以名垂青史。他始终未忘先主嘱托，平定南中，北伐曹魏，志在恢复汉室。他辅佐庸主刘禅，忠贞无他，既无称帝野心，又无越礼之行，用实际行动兑现了刘备托孤时的诺言。

又如四言长句《武侯赞》：

南阳之薮，有龙而蟠。
金玉其音，硕人之宽。

① 圞：读作 luán，有团圆、团聚的意思。

昭烈下贤，三顾弥处。
风云蒸变，乃出其渊。
东聘吴都，羽扇纶巾。
粜粜楼船，煌煌火焰。
摧曹和孙，克定益州。
乃集其势，乃成其谋。
白帝托孤，实肩重任。
尽瘁鞠躬，王臣之荩。
七擒六出，八阵千井。
集思广益，淡泊宁静。
察变以明，动物以诚。
奸回丕革，宫府肃清。
诸葛大名，星辉云烂。
惟公一身，存亡系汉。[①]

再如《题琅琊五贤》诗。

明嘉靖初年，沂州佥事李士元在沂州所在地临沂城修建了一座合祀诸葛亮和王祥的祠堂，祠名“忠孝祠”。到了嘉靖二十六年（1547），沂州知州何格认为，“诸葛公鞠躬尽瘁于汉，二颜先后死节于唐，其一忠也。万岁亭侯至孝继母，光禄公喻母于道，其一孝也。祠诸葛不及二颜，祠万岁亭侯不及光禄，殊为阙典”[②]，因而于嘉靖三十年（1551）新建“景贤祠”，合祀诸葛亮、王祥、王览、颜杲卿、颜真卿五贤。

乾隆十六年（1751），弘历圣驾南巡江浙途经山东。二月初一日，驻跸兰山县黄梅岩（今临沂市罗庄区罗西乡黄土埝村）。山东抚臣准泰奏请皇帝为琅琊五贤题词。奏章曰：“山东之沂州府，旧为琅琊郡地，嗣号临沂，本朝因之曰沂州，寻升为郡。考之《通志》，该地为汉臣诸葛亮及晋臣王祥、王览，唐臣颜杲卿、颜真卿故里，是以城内旧有景贤祠，为合祀亮与祥、览及杲卿、真卿等五臣之所，及忠孝祠专祀亮、祥于内。今各祠宇虽皆年久堙圮，而志乘载之，里民思之，并有诸葛城、孝感河诸遗迹存焉。此五臣者，如诸葛亮之鞠躬尽瘁，殚忠汉室，伟业丰功，史册炳然。至如王祥之纯孝格天，王览之友于感母，洵皆至性出于醇笃，非仅为一代名臣已也。若夫颜杲卿、颜真卿之节烈萃

① 转引自《诸葛亮研究集成》上《评论卷·赞》。
② 民国五年版《临沂县志》载《景贤祠碑记》。

于一门，孤忠标于千古，尤为正气凛然。是亮等不独学术事功，彪炳载籍，且其忠孝友悌，实为千古人伦坊表。今事远年湮，各迹虽沈榛莽，然里民之怀想芳徽，犹昭昭可考。兹当我皇上翠华巡狩，聿修庆典。可否仰恳天恩，将此五臣，或赐匾额，或赐诗章。一经圣主褒嘉，则五臣之忠孝亮节，既得上随奎藻天章，永垂不朽，而圣主表忠教孝之化，益觉光昭万祀矣。”①

皇帝弘历欣然准奏，御题祠匾“千秋五贤”，又赐七言诗一首：

孝能竭力王祥览，
忠以捐躯颜杲真。
所遇由来殊出处，
端推诸葛是全人。

题琅琊五贤祠乾隆御笔②

“景贤祠”从此更名为“五贤祠”。沂州知州将乾隆皇帝御赐题文墨制成鎏金匾，高悬在“五贤祠”正堂，将“题五贤祠”诗刻碑立于祠内，建亭保护，名为“御诗碑亭”。明、清两朝，五贤祠一直保存完好，为临沂著名古迹

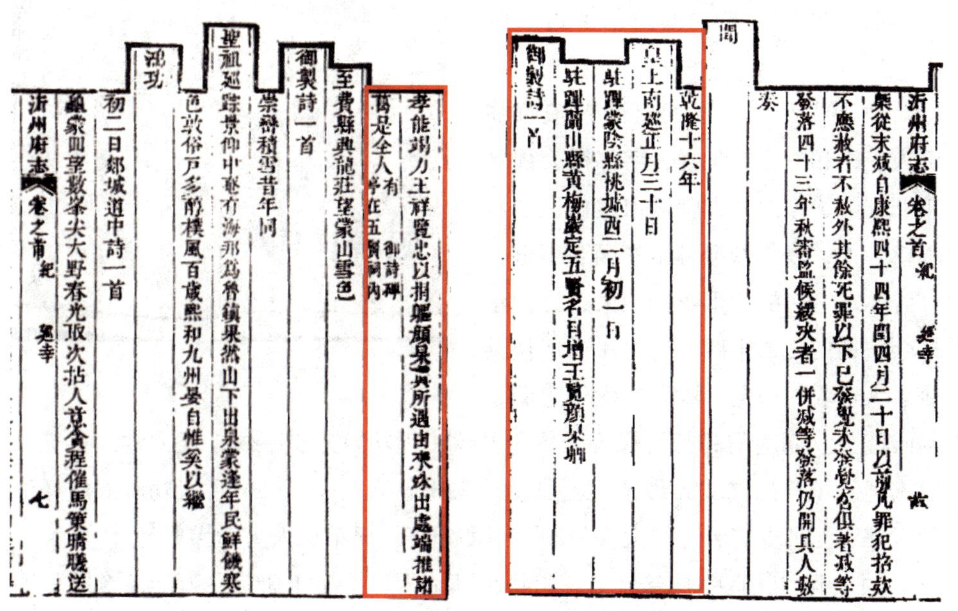
沂州府志 卷之首 紀恩幸
槩從末減自康熙四十四年閏四月二十日以前凡罪犯擬款
不應赦者不赦外其餘死罪以下已發覺未發覺者俱著減等
發落四十三年秋審監候緩決者一併減等發落仍開具人數
奏
聞
乾隆十六年
皇上南巡正月三十日
駐蹕蒙陰縣桃墟西二月初一日
駐蹕蘭山縣黃梅嶺定五賢名目增王覽顏杲卿
御製詩一首
孝能竭力王祥覽忠以捐軀顏杲卿所遇由來殊出處端推諸
葛是全人 有御詩碑亭在五賢祠內
至費縣與龍莊望蒙山雪色
御製詩一首
崇巒積雪昔年同
聖祖延蹕景仰中惟有海邦為脊鎮果然山下出泉蒙逢年民鮮饑寒
邑敦俗戶多醇樸風百歲熙和九州晏自惟奚以繼
鴻功
初二日郯城道中詩一首
氤蒙回望數峯尖大野春光取次拈人意分程催馬策晴曦送
沂州府志 卷之首 紀恩幸 七

乾隆《沂州府志》截图

① 《熙朝新语》卷十五。
② 乾隆二十五年版《沂州府志》。

之一。原诗碑已在“文化大革命”中被毁坏了。2003年王羲之故居扩建并重修五贤祠时，新建了牌坊门，将御笔“千秋五贤”镌刻在坊额上，又将“题琅琊五贤”诗按拓本放大上石，新镌刻了一通高六米的诗碑立于五贤祠内，并重建了御诗碑亭。

乾隆皇帝弘历回京后，对《题琅琊五贤祠》进行了润色并题写序言，定稿诗名为《五贤祠并序》：

> 沂州古琅琊郡，汉诸葛亮故里，晋王祥、王览，唐颜杲卿、颜真卿皆产其地，旧有景贤祠合祀之，嘉其纯忠至孝，节烈彪炳，足表范人伦。纪之以诗。

> 王祥王览能全孝，
> 真卿杲卿均致身。
> 所遇由来殊出处，
> 要推诸葛是全人。①

清末张澍著《诸葛武侯集》所载《御制五贤祠诗》，即采录了这一版本。

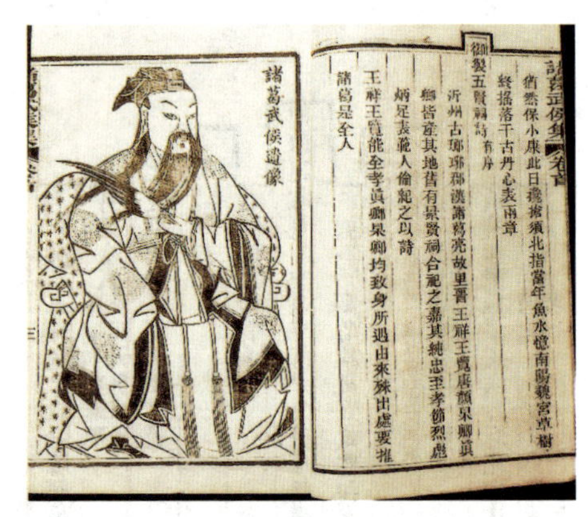
诸葛武侯遗像

猶然保小康此日龜蓍須北指當年魚水憶南陽魏宮草樹終搖落千古丹心表兩章

御製五賢祠詩有序

沂州古瑯琊郡漢諸葛亮故里晉王祥王覽唐顏杲卿眞卿皆產其地舊有景賢祠合祀之嘉其純忠至孝節烈彪炳足表範人倫紀之以詩

王祥王覽能全孝眞卿杲卿均致身所遇由來殊出處要推諸葛是全人

张澍《诸葛武侯集》

“王祥览”，指的是西晋琅琊临沂人王祥和王览。王祥，字休徵，魏晋琅邪临沂（今山东省临沂市兰山区白沙埠镇）人，以侍奉继母至孝闻名于世，“卧冰求鲤”的故事影响很大，为封建社会宣扬的“二十四孝”之一。历任县令、大司农、司空、太尉、太保等职，封睢陵公。后随司马师讨伐毋丘俭与文钦，因功封万岁亭侯，迁太常。王览，字玄通，王祥的同父异母弟。王览生母朱氏虐待王祥，王览百般劝解。历任清河太守、弘训少府、光禄大夫等职，封即丘子。兄弟二人为孝悌典型。

颜杲卿和颜真卿是堂兄弟，祖籍琅邪临沂，皆生于唐京兆万年（今陕西西安）。颜杲卿，字昕，为人刚正，莅事明济。代理常山太守时，安禄山反叛，应从弟平原太守颜真卿约，联合起兵抵抗。次年，城破被俘，惨遭安禄山杀

①《四库全书》之《御制诗集·二集》卷二十七。按：致身，献身，后用作出仕。典出《论语·学而》：“事父母能竭其力，事君能致其身，与朋友交言而有信。”

害。颜真卿，字清臣，为官耿正，不畏权势。安史之乱中，起兵抗敌，被推为盟主，后为叛军李希烈所害。

乾隆皇帝弘历高度赞扬琅琊五贤：王祥、王览是孝悌竭力的典范，颜杲卿颜真卿是忠正献身的楷模，琅琊五贤都有特别出众之处，但首推诸葛亮是位全人。

嘉庆皇帝也曾赋诗盛赞诸葛亮。其诗作《读通鉴纪事本末·诸葛亮出师》全文是：

征北先定南，志在灭曹氏。
缚渠七纵擒，耽延无是理。
复汉竭忠贞，三顾重任委。
诛谡军令申，引咎首责己。
流马及木牛，制器济穷耳。
尽力功难成，天绝炎刘纪。
哀哉五丈原，时势皆极否。
史论短智谋，见浅肆讥毁。[①]

嘉庆皇帝从史实考证的角度分析，认为“缚渠七纵擒，耽延无是理”，意思是平定南中在于速战速决，诸葛亮对渠帅七擒七纵，耽误了宝贵的时间，没有这个道理。他还认为诸葛亮“尽力功难成”，是因为“天绝炎刘”，陈寿评价诸葛亮“奇谋为短”，是浅薄之见，是肆意讥毁。

① 徐世昌《晚晴簃诗汇》卷三《清仁宗颙琰》。

乡贤怀古咏诸葛

诸葛亮祖籍阳都，他出生在阳都，少年时代生活在阳都，历代乡贤都以有这样一位乡人而自豪，也都把诸葛亮视为先贤哲人而歌颂他。

公孝与咏古抒怀

乡贤歌咏诸葛亮的诗文，现在见到最早的是明朝蒙阴县人公鼒的七言诗。

公鼒，明文学家，字孝与，号周庭，明朝青州蒙阴（今山东蒙阴）人，谥“文介”。明万历二十九年（1601）进士，曾任翰林院编修、礼部右侍郎等职。公鼒为人刚直，好学博闻。诗词有一定造诣，文章亦精美。他主张诗词要“一时代有一时代的声音”，反对复古模拟。他一生写了大量诗文，既不屑屑摹古，亦不沾沾足今。清初诗坛盟主王士祯誉其“万历中，为词林宿望。诗文淹雅，绝句尤工”[①]。晚年，他见魏忠贤乱政，便称病退居乡里，寄情山水，写了大量赞美蒙山、赞美家乡的诗文。其纪行诗与晚年山居诸诗善于写景，多流露出抑郁之感。

公鼒有《问次斋集》行世。明万历刻本《问次斋稿》三十一卷，《问次斋序稿》五卷，《问次斋西游稿》七卷，现藏广东省图书馆。公鼒后人也家传清咸丰年间抄本《问次斋稿》，现已由齐鲁书社出版。家传抄本《问次斋稿》收录了四首他赞美或凭吊诸葛亮的诗作。

公鼒游历蒙山沂水时路经阳都故城，有感而作七言诗《琅琊阳都过诸葛武侯王休徵故里》：

---

①《池北偶谈》卷十一《谈艺一·公文介公》，中华书局，1982年版。

沂上名城望国分，葛王阀阅古来闻。
遗墟埋没无寻处，目尽苍山有断云。

“葛王阀阅古来闻”，“葛”指诸葛亮，“王”指王羲之。汉魏之际，阳都诸葛氏与临沂王氏同为琅邪望族。晋永嘉年间，琅邪望族随司马睿南迁后，诸葛氏与王氏又同为朝廷所倚重，时人以“王葛”并称。阀阅亦作“伐阅”，封建时代指有功勋、有权势的世家。

公鼐的另一首涉及诸葛亮的诗作是七言诗《阳都故城之间有庙祀休徵兄弟而孔明独无作此寄慨》：

汉鼎潜移魏晋昌，睢陵千载祀沂阳。
中原未遂宗臣意，遗像何因到故乡。

明代，对阳都城具体位置的认定还不甚明晰。在此之前，《青州府志》未载，而《兖州府志》将诸葛城误认作阳都城，从而认定诸葛故里在沂州境内。公鼐曾撰文做了辨析，但仅是认为：“蒙山以东、葛沟以北皆县界也……诸葛孔明琅邪阳都人，后世求阳都而不得，遂以沂州为孔明故里，然沂州乃临沂非阳都也。”他隐隐约约地认为：“葛沟之间其即阳都故墟乎？”当时阳都所在地隶属于青州的沂水县，而沂州隶属于兖州。他在沂州境内看到了有庙祭祀王祥、王览兄弟，而葛沟附近没有见到祭祀诸葛亮的祠庙，因此不禁联想到汉末皇权由刘氏而到曹氏，继而转移到司马氏，又想到了明朝的皇权旁落，魏忠贤乱政。汉末尚有诸葛亮这样的“宗臣”，而明朝鞠躬尽瘁的擎天柱在哪里？王祥生前被封为睢陵侯，死后家乡设庙祭祀，而世所宗仰的名臣诸葛亮在家乡却没有祭祀的宗庙，多么悲凉啊！公鼐见此景象，不仅感慨万千。

公鼐对古代先贤十分景仰，曾以战国鲁仲连、汉初张良、东汉隐士严子陵、蜀相诸葛亮、汉末贤人嵇康和阮籍、东晋隐士陶渊明等为题，咏古抒怀。其中组诗之《诸葛武侯》是夜宿襄阳城有感之作：

夜宿襄阳城，晨望隆中树。
树色围高冈，苍苍入烟雾。
忆昔汉纪终，英雄兢驰骛。
炁变何纷纷，携策争所遇。
二荀信世才，失身亦何误。
南阳王佐姿，高卧栖坟素。

独为抱膝吟，无复闻达慕。
何意逢主知，殷勤重三顾。
一身既以出，尽瘁殉王路。
身歼志已酬，宁论回汉祚。

在诗中，公鼐将“二荀”与诸葛亮相比。曹操对荀彧和荀攸很器重，评价说：“二荀令之论人，久而益信，吾没世不忘。”在公鼐看来，荀彧和荀攸虽然称得上是济世之才，但毕竟失身仕贼，辅佐奸相曹操，而诸葛亮不仅有王佐之才，而且有王佐之姿，隆中高卧，等待明主，一旦相许，就义无反顾，鞠躬尽瘁，死而后已。至于能否恢复汉祚，那就是天意了。

公鼐还曾拜谒南阳武侯祠，并留下七言诗《南阳谒诸葛武侯草庐二首》。诗文中既流露出对诸葛亮的崇敬之情，也流露出对刘备与诸葛亮君臣鱼水之欢的羡慕，还指出了薛能的观点是堪笑的：

管乐名成志不虚，宗臣庙貌肃遗居。
当时若止终龙卧，谁识南阳旧草庐。
祁山数出运终移，西蜀千年有汉基。
成败难期身尽瘁，揶揄堪笑薛家儿。

薛能是晚唐著名诗人，诗风仿效陶潜，又常以李白自许，《全唐诗》录有其作《牡丹四首》。薛能对前辈诗人不屑一顾，如对刘禹锡和白居易的讥评就达到了惊世骇俗的程度。他对前代的著名政治家也持论甚苛，如诸葛亮在薛能眼中就不过是一个无才无德之辈。洪迈评论说：“薛能者，晚唐诗人，格调不高而妄自尊大。”在公鼐看来，诸葛亮功比管、乐，薛能对诸葛亮揶揄的言行实在是无知小儿之举。

周寤西马上寻古

周京，字寤西，号野王，明代兖州府沂州（今山东临沂）人。万历四十年（1612）进士，曾任礼部清吏司主事。工诗，亦善书，著有《金城集》《吴越游稿》。他有七言诗《诸葛城》传世：

三分筹策已茫茫，鱼复千秋战垒黄。
马上欲寻卧龙处，空城斜日下牛羊。

诗中“鱼复”即鱼复县[①]，刘备托孤时改为永安县。“战垒”，指诸葛亮的八阵图。周京游访浙江兰溪诸葛村时，还写下了“高隆八景”中《南阳书舍》和《青溪夜碓》二诗。

陈御史瞻拜武侯

临沂人陈玉，明朝弘治年间，任江南都察院右佥都御史。当时太监刘瑾专政，陈玉能秉公办事，不屈从权势，还严词拒绝宁王府的贿赂，后留任京都御史。当他告老辞官回临沂时，皇帝亲写诏书加以褒美。陈玉回到临沂故里后，到临沂城北诸葛城瞻仰武侯祠，有感而作《诸葛武侯祠》：

鹿走人间汉鼎移，南阳山色草庐底。
卧龙不起扶江表，瞒贼长驱到陇西。
渭水古田春雨滑，丈原高垒阵云迷。
年来独有祠前柏，岁晚笼葱越鸟啼。

作者追述了诸葛亮身处动乱时代高卧草庐的恬淡情操，并通过渭水、五丈原等景物的描写，含蓄地褒奖了诸葛亮的业绩。诗中“鹿走人间”是逐鹿中原的化用。“江表”指刘表。《古诗十九首》有“越鸟巢南枝”句，意谓南方的鸟北飞后，仍筑巢在向南的树枝上，在这里作者以“越鸟”比喻自己对故乡的思念之情。

高鲁如阳都遥想

高淑曾，字鲁如，清代沂水县西流店（今沂南县大庄镇大庄村）人，雍正五年（1727）进士，历任蒙城知县、湖北常德府知府等职。他有一首五言诗，名《阳都道上问诸葛武侯故里》：

管乐起南阳，伊吕佐西土。
由来闲气钟，乃在沂之浒。
春风吹行幰，临流时怀古。
山川吐奇秀，一门萃龙虎。

① 秦惠文王更元十一年（前314），秦于巴国之地置巴郡，鱼复县随巴郡同置。有作“鱼腹县”者，误。

想其垂髫时，弋钓或兹浦。

陵谷递变更，故居夷禾黍。

欲访通德里，白云满山坞。

“管乐”即管仲和乐毅。管仲是齐国人，春秋战国时期任齐国宰相，辅佐齐桓公成为霸主。乐毅是战国后期杰出的军事家，曾辅佐燕昭王振兴燕国，报了强齐伐燕之仇。“伊吕”即商周时期的名相伊尹和吕尚。“龙虎”是龙、虎、狗三兄弟的缩语。南朝宋人刘义庆在《世说新语·品藻》中记载：“诸葛瑾弟亮及从弟诞，并有盛名，各在一国，于时以为蜀得其龙，吴得其虎，魏得其狗。”“闲气”为古谶纬之说，谓帝王臣民各受五行之气而生，得闲气生之为臣。《后汉书·郎觊襄楷列传》李贤注曰：“元为天精，谓之精气。春秋演孔图曰‘正气为帝，闲气为臣……秀气为人。’”“弋”是用绳系在箭上射。“兹浦”即这里的水面。“夷禾黍”，削平为庄稼地。“通德里”，指诸葛亮故里。东汉末年，孔融做北海相时，命高密县为大儒郑玄在住处建郑公乡，号通德里，门为通德门。通德，即与“德”心心相通。

雅士唱和花之寺

明代，花之寺是沂水西南乡的古寺名刹。因为名字美、景色美，引得文人墨客趋之若鹜，纷纷在此相聚，饮酒赋诗，抒情感怀。历代吟咏花之寺的诗篇，流传下来的主要是清乾隆《沂水县志》记载的明代进士杨光溥等人游花之寺的唱和之作。

集句赋花之

其一

跻阁攀岩入化城，（明·林子羽）
东南石上柏林青。（明·蓝智明）
云生紫殿幡花湿，（唐·卢纶）
锡响空山虎豹惊。（唐·许浑）
柳外画沙迷鹤迹，（元·危进）
槛外题行有僧名。（唐·李山甫）
平生欲结西方社，（明·林子羽）
一到翛然万虑轻。（元·张光弼）

其二

野服乘闲到上方，（明·林子羽）
六千身色两相忘。（金·刘彦昺）
焚香昼静云依屋，（明·包师圣）
归寺僧稀叶满廊。（明·高启）
日薄藓花沿素壁，（明·钱文纬）

雨余田水落方塘。（明·来鹏）
帘幡不动天风静，（金·杨云翼）
不惜禅床坐午窗。（宋·蔡珪）

作者杨光溥，沂水县人，明朝成化五年（1469）进士，任刑部主事，官至山西按察司副使。有《梅花集咏》刊行。作者辑古人和当代人诗句，连缀而成两首歌咏花之寺的新诗。杨光溥借前人诗句，描述了花之寺的宁静之美，和谐之美。集句而浑然天成，足见其读书之广，功力之深。

“化城”，一时幻化的城郭。佛教用以比喻小乘境界。这里代指佛寺。“幡”与“幢”同为供养佛菩萨的庄严之具，用以象征佛菩萨之威德，在经典中多用为降魔的象征。“锡响”，锡环振动作响，借指僧人出行。“柳外”句，出自危进七律《谢许炼师惠图书》颔联。原句为“竹外画沙迷鹤迹，花间引水泛鹅群”。“槛外”，红尘之外。“西方社”，指佛教。“翛然”，无拘无束、超脱，自由自在的样子。“上方”，南宋诗人曾几有一首描写古寺名刹的七律名《上方》。这里代指名寺。“六千”，华严经中有“六千比尼”句，此代指佛门。

联句唱花之

杨光溥曾与王司寇、陈司空、杜大参等人相约游花之寺，酒后茶余，诗兴大发，王司寇等人唱和联句，杨光溥独自成章。

僧房酒盏客如仙，（王司寇）
兴好撩人夜不眠。（陈司空）
烛影摇红来座席，（王司寇）
月光浮白人吟筵。（杜大参）
百年此会知能几，（陈司空）
一塌斯文许共连。（王司寇）
老衲迂愚休错笑，（陈司空）
苏陶风度也诗癫。（杜大参）
闻说花之起天宝，
万年羽客扫云平。
鸟啼仙景枝头露，

石滴清泉涧底鸣。
几度若蓝经燹晦，
一时好事复修明。
俚言未尽山林趣，
留与骚人日后评。

“苏陶”，指苏轼和陶渊明。苏轼在官场而好佛禅，陶渊明弃官而隐居田园，非佛亦禅。“天宝”，唐代李隆基年号。此句意为传闻花之寺始建于唐天宝年间。“羽客”，指神仙或方士。此处泛指深山修禅悟道之人。“若蓝”，即佛寺，此指花之寺。“若”，是佛语“般若”的简用，意为智慧。“蓝”，是“僧伽蓝摩”的略称，意译为“僧院”，即佛教寺院。“燹晦”，历经天灾或兵火而成废墟。“燹”，本指野火，引申为兵火、战火。“晦”，草木凋零。“俚”，即俚语，是作者自谦之词。

我爱花之好

明弘治初年，沂水知县张玉等六人同游花之寺，相约以“我爱花之好”为起句，作五言诗。即景生情，六人各赋诗一首。

其一

我爱花之好，岚光翠欲流。
柳黄僧嫩斫，杏熟鸟来偷。
寒溜无炎暑，苍萝阴冷秋。
羁人三木事，何日解囊头。

作者王懋，字勉之，时任刑部郎中，籍贯不详。

“斫”，本义为大锄，引申为砍。“羁”，系住。“三木囊头”，因为古代加在犯人颈、手、足上的刑具是木制的，所以称为三木。《后汉书·范滂传》记载：“桓帝使中常侍王甫以次辩诘，滂等皆三木囊头，暴于阶下。”李贤注：“三木，项及手足皆有械，更以物蒙覆其头也。”作者身为刑部郎中，此处以“三木”“囊头”代指缠人身心的刑事事务。

其二

我爱花之好，诗人苦绊留。

石床云飞暖，泉窦翠烟流。
钟打禅林月，鹤来竹园秋。
一声长啸里，破却几多愁。

作者张玉，字汝成，直隶人，顺天举人，弘治年间任知沂水县，有政声。

“几多愁”，出自南唐李煜《虞美人》末两句“问君能有几多愁，恰似一江春水向东流”。

其三

我爱花之好，先来试一游。
有林皆滴翠，无石不云浮。
屋小容宽膝，峰高豁放眸。
松阴盘膝坐，神在八荒游。

作者武衢，字廷亨，沂水人，明成化二十年（1484）进士，选监察御史，刚劲有风纪，所至以澄清为务。《明史》记载：“以御史谪云南通海主簿，终汾州知州。”“屋小宽容膝”写出了官场的不自由，“峰高豁放眸”写出了在野的无羁绊。

其四

我爱花之好，年来秉烛游。
提壶□鸟唤，酌酒落花浮。
径曲肠蟠足，林深翠障眸。
相逢胡不乐，盟约复来游。

作者苗用成，字秀实，东莞庠生。成化年间以贡士出仕。

“秉烛游”，语出《古诗十九首》无名氏诗：“昼短苦夜长，何不秉烛游？”“提壶□鸟唤，酌酒落花浮”两句，是金元时词人卢挚《双调·殿前欢》中“鸟唤提壶”的化用。《双调·殿前欢》全文是：“酒频沽，正花间山鸟唤提壶。一葫芦提在花深处，任意狂疏。一葫芦够也无，临时觑，不够时重沽去。任三闾笑我，我笑三闾。”“肠蟠足”意思是羊肠小道蟠蜒在脚下。

其五

我爱花之好，峰峦宿霭流。
洞口哀猿啸，水面落花浮。

香雪飞春杏，红绡剪夏榴。
莺啼惊破梦，绿蚁扫余愁。

作者刘昆，字和尚，东莞庠生。成化年间以贡士出仕，官至直隶选安县知县。

“绿蚁”，源出白居易《问刘十九》：“绿蚁新醅酒，红泥小火炉。晚来天欲雪，能饮一杯无？”新酿的酒还未滤清时，酒面浮起酒渣，色微绿，细如蚁，称为“绿蚁”。

其六

我爱花之好，松风涨翠流。
苔深人不到，花发鹿常偷。
竹里琴声冷，林梢鹤梦秋。
考槃浑笑傲，肯戴雪盈头。

作者张铨，字文衡，东莞庠生。

“考槃”，新筑成的木屋。考，筑成、落成。槃，木屋。《诗·卫风·考槃》有句“考槃在涧，硕人之宽”，意思是山坳中新筑成的木屋，是高人宽松的地方。“浑笑傲”，嬉戏的意思。山涧木屋，白雪满头，唱和嬉戏，乐而忘寒，足见花之寺的魅力。

雅士咏花之

其一

露滴檐铦玉，禅僧未启扃。
着树花难辨，疑鸟夜不宁。
饥鸟余留篆，高山半露形。
赏心胡不乐，百岁鬓添星。

作者杨光渊，字文深，东莞庠生。成化年间以贡士出仕，官主簿。

“铦”，做衣服用的一种长针。“扃”，门窗上的插关。“余留篆”，留下脚印。

其二

乍霁茅檐湿，人家户不扃。

袁安甘淡薄，韩子苦丁宁。
遂鸟啼留盏，随山脊露形。
诗豪援笔就，气贯斗牛星。

作者刘景，字尚时，东莞庠生。弘治年间以贡士出仕。

诗中用了袁安困雪安卧和韩愈苦心谏政两个典故。《后汉书·袁安传》李贤注引晋周斐《汝南先贤传》：东汉名臣袁安未显达时，客居洛阳。有一年，洛阳大雪，他人皆除雪出外乞食，独有袁安门前积雪如故。洛阳令按户查看，以为袁安已经冻饿而死，便让人扫除积雪，进屋察看。他见袁安直挺挺地躺着，便问："为何不出去乞食？"袁安答曰："大雪人皆饿，我不想打搅别人。"后人把宁可困寒而死也不愿乞求他人的气节，称作"袁安困雪"或"袁安高卧"。唐代韩愈，一生积极从政，不因坎坷而消极，任监察御史时，曾因上书论天旱人饥状，请减免赋税，被贬阳山令，任刑部侍郎时，又因谏迎佛骨，被贬潮州刺史。丁宁，即"叮咛"，意为反复上书苦心谏言。

其三

玉龙昨夜战苍穹，银田飘落到清晓。
郊原万里尽铺盐，梨花遍地无人扫。
篱边压损矬梅梢，童仆报道青山老。
灞桥风味许沂水，僧房装点知多少。

作者张镐，字文翠，时为东莞庠生，后中举人，官至知县。

"青山老"，因下雪青山成了白色。宋代词人陈瓘《青玉案》有"明透纱窗天欲晓。珠帘才卷，美人惊报，一夜青山老"句。

"灞桥风味"，源出宋代刘克庄七律《孟浩然骑驴图》首联："坏墨残缣阅几春，灞桥风味尚如真。"灞桥，位于西安城东12公里处，建于汉代，是一座颇有影响的古桥。明代张岱的《夜航船》记载，唐代诗人孟浩然常冒雪骑驴寻梅，曰："吾诗思在灞桥风雪中驴背上。"后世常以灞桥风雪比喻使人产生灵感的雪景。"灞桥风味许沂水"，即沂水花之寺的景观可以和灞桥媲美。

其四

花之寺雪景

十日浑无一日晴，灞桥驴子几番倾。
陶家炉底杨花嫩，苏老亭中酒盏清。

崒嵂积庭山岳耸，模糊洒野木棉宏。
遥知六出呈祥瑞，且喜琅琊大有成。

作者王缙，字大用，侍亲生，东莞（今山东沂水县）人。

“灞桥驴子”，即风雪中的驴子。典出孟浩然灞桥踏雪的故事。

“陶家”，即陶穀，宋朝初年翰林学士，善烹茶品茗，著有《茗录》。“杨花”，指柳絮。在古代诗文中，杨、柳、杨柳都是指柳树，而且多指垂柳。“炉底杨花嫩”，表明时在早春。

“苏老亭”，在福建永福县际云院中，始建于唐代，原名“疑骖亭”。宋提刑苏舜元重修并常憩此亭，邑人更名为“苏老亭”。这里代指休憩的亭子。

“崒嵂”，即嵂崒，山高峻貌。

“木棉”，即木棉袈裟。木棉袈裟是佛教的顶级法宝，是代代相传的信物。这里代指佛寺。

“六出”，雪的雅称。汉代《韩诗外传》云：“凡草木花多五出，雪花独六出。”六出，即六个花瓣。

其五

随他昨日与今非，耳热才知酒力微。
事若塞翁无定论，心如海鸟总忘机。
几回携酒同僧话，数度闻钟盖衲衣。
世务到头真幻梦，天空一任鸟高飞。

作者王轨，字泛之，东莞庠生。

“塞翁”即典故“塞翁失马”，意为世事变幻莫测。

“海鸟总忘机”是“鸥鹭忘机”的化用，典出《列子·黄帝》的一则寓言：在遥远的海岸上，有个很喜欢海鸥的人。他每天清晨都要来到海边，和海鸥一起游玩。海鸥成群结队地飞来，有时候竟有一百多只。后来，他的父亲对他说：“我听说海鸥都喜欢和你一起游玩，你乘机捉几只来，让我也玩玩。”第二天，他又照旧来到海边，一心想捉海鸥，然而海鸥都只在高空飞舞盘旋，却再也不肯落下来了。“鸥鹭忘机”一词即来源于寓言的前半部。“忘机”是道家语，意思是忘却了计较、巧诈之心，自甘恬淡，与世无争。“鸥鹭忘机”即指无巧诈之心，异类可以亲近；后比喻淡泊隐居，不以世事为怀。

其六

此地仙人曾对棋，而今野鸟尚呼之。
流连景物春休去，流尽年光总不知。
山色向人呈翡翠，桃花和雨滴胭脂。
几回潦倒僧廊月，得兴烧灯夜赋诗。

作者牛宪，字廷章，东莞庠生。

“潦倒僧廊月”，意为月夜醉卧佛寺廊内。宋代诗人王洋《和伯氏示儿侄》有“潦倒投僧梵，依稀似宰官”句。

诗人咏赞母亲河

沂河和汶河是流经沂南县的两条河流，也是古沂水县西部及南部的两大河流。据咸丰年间沂水知县吴树声《沂水桑麻话》记载："沂河入夏，水势平槽，数百石粮食船可直入运河。"在古代，沂、汶两河不仅可润田负舟，造福一方，而且蜿蜒流长，如诗如画。惠泽一方、美不胜收的沂、汶两河，自然成了诗人的吟诵题材。虽然这些诗篇不一定是写今沂南境内的某一地方，但这些诗作已将对母亲河的敬意、爱意融在字里行间，是沂、汶河流域人们共有的财富。

沂河风光

《尚书·禹贡》有"淮沂其乂，蒙羽其艺"的记载，意思是淮河和沂水治理好以后，蒙山和羽山一带就可以耕种了。这说明早在3000年前，这条河就叫"沂"了。

沂河又名"沂水"，发源于鲁山，流经沂源、沂水、沂南、河东、兰山、罗庄、苍山、郯城等县区，由郯城县吴家道口村入江苏省境内，全长574公里，流域面积1.7万平方公里。其中沂南县境内流长48公里，流域面积750平方公里。沂河上游之水环山绕崮，下游之水顺源直流，时而匆匆而过，时而款款前行，两岸芳草鲜美，绿树成荫，呈现出碧水青山、林果葱郁、稻花飘香的旖旎风光。

"沂水拖蓝"是沂河的著名景观。过去沂河上游没有水库拦蓄，河槽水量较大，每当天气晴朗之时，蔚蓝的天空映照在沂河清澈的水中，站在高山远眺沂河，好像一匹长长的蓝布拖在河心，文人雅士美之名曰"沂水拖蓝"。

"琅琊八景"和"沂水八景"中都有"沂水拖蓝"。

沂水拖蓝

雕崖山下是源流，百里南来始负舟。
月影恍移湘水夜，涧声遥认楚江秋。
派分远浦还同色，浪拍长天无尽头。
正是暮春修禊罢，舞雩风里任遨游。

作者杨光溥。事迹见前。此诗为作者题“沂水八景”组诗之一。

“雕崖山”，在今沂源县境内，旧说沂河发源于此山。“湘水夜”，湘水的夜晚。湘水，在今湖南境。“楚江秋”，楚江的秋天。楚江，泛指今湖南北部一带古楚国境内的长江。“浦”，水滨。“修禊”，古代习俗，于阴历三月上旬的巳日（魏以后始固定为三月三日），到水边嬉戏，以消除不祥，又叫“春禊”。“舞雩”，古代设坛求雨的祭祀活动，因有乐舞，故叫“舞雩”。源出《论语·先进》：“浴于沂，风乎舞雩，咏而归。”《论语》之沂，在今曲阜东南，古称“沂水”，曾名“庆源河”“泗沂河”，为别于临沂境内的沂河，亦称“小沂河”，现称“大沂河”。

沂水拖蓝

拖蓝曳练漾清波，百合泉来渐满河。
蒙谷雪消苍泽长，祊田雨后翠涛多。
青含冷雨沿堤树，绿锁寒烟近水莎。
但见渔舟随处落，不妨风浪夜如何。

作者舒祥。明代新安（今属河南）人。《沂水拖蓝》是《琅琊八景》组诗之一。

“琅琊八景”，是指古临沂的八处自然景观，分别是：沂水拖蓝、孝河凝冰、野馆汤泉、文峰积雪、普照夕阳、泥沱双月、苍山叠翠、平野晓霁。

“百合泉来”，上百股的泉水汇合而来。“祊田”，祊河两岸的田地。“莎”，莎草，块根即香附子。

沂水形势

南来一水傍城流，十里封疆接莒州。
桃涧春浓苍似锦，龙池夜静水如钩。
士沾鲁俗还逢掖，地坐齐风不起楼。
莫讶文风千古盛，沂山西畔是尼邱。

作者杨光溥。

“钩”，代指月亮。“逢掖”，古代读书人所穿的一种袖子宽大的衣服，《礼记·儒行》有“丘少居鲁，衣逢掖之衣”。“不起楼”，不建高大的房子。“尼邱”，即尼丘山，代指孔子。《史记》载，孔子父母“祷于尼丘得孔子”，故取名“丘”，因系第二子故表字“仲尼”。

沂河

乱山东走近沂开，水下平原势倒来。
波带夕阳明雉堞，光浮春草照楼台。
岚阴低浸千峰入，柳色斜萦两岸回。
解道船如天上坐，不妨击楫傍溪隈。

作者黄胪登，剑川龙溪（今福建清溪）人，举人出仕，清康熙十一年（1672）任沂水知县，曾主持纂修《沂水县志》。

“雉堞”，城墙上排列如齿状的矮墙，作掩护用。“势倒来”，势如倾泻而来。“解道”，感受到。“击楫”，击打船桨，引申为打着节拍而吟唱。“溪隈”，河道的弯曲处。

沂水朝发

沂阳腊月走山湫，冷透重裘栗烈飕。
半里寒消千日酒，数联诗解一时愁。
驱驰王事难辞苦，咨度民瘼更可忧。
指顾前村姚氏店，穷檐乱砌一蓬邱。

作者张能鳞，字玉甲，清代宛平（今属北京）人。顺治进士，曾任青州海防道道员，官至川南副使。著有《儒家理要》。

“山湫”，山间的水潭。“千日酒”，传说的一种烈酒。《搜神记》载：“狄希，中山人也，能造千日酒，饮之，千日醉。”“驱驰王事”，为帝王服劳而奔波。“咨度民瘼”，了解与考虑民间疾苦。“指顾”，指着、看到了。“蓬邱”，蓬户如丘，一堆简陋的房子。

沂水春波

马逐芳春草路芊，胜游应说到沂川。
和风轻泛桃花浪，暖气轻浮丽日天。

俗虑尽随流水去，襟怀都向碧波湔。
追思点瑟当年事，吟咏归来兴浩然。

作者任文献，字国光，明代郯城人。明弘治六年（1493）进士，曾任监察御史。

“马逐芳春”，骑马寻访春景。“芊”，草木茂盛的样子。“湔”，洗涤。“点瑟当年事”，当年曾点鼓瑟回答孔子提问的事。曾点，字皙，孔子的弟子。“莫”，通“暮”。

沂曲水波

涓涓流水下东蒙，淮泗同沾造化功。
杨柳烟深波带绿，桃花气暖浪初红。
参差楼阁重云外，南北帆樯一镜中。
两岸晴沙芳草路，春明常侍舞雩风。

作者王恒，清代郯城人。乾隆十年（1745）进士，选翰林院庶吉士，曾任福建莆田县知县。

“沂曲”，沂河弯曲处。“下东蒙”，从蒙山流下来。东蒙即蒙山，因在鲁国东面，故称“东蒙”。沂河源于沂源县鲁山南麓，汶河、蒙河、祊河等几条大的支流都发源于蒙山，从右岸汇入沂河。“淮泗同沾造化功”，淮河和泗水都得到了大自然的恩赐。沂河最终汇入淮河，故有沾功之说。“春明常侍舞雩风”，意思是常迎着和谐的春风在沂河沐浴。典出《论语·先进》。“舞雩风”，古代求雨设祭，伴以乐舞，叫“舞雩”。

沂水春帆

沂河桃李布春晖，无数舟连画尾归。
夹岸林花衔日落，满天帆影带香飞。
水转山烟随欸乃，村回鸟路入芳菲。
行人谁问仙源路？只有鱼郎坐钓矶。

作者屈复，字见心，号梅翁，清代蒲城（今属陕西）人，有“关西夫子”之称。19岁时童子试第一名，不久出游晋、鲁、豫、苏、浙各地，又历经闽、粤等处，并四至京师。乾隆元年（1736）曾被举博学鸿词科，不肯应试。72岁时尚在北京蒲城会馆撰书，终生未归故乡。著有《弱水集》等。

“欸乃”，古琴名曲，最早见于明代汪芝辑录《西麓堂琴统》，亦有人称其为《渔歌》或《北渔歌》。“鸟路”，鸟道，险峻狭窄的山路。“仙源路”，通向仙境的路。语出王维《桃源行》诗：“春来遍是桃花水，不辨仙源何处寻。”“钓矶”，钓鱼时所坐的岸边突出水中的大石。尾联流露出了作者乐游山水、不侍官场的心境。

汶水胜景

汶河，古称“桑泉水”，因其支流嵔崮水俗名“汶水”，整条水系便逐渐被称为“汶水”或“汶河”。后为区别泰山之北的大汶河和潍坊境内的汶河而称“东汶河”，当地习惯仍称作“汶河”。汶河源头在蒙阴县，北源在常路镇北与新泰市交界处的聚粮山东麓，南源在联城乡与平邑县交界处的青山。两源之水在常路镇龙岗埠附近汇合，蜿蜒曲折流向东南，汇合梓河水后入沂南县境，在王家新兴村南汇入沂河。全长132公里，流域面积2428平方公里，其中沂南县境内流长67公里，流域面积559平方公里。

如同沂河有著名的景观“沂水拖蓝”，汶河也有“汶水拖蓝”景观。这一景观自然成了诗人吟咏的绝佳对象。以“汶水拖蓝”为题赋诗的代不乏人，各有千秋。

汶水拖蓝

一曲清流天汉来，山城环保净尘埃。
蟾宫倒浸冰壶湛，鳌阙高悬宝镜开。
一带拖蓝澄碧汉，半湾凝绿响晴雷。
无情唯有东流水，日夜滔滔去不回。

作者公跻奎，蒙阴人，明嘉靖十四年（1535）进士，初授工部郎中，出守山西潞安，升湖广按察副使，后调广西。挂冠归里后，优游林泉，教授书院，教五子皆成名。时常策杖徒步，与田夫野老话桑农，不识者不知为达官。有《中岩诗草》刊行于世。

汶水拖蓝

汶河南汇带晴沙，渺渺脱蓝绕岸斜。
万里秋光天似洗，清风轻漾浪中花。

作者公一扬，公跻奎三子，明嘉靖三十八年（1559）进士，授大理寺评事，迁河南裕州知州，后任工部郎中。有《闲言集》刊行于世。

汶水拖蓝

汶河源出是齐州，到此惊看绿玉浮。
秦女妆成青镜晓，韩娥动歌碧云流。
虚从湘浦寻仙珮，准拟沧浪放钓舟。
鼓枻尚逢渔夫问，行吟不必楚兰洲。

作者杜洽，号玉峰，明直隶任丘（今属河北）人。举人出仕，明万历八年（1580）曾任蒙阴知县。

“齐州”，指古齐国地。古人认为，汶河的北源在古齐国境内，故曰“齐州”。“秦女”，本指秦穆公之女弄玉，后来泛指美丽且有才华的女子。“韩娥”，古时韩国的善歌者。《列子·汤问》记载：“昔韩娥东之齐，匮粮，过雍门，鬻歌假食。既去，而余音绕梁欐，三日不绝。”“虚从”，即想象中。“湘浦”即湘水之滨。“仙佩”，指湘妃。“准拟”，遵循；模仿。“沧浪”，水名，是《楚辞·渔夫》中“沧浪之水清兮，可以濯我缨”之沧浪水，在今湖北省。“鼓枻”，摇动船桨。“不必楚兰洲”，不必到楚地生有香草的绿洲。

汶水拖蓝

东泉涓滴注漕渠，汶水西流百折纡。
万国初糈劳浸灌，可知竭泽已无鱼。

作者刘德芳，字馨公，原籍奉天开原（今属辽宁）人，监生出仕，康熙二十一年（1682）任蒙阴知县。曾主持纂修《蒙阴县志》。

“糈”，精米，古代用以祭神。这里泛指粮食。

岸堤道中

东游多胜迹，行役即登临。

旅食溪堪钓，醉眠风满襟。

夏云随地起，晓气入林深。

湛湛汶川水，南来若有心。

作者公鼐。公鼐从东莱还归，过穆陵关，经沭水道，谒闵子祠，岸堤小憩，每处都留下了诗篇。

岸堤村，宋代名“暗德”，元代名“双凤镇”。汶河自蒙山中逶迤东来，入沂境则因地势渐平而水流平缓，河床增高。沿河村民为防水患，筑堤挡水，河堤甚高，自明代村名改为“岸堤”。诗中岸堤即今沂南县岸堤镇驻地村。“行役”，因服役或公务而跋涉，这里指旅途之中。“若有心”，似乎有深情。

汶河小隐

烟村近鲁墟，我结此茅庐。

把酒朝垂钓，临池时学书。

沙鸥依岸狎，川月映窗虚。

更喜衡门外，长迎长者车。

作者李廷厚，明代新泰人，生平不详。

“烟村”，炊烟缭绕的村落。“鲁墟”，鲁国故城。“衡门”，横木为门，比喻简陋的住所，也指隐士的住处。出自《诗经·陈风》之《衡门》篇：“衡门之下，可以息迟。”“长迎”，长揖相迎。“长者车”，洁身自重、有德行的人的车。意为经常有高人造访。

后 记

沂南县是一个新设置的县，又是一个古老的县。说其“新”，是因为以“沂南”命名这块土地不过七八十年；说其“古”，是因为这块土地（基本是整体上）作为一个县级区划单位的历史，可以上溯到秦汉时期，其中仅以“阳都”为县名的时间就长达570多年。先秦以前的历史且不说，秦汉以来发生在这块土地上的故事就可谓灿若繁星了。遗憾的是，东晋时期废省了阳都县，这块土地分归了周边县，直至隋开皇十六年（596）设立了沂水县，这块土地的绝大部分才明确地归属于沂水县。因此，在这块古老的土地上发生的灿若繁星的故事，就散落到周边县的历史中去了。

经过多年的稽古钩沉，本人手头已积累了大量的资料。现将明清以来的资料耙梳归类，以《古史撷英》为书名单独成册。撷英者，萃取精华也。所谓撷英，仅凭作者一孔之见，难免挂一漏万。冀望同仁继续钩沉，发现新的文化瑰宝。

本文集参考或采用的有关方家的观点及论述，文中均已以脚注的形式加以标注，特此说明，顺致谢忱。

由于本人学识有限，难免有舛误之处，敬请读者指正。

赘书上文，聊为后记。

李遵刚

记于芥子书屋

2021年10月